Robert Levine
Eine Landkarte der Zeit

*Robert Levine*

# Eine Landkarte der Zeit

## Wie Kulturen
## mit Zeit umgehen

Aus dem Amerikanischen von
Christa Broermann und
Karin Schuler

Piper
München · Zürich

Die Originalausgabe erschien 1997 unter dem Titel
»A Geography of Time« im Verlag Basic Books, New York

ISBN 3-492-03979-0

Deutsche Ausgabe: © Piper Verlag GmbH, München 1998
Satz: Dr. Ulrich Mihr GmbH, Tübingen
Druck und Bindung: Pustet, Regensburg
Printed in Germany

Für TRUDI, ANDY und natürlich MR. ZACH

# Inhalt

DANKSAGUNG . . . . . . . . . . . . . . . . . . . . . . . . . . . . . . . . . 11

VORWORT: DIE ZEIT SPRICHT, UND ZWAR MIT AKZENT . . . . . . . . 15
*Die Psychologie des Ortes* . . . . . . . . . . . . . . . . . . . . . . . . . . . 22

## TEIL I
## SOZIALE ZEIT
## DER HERZSCHLAG DER KULTUR

KAPITEL EINS: TEMPO. *Der Takt des Lebens* . . . . . . . . . . . . . . . 31

Der charakteristische Umgang mit Zeit . . . . . . . . . . . . . . . . . 33
Tempo-Elemente . . . . . . . . . . . . . . . . . . . . . . . . . . . . . . . 37
    Wohlstand . . . . . . . . . . . . . . . . . . . . . . . . . . . . . . . . . 38
    Der Grad der Industrialisierung. . . . . . . . . . . . . . . . . . . . . 41
    Einwohnerzahl . . . . . . . . . . . . . . . . . . . . . . . . . . . . . . . 46
    Klima . . . . . . . . . . . . . . . . . . . . . . . . . . . . . . . . . . . . . 47
    Kulturelle Werte . . . . . . . . . . . . . . . . . . . . . . . . . . . . . . 48
    Der Schlag der eigenen Trommel . . . . . . . . . . . . . . . . . . . . 50
Über die Zeit hinaus . . . . . . . . . . . . . . . . . . . . . . . . . . . . 56

KAPITEL ZWEI: DAUER. *Die psychische Uhr* . . . . . . . . . . . . . . . . 58

Die Verzerrungen im Ablauf der psychischen Uhr . . . . . . . . . . 61
Die Zeit dehnen . . . . . . . . . . . . . . . . . . . . . . . . . . . . . 66
Langeweile: Die dunkle Seite der Zeitausdehnung . . . . . . . . . . 69
Fünf Einflüsse auf die psychische Uhr . . . . . . . . . . . . . . . . . 71
    Angenehme Erfahrungen . . . . . . . . . . . . . . . . . . . . . . . . . 72
    Grad der Dringlichkeit . . . . . . . . . . . . . . . . . . . . . . . . . 73
    Der Grad der Aktivität . . . . . . . . . . . . . . . . . . . . . . . . . 75
    Abwechslung . . . . . . . . . . . . . . . . . . . . . . . . . . . . . . . 79
    »Zeitfreie« Aufgaben . . . . . . . . . . . . . . . . . . . . . . . . . . 81
Zeitsprünge . . . . . . . . . . . . . . . . . . . . . . . . . . . . . . . . 84

KAPITEL DREI: EINE KURZE GESCHICHTE DER UHRZEIT . . . . . . . . 87

Eine kurze Geschichte der Zeitmeßgeräte . . . . . . . . . . . . . . . 90
Die frühere Gleichgültigkeit gegenüber der Uhrzeit . . . . . . . . . 97
Die Standardisierungsbewegung . . . . . . . . . . . . . . . . . . . . 101
Die Werbung mit den Tugenden der Uhrzeit . . . . . . . . . . . . . 105
Frederick Taylors Rationalisierungsideen . . . . . . . . . . . . . . . 109
Der Kampf gegen die neue Zeit . . . . . . . . . . . . . . . . . . . . . 111
Zeitkriege . . . . . . . . . . . . . . . . . . . . . . . . . . . . . . . . . 116
Der Tod des Ticktackmannes . . . . . . . . . . . . . . . . . . . . . . 120

KAPITEL VIER: LEBEN NACH DER EREIGNISZEIT . . . . . . . . . . . . . 122

Das Versacken in der Ereigniszeit . . . . . . . . . . . . . . . . . . . 127
Wo sind die Kühe? Zeitmessung in Burundi . . . . . . . . . . . . . 129
Ist Zeit Geld? . . . . . . . . . . . . . . . . . . . . . . . . . . . . . . . 132
Andere Kulturen der Ereigniszeit . . . . . . . . . . . . . . . . . . . 134
Gleichzeitigkeit und Chaos . . . . . . . . . . . . . . . . . . . . . . . 138
Die Vorteile eines flexiblen Umgangs mit der Zeit . . . . . . . . . . 139
Weitere Zeitkriege . . . . . . . . . . . . . . . . . . . . . . . . . . . . 142

KAPITEL FÜNF: ZEIT UND MACHT. *Die Regeln des Wartespiels* . . . . 145

Regel Eins: *Zeit ist Geld* . . . . . . . . . . . . . . . . . . . . . . . . 147
Regel Zwei: *Das Gesetz von Angebot und Nachfrage regelt die Länge
    der Schlange* . . . . . . . . . . . . . . . . . . . . . . . . . . . . . . . 151
Regel Drei: *Wir schätzen das, worauf wir warten* . . . . . . . . . . . 153
Regel Vier: *Der Status bestimmt, wer wartet* . . . . . . . . . . . . . . 155

Regel Fünf: *Je länger die Menschen auf dich warten,*
  *desto höher ist dein Status* . . . . . . . . . . . . . . . . . . . . . . . . . . . . 159
Regel Sechs: *Geld verschafft einen Platz vorn in der Schlange* . . . . . . 161
Regel Sieben: *Der Mächtigere kontrolliert, wer wartet* . . . . . . . . . . 166
Regel Acht: *Warten kann ein wirksames Kontrollinstrument sein* . . . 169
Regel Neun: *Zeit kann als Geschenk gegeben werden* . . . . . . . . . . . 171
Regel Zehn: *Wenn man sich in eine Schlange drängelt,*
  *sollte man es hinten tun* . . . . . . . . . . . . . . . . . . . . . . . . . . . . . 172
Das internationale Wartespiel . . . . . . . . . . . . . . . . . . . . . . . . 173

TEIL II
SCHNELL, LANGSAM UND DIE QUALITÄT DES LEBENS

KAPITEL SECHS: WO IST DAS LEBENSTEMPO AM HÖCHSTEN? . . . 177

Das Lebenstempo in 31 Ländern . . . . . . . . . . . . . . . . . . . . . 179
31 Länder im Vergleich . . . . . . . . . . . . . . . . . . . . . . . . . . . . . 181
Wo das Leben langsam ist . . . . . . . . . . . . . . . . . . . . . . . . . . 185
Wohin ist La Dolce Vita entschwunden? Westeuropa,
Japan und die Vereinigten Staaten im Vergleich . . . . . . . . . . . 189
Das Lebenstempo in 36 amerikanischen Städten . . . . . . . . . . . 198
Schnelle und langsame Städte in den Vereinigten Staaten . . . . . . 200
Der schnelle Nordosten . . . . . . . . . . . . . . . . . . . . . . . . . . . 201
Die Hupsekunde . . . . . . . . . . . . . . . . . . . . . . . . . . . . . . . . 204

KAPITEL SIEBEN: GESUNDHEIT, REICHTUM, GLÜCK
UND SOZIALES ENGAGEMENT . . . . . . . . . . . . . . . . . . . . . . . 206

Körperliches Wohlbefinden: Die Typ-A-Stadt . . . . . . . . . . . . . 207
Seelisches Wohlbefinden: Wo sind die Menschen glücklicher? . . . 211
Soziales Wohlbefinden: Wo helfen die Menschen? . . . . . . . . . . 214

KAPITEL ACHT: DIE WIDERSPRÜCHLICHKEIT JAPANS . . . . . . . 225

Arbeitssucht im japanischen Stil . . . . . . . . . . . . . . . . . . . . . 225
Wie schützen sich die Japaner gegen die koronare
Herzerkrankung? . . . . . . . . . . . . . . . . . . . . . . . . . . . . . . . . 230
Über sein *Giri* Bescheid wissen . . . . . . . . . . . . . . . . . . . . . . 236
*Karôshi* oder Tod durch Überarbeitung . . . . . . . . . . . . . . . . . 239
Von Japan lernen . . . . . . . . . . . . . . . . . . . . . . . . . . . . . . . . 241

# TEIL III
## DAS TEMPO VERÄNDERN

KAPITEL NEUN: ZEITLICHE KOMPETENZ. *Die stumme Sprache lernen* 245

Zeit lehren . . . . . . . . . . . . . . . . . . . . . . . . . . . . . . . . . . . . . 249
Acht Lektionen . . . . . . . . . . . . . . . . . . . . . . . . . . . . . . . . . 251
Wo zwei Zeitgefühle ineinander münden . . . . . . . . . . . . . . . 265

KAPITEL ZEHN: »TIMING YOUR MIND AND MINDING YOUR TIME« 270

Würdige die Zeit . . . . . . . . . . . . . . . . . . . . . . . . . . . . . . . . 271
In mittlerem Tempo leben . . . . . . . . . . . . . . . . . . . . . . . . . . 274
Die Entsprechung von Mensch und Umgebung . . . . . . . . . . . 279
Multitemporalität . . . . . . . . . . . . . . . . . . . . . . . . . . . . . . . 283
Übernehmen Sie die Kontrolle . . . . . . . . . . . . . . . . . . . . . . . 286


ANMERKUNGEN . . . . . . . . . . . . . . . . . . . . . . . . . . . . . . . . 292

REGISTER . . . . . . . . . . . . . . . . . . . . . . . . . . . . . . . . . . . . 313

# Danksagung

Ich war von so vielen hilfsbereiten und kenntnisreichen Studenten, Kollegen und Freunden umgeben, daß es schwer ist, genau zu sagen, wo meine Gedanken anfangen und ihre aufhören. Einige von ihnen möchte ich namentlich nennen und mich bei ihnen besonders bedanken. Ich schulde ihnen Dank dafür, daß sie großzügig Erkenntnisse und Geschichten beigesteuert haben, die in diesem Buch Verwendung fanden: Neil Altman, Stephen Buggie, Kris Eyssell, Alex Gonzalez, Eric Hickey, James Jones, der verstorbene William Kir-Stimon, Shirley Kirsten, Todd Martinez, Kuni Miyake, Salvatore Niyonzima, Harry Reis, Suguru Sato, Jean Traore, Fred Turk und Jyoti Verma. Hier an meiner Universität haben mir Sergio Aguilar-Gaxiola, Jean Ritter, Aroldo Rodrigues und Lynnette Zelezny wertvolle Informationen gegeben und mich nach Kräften unterstützt. Neben vielen anderen hilfreichen Kollegen möchte ich Rick Block, Richard Brislin (dessen Thesen mich zu Kapitel 9 inspirierten), Edward Diener und Harry Triandis für ihre Arbeiten zu den Themen Zeit und/oder Kultur danken und ebenso für die Bereitschaft, mit der sie meine zahlreichen Bitten um Daten und Informationen erfüllten. Gar nicht genug kann ich über die stete Unterstützung Phil Zimbardos sagen – er ist nicht nur der anregendste Lehrer im Bereich der Sozialpsychologie, sondern vielleicht auch der größte Mensch. Ich danke Suguru Sato und Yoshio Sugiyama von der Medizinischen Universität in Sapporo,

Lars Nystedt und Anna und Hannes Eisler von der Universität in Stockholm und der Verwaltung der Universidade Federal Fluminense in Brasilien dafür, daß sie so viel zum Erfolg meiner Gastaufenthalte an ihren Universitäten beigetragen haben; diese abenteuerlichen Erfahrungen bilden das Herzstück des vorliegenden Buches. Ich danke Ellen Wolff, die mir vor vielen Jahren die Anregung zu diesem Projekt gab. Meine Frau, Trudi Thom, hat mich in vielen Punkten meines Vorhabens beraten und war stets zur Stelle, wenn ich sie brauchte. Alex Gonzalez, mein Kollege, Vorgesetzter und Begleiter auf meinen Zeitreisen, hat mich umsichtig durch zahlreiche Stufen meines Forschungsprogrammes geführt und mich immer unterstützt. Meine Kollegin Connie Jones, die jedes Wort dieses Manuskriptes gelesen hat, war eine unschätzbare Zusatzlektorin und in jeder Hinsicht eine große Hilfe. Tom Breen war, wie immer, einfach einsame Klasse.

Den nachfolgend Genannten danke ich für ihre Hilfe bei der Gewinnung oder Analyse von Daten in einer oder mehreren Städten in den Vereinigten Staaten oder in anderen Ländern:

Timothy Baker, Laura Barton, Karen Bassoni, Stephen Buggie, Brigette Chua, Andy Chuang, Holly Clark, Lori Conover, John Evans, Kris Eyssell, David Hennessey, Kim Khoo, Robert Lautner, Marta Lee, Royce Lee, Andy Levine, Martin Lucia, Ludwig Thom, Allen Miller, Michiko Moriyama, Walter Murphy, Carlos Navarette, Julie Parravano, Karen Philbrick, Harry Reis, Aroldo Rodrigues, Michelle St. Peters, Anne Sluis, Kerry Sorenson, David Tan, Jyoti Verma, Karen Villerama, Sachiko Watanabe und Laurie West. Dank an Philip Halpern für seine technische Hilfe. Gary Brase, Karen Lynch, Todd Martinez, Kuni Miyake und Ara Norenzanyan haben bei diesen Untersuchungen eine besonders bedeutsame Rolle gespielt, und ich danke ihnen allen für ihre Hilfe und ihre Anregungen.

Mein Agent, Kris Dahl, hat mir Türen geöffnet, von denen ich nicht einmal wußte, daß es sie gibt. Elizabeth Kaplan fand den pfiffigen Titel.

Gail Winston, meine Lektorin bei Basic Books, war wunderbar.

Ihre geduldige, positive, erfahrene Anleitung hat mir geholfen, eine Reihe von losen Kapiteln so zu bearbeiten, daß dabei ein vertretbares Buch herauskam. Es war ein Glück für mich, mit ihr zusammenzuarbeiten.

# Vorwort

## *Die Zeit spricht, und zwar mit Akzent*

> Jede Kultur hat ihre eigenen, einmaligen zeitlichen Fingerab-
> drücke. Ein Volk kennen heißt die Zeitwerte kennen, mit denen
> es lebt.
>
> JEREMY RIFKIN,
> *Uhrwerk Universum*

Die Zeit hat mich fasziniert, solange ich denken kann. Wie den
meisten amerikanischen Kindern brachte man mir zunächst bei, daß
die Zeit einfach mit der Uhr gemessen wird – in Sekunden und
Minuten, Stunden und Tagen, Monaten und Jahren. Aber wenn ich
mich unter den Erwachsenen in meiner Umgebung umsah, schienen
sich die Zahlen nicht einmal bei zweien von ihnen zur gleichen
Summe zu addieren. Ich fragte mich verwundert, warum für manche
Erwachsene der Tag praktisch immer ein paar Stunden zu kurz war,
während andere offenbar endlos viel Zeit hatten. Diese zweite
Gruppe von Menschen – Leute, die während eines Arbeitstages ins
Kino gingen oder sich beurlauben ließen und mit ihrer Familie für
sechs Monate in den Südpazifik zogen – sah ich als Millionäre der
Zeit an, und ich schwor mir, eines Tages zu ihnen zu gehören.

Als ich über meinen zukünftigen Beruf nachdachte, ignorierte
ich die von meinen Altersgenossen unentwegt gestellte Frage nach
der Höhe des Einkommens und interessierte mich statt dessen für
den zeitlichen Lebensstil, den mir verschiedene berufliche Positionen ermöglichen würden. Wie weit konnte ich meinen Rhythmus
selbst bestimmen? Wieviel Kontrolle hatte ich über meine Zeit?
Konnte ich tagsüber eine Runde radfahren? Thoreau sprach mir aus
der Seele, als er erklärte: »Die Qualität eines Tages zu beeinflussen,

das ist die höchste aller Künste.« Ich wählte einen Beruf – den eines Universitätsprofessors –, der mir den zeitlichen Spielraum bietet, den ich gesucht habe. Und zu meinem Glück fand ich sogar ein Spezialgebiet – die Sozialpsychologie –, das mir erlaubt, die Frage nach der Zeit weiterzuverfolgen, die mich schon als Kind so gefesselt hat.

Zum Ausgangspunkt meiner wissenschaftlichen Reise wurde eine Erfahrung in den ersten Jahren meiner Berufslaufbahn. Bis dahin hatte ich mich in der Forschung auf ein Gebiet konzentriert, das damals in der Sozialpsychologie brandaktuell war, die Attributionstheorie. Meine Untersuchungen hatten sich auf ziemlich theoretische Fragen etwa der Art beschränkt, wie sich Männer und Frauen in ihren Erklärungen für Erfolg und Mißerfolg unterscheiden, unter welchen Bedingungen die Menschen Erfolge äußeren Ursachen zuschreiben und in welcher Weise das Selbstbewußtsein den Attributionsstil eines Menschen beeinflußt. Sie verstehen, was ich sagen will: In meiner akademischen Welt waren das durchaus wichtige Fragen, aber es blieb mir nicht verborgen, daß die Augen meiner Freunde immer so einen glasigen Ausdruck bekamen, wenn ich ihnen von meiner Forschungsarbeit erzählte.

Mein Interesse an diesen theoretischen Fragen versiegte im Sommer 1976 schlagartig. Ich hatte damals gerade eine Gastprofessur an der Universidade Federal in Niteroi angetreten, einer mittelgroßen Stadt in Brasilien, die gegenüber von Rio de Janeiro an derselben Meeresbucht liegt. Als ich ankam, war ich sehr gespannt darauf, welche Eigenschaften dieser fremden Umgebung mir die größte Anpassungsleistung abverlangen würden. Ich wollte die Erfahrungen, die ich am eigenen Leib machte, genau beobachten. Von meinen bisherigen Reiseerlebnissen ausgehend, war ich auf Schwierigkeiten mit der Sprache, mit der Wahrung meiner Privatsphäre und mit dem Sauberkeitsstandard gefaßt. Aber all das war, wie sich bald zeigte, ein Kinderspiel im Vergleich zu den Qualen, die mir die Vorstellungen der Brasilianer von Zeit und Pünktlichkeit verursachten.

Ich hatte natürlich schon vor meiner Ankunft vom Klischee der *amanhã*-Haltung in Brasilien gehört (der portugiesischen Version des spanischen *a mañana*): Eine heute fällige Arbeit wird auf morgen verschoben, wenn es nur irgend möglich ist. Ich war mir bewußt, daß ich mein Tempo drosseln und meine Erwartungen hinsichtlich der Leistung herunterschrauben mußte. Aber ich bin in Brooklyn aufgewachsen, wo man Kindern schon frühzeitig beibringt, flink zu sein oder nicht im Wege herumzustehen. Vor Jahren hatte ich gelernt, in der mir fremden Kultur von Fresno in Kalifornien zu überleben, einer Stadt, in der selbst die geruhsamen Bewohner von Los Angeles lernen müssen, langsamer zu leben. Um mich an das Lebenstempo in Brasilien zu gewöhnen, würde es wohl genügen, die Feineinstellung ein wenig zu ändern, so glaubte ich. Und dann bekam ich einen so gewaltigen Kulturschock, wie ich ihn meinem ärgsten Feind nicht wünschen würde.

Die ersten Lektionen erhielt ich bald nach meiner Ankunft. Als ich an dem Tag, an dem ich zum ersten Mal unterrichten sollte, aus dem Haus ging, fragte ich jemanden nach der Uhrzeit. Es war 9.05 Uhr, so daß ich reichlich Zeit hatte, rechtzeitig zu meinem Seminar um 10 Uhr anzukommen. Nach schätzungsweise einer halben Stunde schaute ich auf eine Uhr, an der ich gerade vorbeikam. Sie zeigte 10.20 Uhr an. Von Panik ergriffen, setzte ich mich in Trab und stürzte in Richtung Seminarraum, wobei mir freundliche Zurufe wie »*Alô, Professor*« und »*Tudo bem, professor?*« von gemächlich gehenden Studenten nachklangen, die sich später überwiegend als meine eigenen entpuppten. Atemlos kam ich an und fand einen leeren Raum vor.

Verstört rannte ich wieder hinaus und fragte einen der Vorübergehenden nach der Zeit. »9.45 Uhr«, lautete die Antwort. Das konnte nicht sein. Ich fragte jemand anderen. »9.55 Uhr« Wieder ein anderer äugte auf seine Armbanduhr hinunter und rief stolz: »Genau 9.43 Uhr« Die Uhr eines nahegelegenen Büros zeigte 15.15 Uhr an. Ich hatte meine ersten beiden Lektionen erhalten: Brasilianische Uhren gehen prinzipiell falsch, und außer mir schien das niemanden zu stören.

Mein Seminar sollte von 10 Uhr bis 12 Uhr dauern. Viele Studenten kamen zu spät. Einige kamen erst nach 10.30 Uhr. Vereinzelt tröpfelten sie noch kurz vor 11 Uhr herein. Und zwei sogar danach. Alle Nachzügler hatten ein entspanntes Lächeln auf den Lippen, an dem ich mich später freuen lernte. Alle begrüßten mich, und obwohl sich einige knapp entschuldigten, schien keiner ein übermäßig schlechtes Gewissen zu haben, weil er zu spät kam. Sie gingen davon aus, daß ich Verständnis dafür hatte.

Daß Brasilianer zu spät kamen, war keine Überraschung, allerdings war es für mich persönlich eine neue Erfahrung, Studenten unbekümmert mit mehr als einer Stunde Verspätung zu einem zweistündigen Seminar erscheinen zu sehen. Die eigentliche Überraschung jenes ersten Tages kam aber erst um 12 Uhr, als der Unterricht zu Ende war.

Zu Hause in Kalifornien brauchte ich nie auf die Uhr zu schauen, um zu wissen, wann die Unterrichtszeit dem Ende entgegenging. Die Bücher wurden dann unruhig herumgeschoben, und die Gesichter verkündeten mehr als deutlich: »Ich habe Hunger./Ich habe Durst./Ich muß zur Toilette./Ich ersticke, wenn Sie uns noch eine Sekunde länger hier festhalten.« (Die Qual wird nach meiner Beobachtung bei den noch nicht graduierten Studenten meist zwei Minuten vor der vollen Stunde unerträglich, bei den graduierten etwa fünf Minuten vor der vollen Stunde.) Aber als es in meinem ersten Seminar in Brasilien 12 Uhr war, gingen nur ein paar Studenten pünktlich weg. Andere schlenderten im Laufe der nächsten Viertelstunde gemütlich hinaus, und manche blieben noch deutlich länger, um mir Fragen zu stellen. Als einige der noch verbliebenen Studenten um 12.30 Uhr ihre Schuhe auszogen, litt ich meinerseits im stillen unter Hunger/Durst/Drang zur Toilette/ Erstickungsgefühlen. (Wobei ich ihr Verweilen beim besten Willen nicht meinem brillanten Unterrichtsstil zuschreiben konnte: Ich hatte gerade zwei Stunden lang in stockendem Portugiesisch über Statistik doziert. Verzeiht mir, *meus pobres estudantes*.)

In der Hoffnung, das Verhalten meiner Studenten verstehen zu lernen, verabredete ich mich für den nächsten Morgen um 11 Uhr mit meiner neuen Chefin, der Fachbereichsleiterin. Ich traf pünktlich in ihrem Büro ein. Weder sie noch ihre Sekretärin waren da. Ich mußte sogar das Licht einschalten, um die Zeitschriften im Wartezimmer lesen zu können: ein Exemplar der *Time*, das bereits ein Jahr alt war, und eine drei Jahre alte Nummer von *Sports Illustrated*.

Um 11.30 Uhr traf die Sekretärin ein, sagte *alô*, fragte mich, ob ich einen *cafézinho* wolle (das traditionelle brasilianische Getränk, das zur einen Hälfte aus dickem schwarzem Kaffee und zur anderen Hälfte aus Zucker besteht und, soweit ich begriffen habe, alle so benommen macht, daß sie sich nicht mehr die Mühe machen, sich noch zu bewegen), und ging wieder fort. Um 11.45 Uhr kam meine neue Chefin, bot mir ebenfalls einen *cafézinho* an und ging auch wieder fort. Zehn Minuten später kam sie zurück, setzte sich an ihren Schreibtisch und begann die Post zu lesen. Um 12.20 Uhr rief sie mich schließlich in ihr Büro, entschuldigte sich beiläufig, daß sie mich hatte warten lassen, plauderte ein paar Minuten mit mir und entschuldigte sich dann, sie müsse »rasch« zu einer anderen Verabredung, zu der sie schon zu spät komme. Ich erfuhr später, daß das keine Lüge war. Sie hatte die Gewohnheit, eine Menge Verabredungen für denselben Zeitpunkt zu treffen und zu allen zu spät zu kommen. Offenbar liebte sie Verabredungen.

Später am selben Tag sollte ich mich mit einigen Studenten meines Kurses treffen. Als ich in mein »Büro« kam, waren schon zwei Studenten da und benahmen sich ganz wie zu Hause. Es schien sie nicht zu kümmern, daß ich ein paar Minuten zu spät kam, und sie hatten es keineswegs eilig, zu beginnen. Einer hatte die Füße auf meinen Schreibtisch gelegt und las in seiner *Sports Illustrated* (die, wie ich bemerkte, erst drei Monate alt war).

Etwa fünfzehn Minuten nach dem vorgesehenen Ende der Zusammenkunft stand ich auf und erklärte, ich habe noch weitere Verabredungen, für die es jetzt Zeit sei. Die Studenten rührten sich nicht von der Stelle und fragten höflich: »Mit wem?« Als ich die Namen zweier Kommilitonen nannte, erklärte einer der Anwesenden erfreut, er kenne sie beide. Er eilte zur Tür und führte einen der beiden – der andere war noch nicht da – vom Wartebereich in mein Büro. Dann plauderten alle miteinander und blätterten in ihren *Sports Illustrated*. Als der zweite hereinschlenderte, fünf Minuten vor dem geplanten Ende unserer Zusammenkunft, verlor ich allmählich die Übersicht darüber, wer zu früh und wer zu spät kam – und das war, wie ich mit der Zeit merkte, genau die Lektion, die ich zu lernen hatte. Für den Augenblick war ich jedoch einfach nur verwirrt.

Mein letzter Termin an diesem Tag war ein Treffen mit dem Besitzer einer Wohnung, die ich mieten wollte. Diesmal dachte ich, ich wüßte langsam, wie der Hase läuft. Sobald ich ankam, fragte ich die Sekretärin, wie lange ich wohl warten müsse. Sie sagte, ihr Chef verspäte sich. »Wieviel?« fragte ich. »Eine halbe Stunde, *mais ou menos*«, sagte sie. Ob ich einen *cafézinho* wolle? Ich lehnte ab und sagte, ich käme in zwanzig Minuten wieder. Als ich zurückkam, erklärte sie mir, es werde noch ein Weilchen dauern. Ich ging wieder weg. Als ich zehn Minuten später zurückkam, teilte sie mir mit, ihr Chef habe keine Lust gehabt, noch länger auf mich zu warten, und sei nach Hause gegangen. Als ich ihr aufgebracht eine gallige Nachricht an den verehrten Herrn Vermieter auftragen wollte, erklärte mir die Sekretärin, ich habe ihm keine andere Wahl gelassen, als sich so zu verhalten. »Verstehen Sie denn nicht, er ist der Besitzer und nicht Sie. Sie sind sehr arrogant, Dr. Levine.« Das war das letzte Mal, daß ich versuchte, einen Brasilianer im Wartespiel auszutricksen.

In meinem Jahr in Brasilien war ich immer wieder verblüfft, frustriert, fasziniert und gefesselt von den Gepflogenheiten und Auffassungen bezüglich der sozialen Zeit, mit denen mich die Brasilianer konfrontierten. Wie sich bald herausstellte, verwirrten mich die brasilianischen Regeln der Pünktlichkeit deshalb so sehr, weil sie untrennbar mit kulturellen Werten verknüpft sind. Und wenn wir uns in das komplexe Geflecht einer Kultur hineinbegeben, finden wir weder einfache noch klare Antworten auf unsere Fragen. Kulturelle Überzeugungen sind wie die Luft, die wir atmen, sie sind derart selbstverständlich, daß sie kaum je diskutiert oder überhaupt artikuliert werden. Aber häufig kommt es zu einer heftigen Reaktion, wenn diese ungeschriebenen Gesetze übertreten werden. Ahnungslose Außenstehende wie ich können leicht in ein kulturelles Minenfeld geraten.

Keine andere Überzeugung ist derart eingefleischt und daher auch so versteckt wie diejenigen, die mit der Zeit zu tun haben. Vor nahezu dreißig Jahren hat der Anthropologe Edward Hall die Regeln der sozialen Zeit als »stumme Sprache«[1] bezeichnet. Überall auf der Welt lernen Kinder ganz automatisch die Regeln ihrer Gesellschaft, in denen es um früh und spät, warten und sich beeilen, Gegenwart und Zukunft geht. Es gibt kein Lexikon, in dem sie diese Zeit-Regeln nachschlagen oder das Fremde zu Rate ziehen könnten, wenn sie über die nervtötenden Unstimmigkeiten zwischen ihrem mitgebrachten Zeitgefühl und den Zeit-Regeln ihrer neuen Umgebung stolpern.

Brasilien machte mir klar, daß die Zeit spricht. Aber zu verstehen, was sie sagt, war ganz und gar nicht leicht. Nachdem ich mehrere Monate lang immer wieder ins Fettnäpfchen getreten war, entwarf ich aus dem Bedürfnis heraus, die Überzeugungen und Regeln der Brasilianer in bezug auf die Pünktlichkeit zu verstehen, meinen ersten systematischen Versuch über Zeit. Diese Arbeit warf mehr Fragen auf, als sie beantwortete, was ich anfangs frustrierend fand, dann aber zu würdigen lernte. Was ich entdeckte, hat mich so fasziniert, daß ich einen Großteil der letzten zwanzig Jahre damit verbracht habe, sowohl die Psychologie der Zeit als auch die Psychologie verschiedener Orte genauer zu erforschen. Von Untersuchungen zur Pünktlichkeit ausgehend bin ich zu einer Erforschung des allgemeinen Lebenstempos gekommen; weiterführende Studien warfen Fragen zu den Folgen des Lebenstempos für das körperliche und seelische Wohlbefinden von Menschen und ihren Gemeinschaften auf. Diese Arbeit hat mich in zahlreiche Städte der Vereinigten Staaten und in weite Teile der übrigen Welt geführt. Sie hat meine frühesten Ahnungen bestätigt, nämlich daß die Art und Weise, wie Menschen in ihrem Leben mit der Zeit umgehen, eine unglaubliche Vielfalt schafft. Es gibt drastische Unterschiede auf allen Ebenen: von einer Kultur zur anderen, von Stadt zu Stadt, von Nachbar zu Nachbar. Und vor allem habe ich gelernt, daß die Uhrzeit nicht die ganze Geschichte sondern lediglich der Anfang ist.

# Die Psychologie des Ortes

Als Sozialpsychologe habe ich nach und nach den Wert einer Untersuchung der Zeit im allgemeinen und des Lebenstempos im besonderen auf vielen Ebenen schätzen gelernt. Das Fach Sozialpsychologie spannt einen weiten Bogen. Im Gegensatz zu unseren Kollegen im Bereich der Persönlichkeitspsychologie und der Soziologie – die erstere konzentriert sich zumeist auf die privaten, inneren Prozesse im Individuum, die letztere auf soziale Gruppen – beschäftigen wir Sozialpsychologen uns mit dem Austausch zwischen Individuen und den Gruppen, die ihr Verhalten lenken. Wir untersuchen mit nicht unbeträchtlicher Arroganz den Bereich, den der Begründer unseres Faches, Kurt Lewin, als »Lebensraum« bezeichnet hat: das gesamte Verhalten von Individuen unter dem Aspekt, wie ihre Existenz in ihre Umgebung eingebettet ist.

Die Arbeit, von der in den folgenden Kapiteln die Rede sein wird, fußt auf der Annahme, daß Orte wie Menschen eine eigene Persönlichkeit haben. Ich stimme völlig mit dem Soziologen Anselm Strauss überein, der schreibt: »Den ganzen Komplex des urbanen Lebens kann man sich eher als Person vorstellen denn als spezifischen Ort, und die Stadt kann eine ganz eigene Persönlichkeit besitzen.«[2] Orte sind von ihrer jeweiligen Kultur und Subkultur geprägt, die jeweils ihre eigenen, einmaligen, zeitlichen Fingerabdrücke haben.

Ich bin diesen Fingerabdrücken durch Untersuchungen des Zeitgefühls an verschiedenen geographischen Orten nachgegangen. Mein Ziel war es, systematisch zu erforschen, wie Orte sich in ihrem Lebenstempo unterscheiden und wie groß diese Unterschiede sind. Die Sozialpsychologie von Orten zu klassifizieren ist zwangsläufig ein chaotisches Unterfangen. Meine Aufgabe dabei ist es, die Nebengeräusche so weit wie möglich zu reduzieren. Das Ziel besteht nicht darin, invariante Unterschiede zwischen Orten zu entdecken, sondern vorhandene Unterschiede so sorgfältig wie möglich zu beschreiben. Diese Studien sind in einem gewissen Sinne objektive, empirische Untersuchungen des Rohmaterials von weit-verbreiteten Klischees.

Für empirische Forscher kann die Vielseitigkeit und Unschärfe des Begriffes Lebenstempo problematisch sein; er führt oft auf entmutigend rutschige Holzwege. Das Thema setzt so viele Assoziationsketten in Gang und berührt so unterschiedliche Aspekte der Zeit – zum Beispiel die Zeit der Physik, der Biologie, der Gesundheit, der Kultur, der persönlichen Beziehungen, der Musik und Kunst –, daß es manchmal einen ganzen Schwall freier Assoziationen über die Erfahrung selbst auslöst. Und die Frage nach der Erfahrung der Zeit ähnelt ein wenig der Frage: »Was ist Kunst?« Beide Themen betreffen die persönliche Erfahrung in einer solchen Tiefe und Breite, daß sie häufig die Frage: »Wie soll ich leben?« oder ihre nahe Verwandte: »Was ist der Sinn des Lebens?« nach sich ziehen. Das sind zwar durchaus interessante Fragen, aber für einen Forscher, der nach methodischer Präzision strebt, ein wenig unhandlich.

Es liegen einige Gefahren darin, Verallgemeinerungen über die Charakteristika von Orten vorzunehmen, besonders, wenn sie sich auf die kollektiven »Persönlichkeiten« ihrer Bewohner beziehen. Die Vorstellung, man könne einen einzigen Satz von Eigenschaften einer ganzen Bevölkerung zuschreiben oder überhaupt einer ganzen Gruppe, verführt zu schludrigem Denken. Die Wahrheit ist, daß sich Individuen in jeder Umgebung gewaltig voneinander unterscheiden. Den Menschen einer bestimmten Stadt oder eines bestimmten Landes Etiketten mit globalen Aussagen anzuheften, stellt eine übermäßige Typisierung dar und ist als solches potentiell bösartig.

Doch obwohl es oberflächlich wäre, Verallgemeinerungen über die Menschen an einem bestimmten Ort unzulässig zu übertreiben, wäre es andererseits naiv, das Vorhandensein von signifikanten, generellen Unterschieden zwischen Orten und Kulturen zu leugnen. Natürlich entsprechen viele Italiener eher dem Klischee der pünktlichkeitsbesessenen Schweizer, als daß sie Marcello Mastroianni ähnlich wären (fragen Sie nur einmal die Mailänder), und manche Brasilianer stehen unter größerem Zeitdruck als der durchschnittliche Einwohner von New York. Aber es deutet doch einiges darauf hin, daß die Schweizer, insgesamt gesehen, eher auf die Uhr achten als die Italiener, und daß die Einwohner von Rio im allgemeinen geruhsamer leben als die von New York. In einer bestimmten Situation kann der hektischste Typ A entspannter sein als ein Typ B mit den höchsten Punktzahlen. Unter gleichgelagerten Voraussetzungen ist jedoch wahrscheinlich eher das Gegenteil der Fall.

Das Maß an Verschiedenheit innerhalb einer Kultur kann selbst wieder als aufschlußreiches Charakteristikum angesehen werden. In Japan beispielsweise gilt Konformität als Tugend, und es gibt ein allgemein akzeptiertes Sprichwort, das lautet: »Der Nagel, der heraussteht, wird schnell eingehämmert.« Als Folge davon ist das öffentliche Erscheinungsbild in Japan viel einheitlicher als in einem Land mit einer individualistischen Kultur wie den Vereinigten Staaten, wo man sagt: »Das quietschende Rad bekommt das Öl.« Das Ausmaß der kulturellen Zwänge stellt einen signifikanten Unterschied zwischen diesen beiden Ländern dar.

Meine Untersuchungen vergleichen das Lebenstempo an unterschiedlichen Orten und reichen von weiter zurückliegenden Experimenten in Brasilien und den Vereinigten Staaten bis zu einem Vergleich von 31 verschiedenen Ländern in den letzten Jahren. Zu den Zielen dieser Untersuchung gehörte das Anliegen, das Tempo verschiedener Städte und Länder in eine Reihenfolge zu bringen – eine Art nach Orten gestaffelten, sozialpsychologischen Führer zu den schnellebigsten und den geruhsamsten Wohnorten zu entwerfen. Solche Listen entsprechen einer alten amerikanischen Tradition. Schon im 17. Jahrhundert versuchten Förderer von Maryland, Kolonisten dazu zu bewegen, lieber in ihr Land als nach Virginia zu ziehen, indem sie Statistiken erstellten, die für Maryland schwerere Truthähne, mehr Rotwild und weniger Todesfälle durch gefährliche Sommerkrankheiten und Indianermassaker nachwiesen – all das konnten diejenigen haben, die sich am Nordufer der Chesapeake-Bucht niederließen. Heutige Einstufungen von Orten lösen mehr Diskussionen aus denn je. Ein Reporter der Zeitschrift *Time* meinte dazu: »Ob es um den saftigsten Burger oder das größte Unternehmen geht, Amerikaner haben eine Neigung, Listen der

Besten und der Schlechtesten zu erstellen und dann über die Ergebnisse zu streiten. Keine anderen Ranglisten haben so viel Widerspruch ausgelöst wie die über ›home, sweet home‹.«[3]

Aber während die meisten Studien, die Orte beurteilen, auf Statistiken über objektive Lebensbedingungen beruhen (Wohnsituation, medizinische Versorgung, Kriminalität, Verkehrsmittel, Schulen, kulturelles Angebot, Freizeitangebote, Arbeitsmöglichkeiten), erforsche ich in meinen Untersuchungen die sozialpsychologische Lebensqualität der Menschen. Wie weit trifft unser Klischee vom lockeren Südkalifornier zu? Oder vom hektischen New Yorker? Wie ist das Lebenstempo in Japan verglichen mit Indonesien? Wie das von Syrien im Vergleich zu Brasilien? In welchen Städten nehmen sich Menschen mit größerer Wahrscheinlichkeit die Zeit, einem Fremden zu helfen? Das sind einige der Fragen, die meine Mitarbeiter und ich uns gestellt haben.

Mein eigenes, vorrangiges Ziel bei der Beurteilung von Orten war nicht, über die »besten« oder die »schlechtesten« Städte zu entscheiden. Vielmehr wollte ich die Folgen verstehen, die das Lebenstempo für das Leben der Menschen hat. Sind Menschen an Orten mit ruhigerem Tempo glücklicher als an solchen, die den Typ A begünstigen? Sind sie gesünder? Verwenden sie mehr Zeit auf ihre sozialen Verpflichtungen? Meine Mitarbeiter und ich haben die Folgen des Lebenstempos auf mehreren Ebenen untersucht, angefangen bei den wirtschaftlichen und sozialen Charakteristika von Städten bis hin zur Hilfsbereitschaft oder der Frage, wie viele Menschen an Herzerkrankungen sterben.

Unterschiede im Lebenstempo haben sich, wie Sie sehen werden, als außerordentlich folgenreich herausgestellt. Das sollte uns nicht überraschen. Schließlich regiert unser Lebenstempo unsere Erfahrung davon, wie die Zeit vergeht. Und wie wir uns durch die Zeit bewegen, bestimmt letztlich die Art und Weise, in der wir unser Leben leben. Schon J. T. Fraser, der Gründer der International Society for the Study of Time, hat geschrieben: »Sage mir, wie ich über die Zeit denken soll, und ich werde wissen, wie ich über dich denken soll.«

Dieses Buch ist *nicht* als eine weitere Abhandlung über den »überarbeiteten Amerikaner« oder »die Zeitschraube« oder die »zwanghafte Eile« gedacht – obwohl ich diese Themen ansprechen werde. Und es soll auch ganz gewiß kein Ratgeber für das Zeitmanagement oder zur Selbsthilfe sein – obgleich ich auch dazu ein paar Vorschläge machen werde, die aus meiner Arbeit hervorgehen. Über diese Themen gibt es bereits viele ausgezeichnete Bücher.[4] Ich habe ein umfassenderes Interesse. In *Eine Landkarte der Zeit* möchte ich den Reichtum und die Komplexität von Ansichten über Zeit in Kulturen und Städten und bei Menschen auf der ganzen Welt zu begreifen suchen. Da die Zeit der Eckpfeiler des sozialen Lebens ist, bietet die Untersuchung der Zeitvorstellungen eines Volkes einen wertvollen Zugang zur Psyche einer Kultur, auch unserer eigenen.

Bei der Untersuchung fremder Orte habe ich ebensoviel über meine eigene Kultur gelernt wie über andere Kulturen. In dieser Hinsicht unterscheiden sich die Erkundungen eines Sozialwissenschaftlers kaum von denen anderer Reiseschriftsteller. Die Berichte beider sollten, wenn sie etwas taugen, letztlich ein neues Licht auf das Leben in der eigenen Welt werfen. Der Schriftsteller Russell Banks sagte einmal auf einem Symposion über Reiseliteratur:

Alle Reiseliteratur von bleibendem Interesse – Literatur, die wir langfristig lesen, Literatur, die von Schriftstellern auf Reisen, nicht von Reisenden als Schriftstellern geschrieben ist – ist in Wahrheit geschrieben, um auf etwas hinzuweisen, das die Welt zu Hause betrifft. Der eigentliche Zweck sorgfältiger und mutiger Beobachtung des anderen ist, die Natur und die Grenzen des eigenen Selbst zu klären, was zu dem Schluß führt, daß die besten Reiseschriftsteller Menschen sind, die diese Klärung benötigen und sich daher, im Grunde genommen, über das Wesen und die Grenzen ihres Zuhause und ihrer Beziehung zu ihm unsicher sind. Sie ziehen also aus dem Haus aus. Damit sie, wie Hawthornes Wakefield, zurückschauen und sehen können, was dort wahr ist.[5]

Wenn ich meine Sache gut gemacht habe, wird dieses Buch auf unser eigenes Lebenstempo ein ebenso helles Licht werfen wie auf das der anderen. Wie gehen wir mit unserer Zeit um? Wie wirkt sich das auf unsere Städte aus? Auf unsere Beziehungen? Auf unseren Körper und unsere Seele? Gibt es Entscheidungen, die wir getroffen haben, ohne sie uns bewußt zu machen? Gibt es alternative Tempi, die uns mehr liegen könnten? Vielleicht lassen wir uns dazu anregen, wie Hawthornes Wakefield »zurückzuschauen und zu sehen, was dort wahr ist«, und können so, auf unsere eigene Weise, zeitlichen Reichtum erlangen.

# TEIL I

# Soziale Zeit

*Der Herzschlag der Kultur*

# 1

# Tempo

## Der Takt des Lebens

Die Frage des Tempos ... hängt nicht nur von den Faktoren des persönlichen Geschmacks und den Fähigkeiten ab, sondern zu einem gewissen Grad von dem individuellen Instrument und dem Raum oder Saal, der in die Aufführung einbezogen ist.

WILLARD PALMER,
*Chopin: An Introduction
to His Piano Works*

Der Takt des Lebens beschreibt, wie die Menschen den Fluß oder die Bewegung der Zeit erfahren. Er ist durch Rhythmen charakterisiert (Wie sieht die Struktur von Arbeits- und Ruhezeit aus? Gibt es eine Regelmäßigkeit in den sozialen Aktivitäten?), durch Abfolgen (Heißt es: Zuerst die Arbeit, dann das Vergnügen, oder ist es eher anders herum?) und durch Synchronizitäten (Inwieweit sind die Menschen und ihre Aktivitäten aufeinander abgestimmt?). Doch zuerst und vor allem ist der Takt des Lebens eine Sache des Tempos.

Der Begriff »Tempo« ist der Musiktheorie entlehnt, wo er sich auf die (relative) Geschwindigkeit bezieht, mit der ein Stück gespielt wird. Das musikalische Tempo ist wie die persönlich erfahrene Zeit äußerst subjektiv. Am Anfang quasi jeder klassischen Partitur steht eine nichtquantitative Tempoangabe des Komponisten – *largo* oder *adagio* für langsame Tempi, *allegro* oder *presto* für schnelle Tempi, *accelerando* oder *ritardando* für Tempowechsel. Es gibt sogar eine Anweisung namens *tempo rubato* – wörtlich übersetzt »gestohlene Zeit« –, in der kleine Tempoabweichungen im Vortrag erlaubt sind. Solange jedoch ein Komponist nicht die Taktzahl des Metronoms angibt (was die meisten klassischen Komponisten nicht taten oder nicht tun konnten, weil das Metronom erst seit 1816 auf dem Markt ist), kann die genaue metrische Umsetzung der Noten sehr verschieden interpretiert werden. Wenn der Spieler das Metronom entsprechend einstellt, kann Chopins *Minutenwalzer* auch mal zwei Minuten dauern.

Dasselbe gilt für die menschliche Zeit. Wir spielen die gleichen Noten in der gleichen Reihenfolge, die Frage ist nur, in welchem Tempo, denn das hängt von der Person, der Aufgabe und der Umgebung ab. Ein Schüler bleibt vielleicht die ganze Nacht auf, um einen Stoff zu pauken, den ein begabterer Freund an einem Abend lernt. Der Romanautor wartet geduldig auf eine Eingebung, während sein Kollege bei der Zeitung von Redaktionsschluß zu Redaktionsschluß hastet. Eine freie Stunde mit seinem Kind nutzt ein Elternteil dazu, ihm vorzulesen, während ein anderer mit ihm ein schwieriges Videospiel spielt. Mein Cousin, ein College-Student, reist zwei Monate lang durch Europa, während sein Vater, ein Geschäftsmann, die gleiche Tour in zwei Wochen erledigt.

Die Geschwindigkeit kann über kurze und sehr naheliegende Zeitabschnitte hinweg gemessen werden, wenn man etwa mit einem schnell entgegenkommenden Auto oder einem bedrohlich näherrückenden Abgabeschluß konfrontiert wird, oder über längere, dauerhaftere Intervalle hinweg, wenn wir zum Beispiel von dem immer schneller werdenden Tempo des Lebens im zwanzigsten Jahrhundert sprechen. Alvin Toffler geht es zum Beispiel in seinem bekannten Buch *Der Zukunftsschock*[1] um das Tempo, wenn er von der seelischen Zerrüttung spricht, die durch zu starke Veränderungen in einer zu kurzen Zeitspanne hervorgerufen wird. Nicht der Schock der Veränderung an sich löst das Trauma aus, sondern die Schnelligkeit, mit der sie sich vollzieht. Es gibt gewaltige kulturelle, historische und individuelle Unterschiede im Lebenstempo, egal, ob man es nun über kurze oder lange Zeiträume betrachtet, und egal, wie man es mißt.

## Der charakteristische Umgang mit Zeit

> Je weiter ich nach Osten reise, desto lockerer wird die
> Wahrnehmung der Zeit. Das irritiert mich in Polen und
> bringt mich in der Sowjetunion zur Weißglut.
>
> ANONYMER BRITISCHER REISENDER

Die Anpassung an ein fremdes Tempo kann ebenso viele Schwierigkeiten machen wie das Erlernen einer fremden Sprache. In einer
besonders aussagekräftigen Untersuchung über die Ursachen des
Kulturschocks baten die Soziologen James Spradley und Mark
Phillips eine Gruppe von Freiwilligen des Peace Corps nach ihrer
Rückkehr, 33 Problempunkte danach zu ordnen, welchen Aufwand
an kultureller Anpassung sie ihnen abverlangt hätten. Auf der Liste
standen viele Punkte, die jedem vom Reisewahn Befallenen vertraut
sind, wie etwa »die Art des Essens«, »die persönliche Sauberkeit der
meisten Menschen«, »die Anzahl der Menschen der eigenen Rasse«
und »der allgemeine Lebensstandard«. Doch abgesehen von der
fremden Sprache hatten die Freiwilligen vor allem Schwierigkeiten
mit der sozialen Zeit: In der Liste stand »das allgemeine Tempo des
Lebens« ganz oben, gefolgt von einer der wichtigsten Komponenten:
»wie pünktlich die meisten Menschen sind«.[2]

Neil Altman war einer dieser von einem anderen Zeitverständnis
überraschten Peace Corps-Freiwilligen. Altman, der heute als
klinischer Psychologe in New York City arbeitet, lebte eine Zeitlang
als landwirtschaftlicher Berater in einem Dorf in Südindien. »Als wir
in Indien anfingen,« erinnert er sich, »ging ich immer zum örtlichen
Gartenbauamt, um Saatgut und das ganze Zeug zu bekommen. Ich
ging in das Büro des Chefs, um anzufordern, was ich brauchte, doch
dort saßen immer sechs oder acht Leute um seinen Schreibtisch
herum, jeder wahrscheinlich mit irgendeinem Wunsch oder Auftrag. Ungeduldig trug ich mein Anliegen vor: ›Guten Morgen, Mr.
Khan, könnte ich bitte Tomatensamen bekommen?‹ ›Guten Morgen,
*sahib,* möchten Sie nicht einen Tee mit uns trinken?‹ Also hatte ich

keine andere Wahl, als mich hinzusetzen und zu warten, während ein Diener hinausrannte, um mir einen Tee zu holen. Inzwischen erkundigte sich Mr. Khan jedesmal nach meinem Befinden, nach meiner Frau und so weiter, und dann stellten die gerade Anwesenden Tausende von Fragen über mein Leben, über Amerika und so weiter und so fort. Es war kaum möglich, noch einmal nach den Tomatensamen zu fragen, ohne unverschämt zu wirken. Nach ein oder zwei Stunden entschloß ich mich schlußendlich dann doch, unverschämt zu sein. Ich bekam mein Saatgut und machte mich auf den Weg, aber ich stellte fest, daß keiner der Leute am Schreibtisch mit seinem Anliegen irgendwie weitergekommen war.«[3]

Meine eigenen Reisen in die Dritte Welt konfrontierten mich mit dem gleichen Tempo-Problem. Manchmal erscheint das Leben in diesen Ländern wie ein einziges langes Warten: auf Busse und Züge, auf Ein- und Ausreisevisa, aufs Abendessen, auf eine freie Toilette. Auf einen Bus zum Bahnhof von Neu-Delhi wartete ich einmal 45 Minuten, und dann war er so überfüllt, daß ich zwei Stationen zu weit fahren mußte, bis ich mir einen Weg durch die Menge gebahnt hatte. Von dort aus ging ich zum Bahnhof zurück, um beinahe noch einmal eine Stunde auf meine Fahrkarte zu warten. Als ich schließlich vor dem Fensterchen des Fahrkartenschalters stand, begrüßte mich der Kassierer mit dem traditionellen »Namaste« und beförderte sofort ein Schild zutage, auf dem »Closed for Lunch« zu lesen stand. Die Zornesröte stieg mir ins Gesicht, und ich drehte mich um, in der Hoffnung, irgendwo Unterstützung für mein Anliegen zu finden. Doch all meine Landsleute saßen schon auf dem Boden auf ausgebreiteten Tüchern und aßen ihr mitgebrachtes Mittagessen. »Was kann ich tun?« fragte ich ein Paar neben mir. »Sie können mit uns essen«, antworteten sie. Nach mehreren fehlgeschlagenen Versuchen, doch noch an eine Fahrkarte zu kommen, folgte ich ihrer Einladung.

Als der Fahrkartenschalter wieder öffnete, stellte ich fest, daß eine sechsköpfige Familie meinen Platz in der Schlange eingenommen hatte. Sie boten mir Erdnüsse an und segneten mich in Hindi. Als ich sie bat, mich wieder vorzulassen, lächelte das älteste männliche

Mitglied der Familie höflich und murmelte etwas, das wie »Wenn Schiwa nach Miami Beach fliegt« klang. Als ich schließlich wieder am Schalter stand, erfuhr ich, daß der Zug ausverkauft sei. Und bei all dem ging es um einen Zug, der erst drei Tage später fahren sollte. Letztendlich bekam ich noch eine Fahrkarte (welche Wunder ein kleines Bakschisch doch bewirken kann). Dennoch riet man mir, eine Stunde vor Abfahrt des Zuges am Bahnsteig zu sein, und dort mußte ich mich dann durch die Menschenmassen wühlen und jemanden von meinem reservierten Sitzplatz verscheuchen. Überflüssig zu sagen, daß der Zug mit Verspätung abfuhr und mit noch mehr Verspätung ankam, was beides ganz egal war, weil der Herr, mit dem ich am Bahnhof verabredet war, noch später ankam als ich.

In einem Wagen des Himalaya-Schmalspur-Expreß nach Darjeeling habe ich folgenden Satz gelesen: »›Slow‹ wird mit vier Buchstaben geschrieben, wie ›life‹. ›Speed‹ wird mit fünf Buchstaben geschrieben, wie ›death‹.« So kann man es auch sehen.

Interkulturelle Probleme wegen des unterschiedlichen Tempos gibt es auf der ganzen Welt. Mein Kollege Alan Button zum Beispiel berichtet, daß er bei einem Aufenthalt in Rußland einmal zu spät zu einer Verabredung unterwegs war. Sein Führer schrie ihrem Taxifahrer auf Russisch etwas zu, das übersetzt soviel bedeutete wie »Wir hätten schon gestern dasein sollen!« oder wörtlich »Wir sind schon gegangen« (*Pojechali*) und erklärte meinem Kollegen, daß die Übersetzungen von Wörtern wie »sich beeilen« oder »schnell machen« im Russischen einfach nicht dieselbe Dringlichkeit hätten wie im Englischen. Wenn er den Fahrer nur aufgefordert hätte, »so schnell wie möglich« zu fahren, wäre er noch später angekommen, als es sowieso schon der Fall war. Letztendlich stellte sich heraus, daß er zwar furchtbar spät dran war, aber immer noch zwanzig Minuten früher als derjenige, mit dem er sich verabredet hatte.

Die Literatur ist voller eiliger Zeit-ist-Geld-Reisender, bei deren Hektik die verblüfften Bewohner langsamerer Welten in Deckung gehen. Während meines Jahres in Brasilien hatte ich den Eindruck, nichts häufiger zu hören als die inständige Bitte meiner Gastgeber:

»*Calma, Bobby, calma.*« Egal wie sehr ich mich anstrengte, langsamer zu machen, fast immer, so schien es mir, kam das atemlose »*Calma, por favor*« – manchmal als Bitte, manchmal unter mitleidigem Kopfschütteln. Und ich bewegte mich nur mit der für einen College-Professor aus Fresno üblichen Geschwindigkeit – damit bin ich sicher nicht Amerikas Prototyp für übertriebene Hast.

James Jones, ein Sozialpsychologe an der University of Rhode Island, erlebte etwas Ähnliches, als er sich vor einigen Jahren auf Trinidad in der Karibik aufhielt. Er war mit einem Forschungsstipendium der Guggenheim-Stiftung nach Trinidad gekommen, um den Humor der dort lebenden Menschen zu untersuchen. Doch vor allem lernte er, daß dort niemand seine Vorstellung von Zeit teilte. Die Leute, die zu spät zu Verabredungen mit ihm auftauchten, kommentierten seine Ungeduld mit Sprüchen wie: »Hey, Mann, was soll die Eile? Ist doch nichts passiert. Entspann dich, Mann, ich bin ja jetzt da.« »Also«, erklärte Jones, »wartete ich.« Besonders bemerkenswert ist vielleicht, daß die gleichartigen Erfahrungen, die Jones und ich machten, entscheidenden Einfluß auf die Themen hatten, mit denen wir uns heute beschäftigen. Obwohl wir beide bei der Durchführung unserer ursprünglichen Projekte – sei es nun das Studium des Humors auf Trinidad oder die Untersuchung der sozialen Wahrnehmung in Brasilien – einigermaßen erfolgreich waren, traten diese Interessen bald in den Hintergrund. Das kniffligere Rätsel für den Reisenden und den Sozialpsychologen in uns beiden war der Reichtum an sozialer Zeit, den wir angetroffen hatten, und unsere Verwirrung darüber. So wurde die Untersuchung der Zeit zum Schwerpunkt unserer jeweiligen Forschungsprogramme. Jones entwickelte sich zu einer internationalen Autorität zum Thema Psychologie der Zeitperspektive, und ich bin immer noch intensiv damit beschäftigt, den Takt des Lebens zu erforschen.

# Tempo-Elemente

Welche Eigenschaften machen Orte und Kulturen schneller oder langsamer? Um diese Frage zu beantworten, hat meine eigene Forschungsgruppe gerade eine Reihe von Studien fertiggestellt, in denen sie den Lebenstakt in 31 verschiedenen Ländern auf der ganzen Welt vergleicht. Diese Experimente, verbunden mit Forschungsergebnissen anderer Sozialwissenschaftler, weisen auf verschiedene Faktoren hin, die bei der Festsetzung von Tempo-Normen offenbar entscheidend sind.

Lassen Sie mich kurz die Anlage meiner Untersuchungen (auf die ich in einem späteren Kapitel genauer zu sprechen kommen werde) beschreiben. In jedem Land besuchten wir eine oder mehrere größere Städte, um drei Indikatoren für das Lebenstempo zu messen.[4] (Der Einfachheit halber ist Hongkong hier als Land gezählt, obwohl es jetzt zu China gehört.)[5] Zunächst maßen wir die durchschnittliche Gehgeschwindigkeit zufällig ausgewählter Fußgänger über eine Entfernung von 20 Metern. Die Messungen wurden an klaren Sommertagen während der Hauptgeschäftszeiten, normalerweise vormittags, an wenigstens zwei verschiedenen wichtigen Ladenstraßen der Innenstadt vorgenommen. Die ausgewählten Strecken waren eben, ohne Hindernisse, hatten breite Gehsteige und waren leer genug, daß die Fußgänger in ihrer bevorzugten Höchstgeschwindigkeit gehen konnten. Um die Effekte der Geselligkeit auszuschalten, wurden nur die Zeiten einzelner Fußgänger ausgewertet. Weder Personen mit erkennbaren körperlichen Behinderungen noch solche, die offensichtlich einen Schaufensterbummel machten, wurden in die Auswertung einbezogen. Bei wenigstens 35 Passanten beiderlei Geschlechts wurde in jeder Stadt die Zeit gemessen.

Beim zweiten Experiment ging es um die Schnelligkeit am Arbeitsplatz: Als Beispiel wurde die Zeit gemessen, die ein Angestellter am Postschalter brauchte, um eine Standardbriefmarke zu verkaufen. In jeder Stadt legten wir dem Angestellten eine Notiz in der Landessprache mit der Bitte um eine gängige Briefmarke vor – eine Achtzig-Pfennig-Marke für eine Postkarte zum Beispiel. Außerdem gaben wir ihm einen Geldschein – etwa einen Zehnmarkschein. Wir stoppten die Zeit, die zwischen der Vorlage des Zettels und dem Ende der Transaktion verging.

Drittens werteten wir die Genauigkeit von 15 zufällig ausgewählten Uhren an Bankgebäuden in wichtigen Geschäftsvierteln jeder Stadt aus, um das Interesse der jeweiligen Stadt an der Uhrzeit zu bewerten. Die von den 15 Uhren angegebenen Zeiten wurden jeweils mit der Telefonansage verglichen.

Die drei Ergebnisse für jedes Land wurden dann in einer Statistik über die allgemeine Schnelligkeit des Lebenstaktes zusammengefaßt.

Aus diesen Experimenten und den Forschungen anderer Wissenschaftler ergeben sich fünf Grundfaktoren, die das Tempo der Kulturen in der ganzen Welt bestimmen. Menschen in Regionen mit einer blühenden Wirtschaft, einem hohen Industrialisierungsgrad, einer größeren Einwohnerzahl, einem kühleren Klima und einer auf den Individualismus ausgerichteten kulturellen Orientierung bewegen sich tendenziell schneller.


WOHLSTAND
*Je gesünder die Wirtschaft eines Ortes,*
*desto höher sein Tempo*

Wenn eine Stadt wächst, steigt auch der Wert der Zeit ihrer Einwohner parallel zu den steigenden Löhnen und Lebenshaltungskosten der Stadt, so daß ein wirtschaftlicher Umgang mit der Zeit wichtiger und das Leben insgesamt schneller und hektischer wird.

IRVING HOCH[6]

Die wichtigste Determinante für das Tempo, das an einem Ort herrscht, ist die Wirtschaft. Das eindeutigste und konsistenteste Ergebnis unserer Experimente ist, daß Orte mit einer gut funktionierenden Wirtschaft tendenziell ein schnelleres Tempo aufweisen. Die schnellsten Menschen haben wir in den reichen nordamerikanischen, nordeuropäischen und asiatischen Nationen angetroffen, die langsamsten in Ländern der Dritten Welt, besonders in Süd- und Mittelamerika und im Nahen Osten. (Genauere Ergebnisse finden Sie in Kapitel 6.)

Ein schnelleres Allgemeintempo ist auf jeder Ebene eng mit dem Wohlstand eines Landes verbunden: mit der wirtschaftlichen Gesundheit des Landes als Ganzem (gemessen durch das Bruttoinlandsprodukt pro Kopf); mit dem Wohlstand des einzelnen Durchschnittsbürgers (gemessen durch die Kaufkraft, die einen Anhaltspunkt dafür bietet, wieviel man für ein Durchschnittseinkommen im betreffenden Land kaufen kann) und wie gut die Menschen in der Lage sind, ihre Grundbedürfnisse zu befriedigen (gemessen an der durchschnittlichen Kalorienaufnahme pro Kopf).[7] Menschen aus reicheren Staaten marschieren tatsächlich in einem anderen Takt als jene aus ärmeren Nationen.

Man kann darüber spekulieren, ob das Lebenstempo vom wirtschaftlichen Umfeld abhängt oder umgekehrt. Wahrscheinlich hängt beides voneinander ab. Orte mit einer aktiven Wirtschaft legen größeren Wert auf Zeit, und Orte, an denen Zeit wertvoll ist, sind sehr aussichtsreiche Kandidaten für eine aktive Wirtschaft. Die ökonomischen Variablen und das Tempo tendieren dazu, sich gegenseitig zu verstärken, das eine ist nicht ohne das andere zu haben.

Wir müssen nicht in andere Länder reisen, um uns die Verbindung von Wirtschaftskraft und Tempo klarzumachen. In den Subkulturen der einzelnen Länder selbst finden sich besonders aussagekräftige Belege für diesen ökonomischen Erklärungsansatz. In den Vereinigten Staaten beispielsweise legen viele verarmte Minderheiten großen Wert darauf, sich in ihren eigenen, ihnen gemeinsamen Zeitnormen von denen der überwiegenden, anglo-amerikanischen Mehrheit zu unterscheiden. Indianer sprechen gern vom »Leben nach indianischer Zeit«. Mexikanische Amerikaner unterscheiden zwischen der *hora inglesa* – die sich auf die tatsächliche Uhrzeit bezieht – und der *hora mexicana*, die mit der Uhrzeit um einiges lockerer verbunden ist.

Afroamerikaner trennen das Zeitgefühl ihrer eigenen Kultur – das sie manchmal mit dem nicht mehr besonders beliebten Begriff »colored people's time« (CPT) bezeichnen – von dem Mehrheitsstandard der »white people's time«. Der Anthropologe Jules Henry führte in den sechziger Jahren über ein Jahr lang Interviews mit überwiegend armen afroamerikanischen Familien, die in Sozialwohnungen in St. Louis lebten. Seine Gesprächspartner sahen in ihrer von ihnen selbst so genannten CPT einen der wichtigsten Unterschiede zwischen ihrem eigenen Leben und dem der angloamerikanischen Gemeinde in ihrem Umfeld. Henry erklärt, daß nach CPT ein geplantes Ereignis in jedem Moment einer weiten Spanne von mehreren Stunden eintreten kann – oder vielleicht überhaupt nicht. Henrys Interviewpartner wiesen sofort darauf hin, wie krass der Gegensatz zu der durchorganisierten, genau geplanten Welt der Weißen sei.[8]

Der Soziologe John Horton benutzt CPT in einem zeitgemäßeren Sinn und bezieht es auf »cool people's time«. Der Begriff »cool people« bezieht sich auf die »zeitweise unbeschäftigte junge schwarze Bevölkerung, die an den Straßenecken anzutreffen ist«. Horton führte über zwei Jahre hinweg Interviews mit vielen, die auf der Straße herumhingen. »Typischerweise«, berichtet er,

> steht der Straßenmensch spät auf, geht am späten Vormittag oder frühen Nachmittag auf die Straße und macht sich auf den Weg zum Treffpunkt seiner Clique. Dieser Treffpunkt ist ein Ort für entspannte soziale Aktivität. Mit den Jungs hier herumzuhängen ist der beste Weg, die Zeit totzuschlagen und zu warten, bis irgend etwas Notwendiges oder Wünschenswertes geschieht … Hier verschwimmt das Gestern mit dem Heute, und das Morgen ist eine Leere, die durch die Beschaffung von Brot und Unterhaltung gefüllt werden muß.[9]

Das vorherrschende Tempo ist, mit anderen Worten, sehr langsam. Allerdings zeigt Horton auch deutlich, daß diese Menschen durchaus in der Lage sind, ihr Tempo zu beschleunigen, wenn es die Situation erfordert. Der Straßenmensch ist, gemessen an der normalen Uhrzeit, pünktlich, wenn er es will, und unpünktlich, wenn es ihm egal ist. Meist ist letzteres der Fall. Für die »coole« Person ist Zeit »tot«, wenn es wenig Unterhaltung gibt – sei es, weil das Geld knapp ist, sei es, weil man zum Beispiel im Gefängnis sitzt. Doch wann immer und wo immer etwas los ist, wird die Zeit »lebendig«. Das Tempo ist am Wochenanfang, wenn das Geld knapp ist, langsam, beschleunigt sich aber am Freitag- und Samstagabend exponentiell.[10]

### DER GRAD DER INDUSTRIALISIERUNG
*Je entwickelter ein Land ist,*
*desto weniger freie Zeit bleibt pro Tag*

> Was ist das für eine Regel? Je mehr zeitsparende Maschinen es gibt, desto mehr steht der Mensch unter Zeitdruck.
>
> SEBASTIAN DE GRAZIA,
> *Of Time, Work and Leisure*

Eigentlich sollte es uns nicht überraschen, daß die reicheren Orte in unseren Experimenten schnellere Normen hatten. Die Wirtschaftskraft ist eng verbunden mit der Industrialisierung. Historisch gesehen ist die Industrielle Revolution das einschneidendste Ereignis in bezug auf die Temposteigerung der westlichen Welt.

Es ist eine der großen Ironien der Moderne, daß wir trotz all unserer zeitsparenden Erfindungen heute weniger Zeit für uns selbst haben als je zuvor. Das Leben im Mittelalter wird gemeinhin als öde und trübselig dargestellt, doch zumindest in einem waren die Menschen damals ihren Nachfahren weit voraus: Sie hatten mehr Freizeit. Die meisten Zeugnisse lassen vermuten, daß die Menschen eigentlich bis zur Industriellen Revolution wenig Neigung zur

Arbeit zeigten. Im europäischen Mittelalter gab es durchschnittlich 115 Feiertage pro Jahr. Es ist interessant, daß sich ärmere Länder auch heute noch im Durchschnitt mehr Feiertage gönnen als reichere.

Oft waren gerade die »zeitsparenden« Erfindungen verantwortlich für das Ansteigen der Arbeitsbelastung. Neuere Forschungen zeigen, daß Bauersfrauen in den zwanziger Jahren, die ohne Elektrizität auskommen mußten, deutlich weniger Zeit auf die Hausarbeit verwendeten als die Hausfrauen in den Vororten in der zweiten Hälfte des Jahrhunderts mit ihrem ganzen modernen Maschinenpark. Ein Grund dafür ist, daß fast jeder technische Fortschritt mit einer Steigerung der Erwartungen einhergeht. Als zum Beispiel Ende des 17. Jahrhunderts in Holland billiges Fensterglas auf den Markt kam, wurde es plötzlich unmöglich, den Schmutz in den Häusern weiterhin zu ignorieren. Die modernen Staubsauger und die anderen Produkte haben die Sauberkeitsstandards der Völker noch gesteigert; sie fordern, daß die Menschen die Zeit aufwenden, die man braucht, um mit diesen Produkten den Kampf gegen die plötzlich schlagbaren Feinde, den Hausstaub und die Bakterien, aufzunehmen.[11]

Interessant zu beobachten ist, wie die Annehmlichkeiten des modernen Lebens die Nutzung der Zeit verändert haben. Der Anthropologe Allen Johnson verglich beispielsweise die Zeitnutzung bei den Machiguenga-Indianern und bei französischen Arbeitern. Die französischen Arbeiter, so stellt er fest, verbringen mehr Zeit bei der Arbeit und beim Konsumieren verschiedener Dinge (Essen, Lesen, Fernsehen), haben aber beträchtlich weniger freie Zeit als die Machiguenga-Indianer. Dies gilt für Männer und Frauen gleichermaßen. Französische Männer verbringen viermal soviel Zeit damit, die Früchte ihrer Arbeit zu konsumieren, doch sie zahlen einen hohen Preis dafür. Sie haben vier Stunden weniger freie Zeit pro Tag als ihre Vergleichspersonen bei den Machiguenga. Besonders aussagekräftig ist vielleicht Johnsons Feststellung, daß die Annehmlichkeiten des modernen Lebens einen extrem hohen Tribut fordern, weil zu ihrer Erhaltung viel Zeit nötig ist. Die Machiguenga verwenden drei- bis viermal mehr Arbeitszeit zu Hause auf die Herstellung (zum Beispiel von Körben und Kleidung) als auf die Erhaltung (Waschen, Putzen, Reparieren). Bei den Franzosen ist es fast genau umgekehrt. Letzten Endes sind die modernen Haushaltsgeräte, wie der Anthropologe Marvin Harris festgestellt hat, »arbeitssparende Erfindungen, die keine Arbeit sparen«.

Johnson übernimmt aus der jüngeren Wirtschaftstheorie die These, daß die Industrialisierung ein evolutionäres Fortschreiten von einer »Zeitüberfluß-« über eine »Zeitfülle-« bis zu einer »Zeitmangel«-Gesellschaft hervorruft, der er die meisten entwickelten Länder zurechnet. Letztendlich wirkt sie sich seiner Meinung nach auf das Tempo des Lebens in diesen Ländern aus.

Als ein Ergebnis einer Steigerung der Produktion und des Konsums erleben wir eine wachsende Knappheit der Zeit. Das läuft folgendermaßen ab: Steigende Effizienz in der Produktion bedeutet, daß jedes Individuum mehr Waren pro Stunden herstellen muß; steigende Produktivität bedeutet, ... daß wir mehr Güter konsumieren müssen, um die Produktion am Laufen zu halten. Freie Zeit verwandelt sich in Konsumzeit, weil Zeit, in der man weder produziert noch konsumiert, in steigendem Maße als verschwendet gilt. Der steigende Wert der Zeit (ihre wachsende Knappheit) erscheint subjektiv als eine Tempsteigerung. Wir sind immer in Gefahr, am Fließband zu langsam zu arbeiten oder zu spät zur Arbeit zu kommen; und in unserer Freizeit sind wir immer in Gefahr, Zeit zu verschwenden.[12]

Am untersten Ende der Tempo-Skala liegt die Steinzeitökonomie der sogenannten primitiven Bauern- und Jäger-und-Sammler-Gesellschaften. Die Kapauku auf Papua sind davon überzeugt, daß es nicht gut ist, an zwei aufeinander folgenden Tagen zu arbeiten. Die Kung-Buschmänner arbeiten zweieinhalb Tage pro Woche, normalerweise sechs Stunden pro Tag. Auf den Sandwich-Inseln arbeiten die Männer nur vier Stunden pro Tag.[13]

Wie verschiedene Studien zeigen, arbeiten Frauen in weniger

entwickelten Wirtschaftssystemen durchschnittlich 15 bis 20 Stunden pro Woche und Männer etwa 15 Stunden. Der Übergang zum Ackerbau mit dem Pflug, der die Ernährung und Pflege von Zugtieren nötig macht, verlängert die Arbeitswoche von Männern auf 25 bis 30 Stunden. Eine Dobe-Frau in Australien sammelt in einem Tag die Nahrung, die sie braucht, um ihre Familie drei Tage zu versorgen. Der Rest der Zeit gehört ihr – um Besuche zu machen und zu empfangen, an ihrer Stickerei zu arbeiten, oder, was oft der Fall ist, einfach nichts zu tun.

Es gibt einige unterentwickelte Kulturen, in denen die Zeit einfach stillzustehen scheint, wenn sie überhaupt wahrgenommen wird. Der Anthropologe Edward Hall berichtet von einem Afghanen in Kabul, der seinen Bruder, mit dem er sich verabredet hatte, nicht fand. Ein Angehöriger der amerikanischen Botschaft kümmerte sich darum und stieß schließlich auf die Wurzel des Problems: Die beiden Brüder hatten sich zwar in Kabul verabredet, hatten aber versäumt, das Jahr festzulegen.[14] Besonders verblüfft sind uhrzeitgläubige Angloeuropäer meist, wenn sie hören, wie viele Menschen auf der ganzen Welt Halls Geschichte nicht lustig finden; die meisten können das Mißverständnis sehr gut nachvollziehen und haben Mitleid mit den beiden Brüdern.

Es wäre jedoch eine unzulässige Generalisierung, daraus zu schließen, daß Industrialisierung und Tempo ein und dasselbe seien. Manchmal kann das Tempo in Kulturen der Dritten Welt sehr verschieden sein, auch im Vergleich zwischen scheinbar ähnlichen Nachbarn. Der Anthropologe Paul Bohannan hat zum Beispiel die Grußformen verschiedener Stämme untersucht.[15] In einer Studie verglich er die Tiv in Nigeria mit ihren Nachbarn, den Hausa [häufiger: Haussa]. Die Tiv, so stellte sich heraus, sind schnelle Menschen. Sie verschwenden wenig Zeit mit ständig wiederkehrenden Ritualen wie der Begrüßung. Sie haken das Hallo-Sagen möglichst schnell ab und kommen dann sofort zur Sache. Direkt neben diesen A-Typen der Dritten Welt leben ihre Nachbarn, die Hausa, denen es nicht im Traum einfallen würde, eine Begrüßung ihrer angemessenen Dauer zu berauben. Bohannan berichtet, er habe einmal einen englischen Anthropologen und einen Hausa beobachtet, die 20 Minuten brauchten, um sich Guten Tag zu sagen. Anscheinend genossen sie beide das Ritual, die Feinheiten, die sich in langen Jahren eingeschliffen und vervollkommnet hatten. Auch die Regeln, wie schnell eine Begrüßung beginnen sollte, können variieren. Sushila Niles, die heute an der Northern Territory University in Darwin, Australien, Psychologie lehrt, berichtet von einem peinlichen Treffen mit einem Regierungsbeamten während ihres Aufenthalts als Lehrerin in einem afrikanischen Land. Die Sekretärin des Mannes führte sie in das Büro, und Niles sah, daß er noch in ein Gespräch mit jemand anderem vertieft war. »Ich hielt mich höflich zurück«, erinnert sie sich. »Plötzlich wandte er sich mir zu und sagte: ›Wie, Madame, keine Begrüßung?‹ Ich hatte alle Anstandsregeln gebrochen, indem ich ihn nicht in dem Moment grüßte, in dem ich sein Büro betrat. Ich erklärte, ich sei so erzogen worden, daß ich es für frech hielte, ein Gespräch zu stören. Aber er war nicht besänftigt.«[16]

Stephen Buggie, ein Psychologie-Professor am Presbyterian College in South Carolina, unterrichtete drei Jahre in Sambia und neun Jahre in Malawi. »In Sambia«, erklärt er, »ist das Tempo des Lebens allgemein langsam, und der Umgang mit Pünktlichkeit und Zeit ist ziemlich lässig. Doch die Gehgeschwindigkeit in den Geschäftsstraßen von Lusaka (der Hauptstadt und größten Stadt des Landes) ist schnell, um so die allgegenwärtigen Taschendiebe abzuschrecken. Im Nachbarland Malawi ist das ganz anders. Treffen beginnen dort pünktlicher als in Sambia. Malawis Präsident auf Lebenszeit, Kamuzu Banda, arbeitete 30 Jahre als Arzt in Schottland, bevor er in seinem Heimatland politisch aktiv wurde. Er regiert das Land mit eiserner Hand und ist ein Pedant in Sachen Pünktlichkeit. In den siebziger Jahren war es bei Strafe verboten, daß öffentliche Uhren eine falsche Zeit anzeigten. Kaputte Uhren mußten entfernt oder mit einem Tuch verhüllt werden.«[17]

*Größere Städte haben ein schnelleres Tempo*

Neben dem wirtschaftlichen Wohlstand ist die Zahl der Einwohner der einzige wirklich aussagekräftige Anhaltspunkt für die Tempo-Unterschiede zwischen verschiedenen Orten. Untersuchungen haben immer wieder gezeigt, daß sich Menschen in größeren Städten insgesamt schneller bewegen als Vergleichspersonen in kleineren Ortschaften.[18]

In einer der ersten Untersuchungen dieses Typs erforschte Herbert Wright als Teil seines schon klassischen Großstadt-Kleinstadt-Projekts das Verhalten von Kindern in typischen großstädtischen Supermärkten und in kleinstädtischen Läden. Als einer der auffälligsten Unterschiede zwischen den beiden Umgebungen erwies sich die verschiedene Gehgeschwindigkeit. Das durchschnittliche Großstadtkind lief beinahe doppelt so schnell durch den Supermarkt wie das Kleinstadtkind durch den kleineren Lebensmittelladen. Die Kleinstadtkinder verwendeten dreimal so viel Zeit auf Interaktionen mit Angestellten und anderen Einkäufern. Sie verbrachten außerdem bedeutend mehr Zeit damit, Gegenstände im Laden anzufassen.[19]

Der australische Psychologe Paul Amato fand vergleichbare Unterschiede auf der anderen Seite der Welt, in Neuguinea. Mit Hilfe einer interessanten Serie von Experimenten untersuchte Amato die Gehgeschwindigkeit von Fußgängern, die Schnelligkeit, mit der Wechselgeld in den großen Läden herausgegeben wurde, und die Zeit, die man für Betelnuß-Käufe auf zwei Straßenmärkten in einer großen Stadt (Port Moresby) und in zwei Landstädten (Wewak und Mount Hagen) aufwenden mußte. In der Großstadt ergaben sich höhere Geschwindigkeiten beim Gehen und beim Betelnuß-Kauf. Es gab keine Unterschiede zwischen Stadt und Land bei der Herausgabe von Wechselgeld – interessanterweise schien man an keinem der untersuchten Orte in Neuguinea irgendwie interessiert an dieser Art von Tätigkeit.[20]

Eindeutige Ergebnisse in bezug auf die Verbindung von Gehgeschwindigkeit und Einwohnerzahl liefern der Psychologe Marc Bornstein und seine Mitarbeiter in einer Reihe internationaler Studien. In einer ersten Gruppe von Experimenten beobachtete Bornsteins Team die Gehgeschwindigkeit in großen Geschäftsvierteln von insgesamt 25 Städten der Tschechoslowakei, Frankreichs, Deutschlands, Griechenlands, Israels und der Vereinigten Staaten. Sie entdeckten eine erstaunlich enge Beziehung zwischen der Einwohnerzahl und der Gehgeschwindigkeit in dieser heterogenen Städtesammlung. (Statistisch ausgedrückt, ergab sich eine Korrelation von $r = 0{,}91$ zwischen der Einwohnerzahl und der Gehgeschwindigkeit, wobei 1,00 der höchstmöglichen Korrelation entspricht; in anderen Worten: eine fast vollkommene Übereinstimmung.)[21]

Wenn in kulturübergreifenden Studien dieser Art hohe mathematische Korrelationen auftauchen, schreit das quasi nach einer Überprüfung. Bornstein nahm die Herausforderung an und führte eine zweite Testreihe durch. Er übertrug die Bedingungen der früheren Studien auf eine neue Gruppe von Groß- und Kleinstädten in Irland, Schottland und den Vereinigten Staaten. Und wieder stellte er eine extrem hohe Korrelation zwischen der Einwohnerzahl und der Gehgeschwindigkeit fest ($r = 0{,}88$). Bornstein geht davon aus, daß »offenbar eine eindeutig vorhersagbare Beziehung zwischen dem Lebenstakt, der einen bestimmten Ort auszeichnet, und seiner Einwohnerzahl besteht«.[22] In Anbetracht von Bornsteins Ergebnissen – man stößt in der Sozialpsychologie nicht oft auf solche Korrelationen – ist es schwer, diese Schlußfolgerung in Zweifel zu ziehen.

### KLIMA
*Heißere Orte haben ein langsameres Tempo*

Auch das alte Stereotyp über das langsamere Leben in wärmeren Gegenden besitzt eine gewisse Gültigkeit.[23] Die langsamsten Völker in unserer 31-Länder-Studie – Mexiko, Brasilien und Indonesien waren die langsamsten überhaupt – liegen in den Tropen, in

Gebieten, in denen Menschen aus den schnellsten Ländern – Schweiz, Irland, Deutschland – gern ihren Winterurlaub verbringen. Wenn man die 31 Länder insgesamt betrachtet, stellt man eine enge Beziehung zwischen dem Klima (gemessen an den durchschnittlichen Höchsttemperaturen)[24] und der Geschwindigkeit nach unseren Meßkriterien fest.

Manche Leute glauben, daß sich das langsamere Tempo in warmen Gebieten ergonomisch erklären lasse – daß es auf einen allgemeinen Mangel an Energie zurückzuführen sei. Sicher hat jeder, der schon einmal unter einer Hitzewelle gelitten hat, gemerkt, daß heiße Temperaturen müde machen. Andere gehen davon aus, daß die Langsamkeit einen evolutionär-ökonomischen Hintergrund hat. Sie führen als Argument an, daß Menschen in wärmeren Regionen nicht so hart arbeiten müssen. Sie brauchen weniger und preiswerteren Besitz – weniger Kleider, einfachere Häuser –, also wozu die Eile? Andere schließlich glauben, daß ein wärmeres Klima einfach dazu ermuntert, die Zeit mit angenehmeren Dingen zu verbringen. Wo auch immer die Erklärung zu suchen sein mag, eindeutig ist, daß heißere Orte mit sehr hoher Wahrscheinlichkeit ein langsameres Tempo aufweisen.

### KULTURELLE WERTE

*In individualistischen Kulturen bewegt man sich schneller als in vom Kollektivismus geprägten*

Das Grundwertesystem einer Kultur spiegelt sich auch in ihren Tempo-Normen. Die wahrscheinlich größten kulturellen Unterschiede betreffen den Antagonismus von Individualismus und Kollektivismus, die Frage, ob eine Kultur sich grundsätzlich am Individuum und der Kernfamilie oder an einem größeren Kollektiv orientiert. Die Vereinigten Staaten haben eine klassische individualistische Kultur. Das traditionell geprägte Asien dagegen neigt dazu, sich auf das Kollektiv zu konzentrieren. In Pakistan und Indien zum Beispiel teilen sich viele Menschen große Häuser mit ihrer Groß-

familie – sozusagen einzelne Wohnungen mit gemeinsamer Küchen-
benutzung. In Tibet und Nepal leben die Familien zusammen, und es
ist ganz üblich, daß Brüder gemeinsam nur eine Frau haben – ein
wirtschaftlich sinnvolles Arrangement für Sherpas (Träger), die die
meiste Zeit ihres Lebens weit weg von zu Hause verbringen. In
einigen kollektivistischen Kulturen erstreckt sich der Familiensinn
auf das ganze Dorf oder sogar auf den »Volksstamm«. Viele
Psychologen, die sich mit Vergleichen verschiedener Kulturen
beschäftigen, glauben, daß die Prägung durch Kollektivismus oder
Individualismus eigentlich das wesentliche Charakteristikum der
Sozialstruktur einer Kultur ist.

Harry Triandis, ein Sozialpsychologe an der University of Illinois,
der als bester Fachmann zum Thema Individualismus-Kollektivis-
mus gilt, hat festgestellt, daß individualistische Kulturen im Vergleich zu kollektivistischen mehr Wert auf Leistung als auf Zusam-
mengehörigkeit legen.[25] Diese Konzentration auf die Leistung führt
normalerweise zu einer Zeit-ist-Geld-Einstellung, die wiederum in
den Zwang mündet, jeden Augenblick irgendwie zu nutzen. In
Kulturen, in denen soziale Beziehungen Vorrang haben, findet sich
auch eine entspanntere Haltung der Zeit gegenüber. Kollektivisti-
sche Kulturen sollten demnach durch ein langsameres Tempo
charakterisiert sein. Wir überprüften diese Annahme in unserer 31-
Länder-Studie, indem wir die Individualismus-Kollektivismus-
Bewertung[26] jedes Landes mit seinen Zeiten bei unseren drei
Experimenten verglichen. Unsere Ergebnisse bestätigten die Hypothese: Stärkerer Individualismus war eng verbunden mit schnelle-
rem Tempo.

Eine Kultur, die sich auf die Menschen konzentriert, hat, wie wir
in den folgenden Kapiteln sehen werden, oft Probleme mit einem
Tempo, das von Zeitplänen und der Uhrzeit bestimmt wird. In
einigen kollektivistischen Kulturen wird Zeitdruck nicht nur her-
untergespielt, sondern offen verabscheut. Der Anthropologe Pierre
Bourdieu hat zum Beispiel die Kabyle besucht, ein kollektivistisch
orientiertes Volk in Algerien. Die Kabyle, so stellte er fest, wollen mit
Schnelligkeit nichts zu tun haben. Sie verachten jeden Anschein von

Eile in ihren sozialen Angelegenheiten und betrachten ihn als »Mangel an Anstand, gepaart mit teuflischem Streben«. Uhren bezeichnen sie als »Mühlen des Teufels«![27]

## DER SCHLAG DER EIGENEN TROMMEL

Die Zeit vergeht bei verschiedenen Menschen verschieden schnell.

WILLIAM SHAKESPEARE,
*Wie es Euch gefällt*

In diesem Buch geht es um die Unterschiede im Lebenstakt zwischen den Kulturen und Regionen. Ganz offensichtlich gibt es aber auch gewaltige Tempounterschiede zwischen Individuen, die derselben Kultur angehören, wie auch zwischen solchen, die in derselben Stadt leben. Nachbarn können sich sowohl in ihren persönlichen Vorlieben als auch in der Wahrnehmung des Lebenstempos unterscheiden.

Meist hat man sich bei der Betrachtung individueller Unterschiede auf das Konzept des inneren Zeitdrucks konzentriert – das Bemühen, so viel wie möglich in möglichst kurzer Zeit zu leisten. Innerer Zeitdruck ist eine der bestimmenden Komponenten beim Verhaltensmuster Typ A. Meyer Friedman und Ray Rosenman beschreiben die herzinfarktgefährdete Persönlichkeit als ungeduldig, mit der Tendenz, schnell zu gehen, schnell zu essen, zwei Dinge gleichzeitig zu tun und stolz darauf zu sein, daß sie immer pünktlich ist.[28] *Jenkins Activity Survey*, der bekannteste Test für das Typ-A-Verhalten, mißt diese Charakteristika mit einer »Schnelligkeits- und Ungedulds-«Skala.[29] Verschiedentlich wurden in jüngerer Zeit andere Typ-A-Skalen entwickelt, unter Namen wie »Innerer Zeitdruck«, »Ständige Aktivierung«[30] und »Zeitschloß«[31]. Bei allen diesen Untersuchungen wurden große individuelle Unterschiede in bezug darauf gemessen, wie wichtig es den Menschen war, jeden Moment zu nutzen.

Wir sollten diese Ergebnisse über »langsame« und »schnelle« Menschen jedoch nicht allzu sehr verallgemeinern. Wie bei den Kulturen, so kann auch bei einzelnen Individuen das Tempo abhängig von der Zeit, vom Ort und von der Tätigkeit stark variieren. Wenn Sie eine exakte Einschätzung Ihrer eigenen Neigung zum inneren Zeitdruck erhalten wollen, müssen Sie ein großes Spektrum von Verhaltensweisen betrachten. Sie könnten damit beginnen, Ihr Verhalten in bezug auf diese zehn Punkte zu überdenken:

- Interesse an der Uhrzeit: Sind Sie sich – verglichen mit anderen Menschen – der jeweiligen Uhrzeit besonders bewußt? Schauen Sie zum Beispiel oft auf die Uhr? Oder gehören Sie vielmehr zu den Menschen, die manchmal die Zeit oder sogar den Wochentag vergessen?
- Redemuster: Wie hastig sprechen Sie? Neigen Sie dazu, schneller zu sprechen als andere Menschen? Wenn jemand zu lange braucht, um auf den Punkt zu kommen, haben Sie dann das Bedürfnis, ihn ein bißchen zu drängen? Akzeptieren Sie Unterbrechungen?
- Eßverhalten: Wie hastig essen Sie? Sind Sie oft die erste Person am Tisch, die mit dem Essen fertig ist? Nehmen Sie sich die Zeit, drei Mahlzeiten am Tag in ruhiger und entspannter Atmosphäre einzunehmen?
- Gehgeschwindigkeit: Gehen Sie schneller als die meisten Menschen? Bitten andere Sie manchmal, langsamer zu gehen?
- Fahrverhalten: Regen Sie sich über zähfließenden Verkehr besonders auf? Wenn Sie hinter einem langsamen Fahrer festsitzen, hupen oder gestikulieren Sie dann manchmal, um ihn zum Schnellerfahren zu bewegen?
- Zeitpläne: Sind Sie süchtig danach, Zeitpläne zu erstellen und/oder einzuhalten? Weisen Sie jeder Tätigkeit einen gewissen Zeitrahmen zu? Sind Sie ein Pünktlichkeitsfanatiker?
- Listen erstellen: Sind Sie ein zwanghafter Listenschreiber? Machen Sie sich zum Beispiel, wenn Sie sich auf eine Reise

vorbereiten, eine Liste der Dinge, die Sie am Reiseziel machen wollen oder die Sie von dort mitbringen wollen?

- Nervöse Energie: Haben Sie ein Übermaß an nervöser Energie? Sind Sie jemand, der gereizt reagiert, wenn er eine Stunde herumsitzen muß, ohne etwas zu tun?
- Warten: Ärgern Sie sich mehr als die meisten Menschen, wenn Sie am Bankschalter, im Laden oder in einem Restaurant länger als ein paar Minuten Schlange stehen müssen, um bedient zu werden bzw. einen Tisch zu bekommen? Gehen Sie manchmal wieder, wenn Sie auch nur mit einer kurzen Wartezeit rechnen müssen?
- Warnsignale: Geben andere Ihnen den Rat, langsamer zu machen? Wie oft sagen Ihre Freunde oder Ihr Partner/Ihre Partnerin, daß Sie sich weniger Streß machen oder weniger angespannt sein sollen?

Beinahe jeder offenbart bei wenigstens einigen dieser Punkte einen gewissen inneren Zeitdruck. Wenn Ihre Antworten jedoch ein übergroßes Interesse an Zeit und Geschwindigkeit in den meisten oder allen Kategorien belegen oder wenn Sie auf einigen wenigen Gebieten besonders extrem reagieren, dann sind Sie wahrscheinlich als Persönlichkeit einzustufen, die sich selbst immer unter Zeitdruck setzt.[32]

Wenn das Gefühl, unter Zeitdruck zu stehen, extrem und zur Gewohnheit wird – wenn Menschen sich gezwungen fühlen, sich auch ohne echten äußeren Zeitdruck ständig zu beeilen –, dann führt das unter Umständen zu Symptomen, die Diane Ulmer und Leonhard Schwartzburd, zwei Psychologen, die sich mit der Entstehung von Herzkrankheiten beschäftigen, unter dem Namen »Eilkrankheit« zusammengefaßt haben.[33] Wenn Sie neugierig sind, ob Sie dieses fortgeschrittene Stadium schon erreicht haben, achten Sie auf diese drei Symptome: Bemerken Sie

- eine Beeinträchtigung der Persönlichkeit, gekennzeichnet vor allem durch eine Interesselosigkeit an Aspekten des Lebens, die nichts mit der Erreichung von Zielen zu tun haben, und durch eine intensive Konzentration auf Zahlen, mit einer wachsenden Neigung, das Leben eher nach Quantität als nach Qualität zu bewerten?

- rasende Gedanken, die einander schnell ablösen, allmählich die Fähigkeit untergraben, sich auf etwas Bestimmtes zu konzentrieren, und Schlaflosigkeit verursachen?

- einen Verlust der Fähigkeit, angenehme Erinnerungen zu sammeln, vor allem aufgrund einer Unruhe in bezug auf kommende Ereignisse und des Nachgrübelns über Vergangenes, so daß wenig Aufmerksamkeit für die Gegenwart übrig bleibt? Die Konzentration auf die Gegenwart ist oft nur auf Krisen oder Probleme beschränkt; deshalb rufen auch die Erinnerungen, die man sammelt, meist unangenehme Situationen ins Gedächtnis zurück.

Ulmer und Schwartzburd haben herausgefunden, daß positive Antworten auf diese Fragen sicher auf die Diagnose »Eilkrankheit« hinweisen. Menschen mit dieser »Krankheit« leiden unter einer ganzen Palette von Schwierigkeiten: von Gesundheitsproblemen, vor allem in bezug auf das Herz-Kreislauf-System, bis zur Auflösung sozialer Beziehungen und niedrigem Selbstwertgefühl.

Doch das Konzept der Eilkrankheit verallgemeinert die Konsequenzen eines Lebens auf Hochtouren bei weitem zu stark. Ein Sprichwort sagt, daß für einen Hammer alles wie ein Nagel aussieht. Und wenn man sich als Psychologe auf Herzkrankheiten spezialisiert hat, sieht man das Verhalten durch die Schablone der Krankheit. Ein schnelles Tempo an sich ist jedoch nicht notwendigerweise die Ursache einer Krankheit. Die Beziehung zwischen äußerem Zeitdruck, innerem Zeitdruck und Eilkrankheit ist keine Einbahnstraße, für Individuen so wenig wie für Kulturen: äußerer Zeitdruck führt nicht immer zu dem Gefühl, unter Zeitdruck zu stehen, und keines von beidem erzeugt zwangsläufig die Symptome der Eilkrankheit.

Tempo läßt sich nicht einfach auf das Vorhandensein oder Nichtvorhandensein eines Problems reduzieren. Meine Studenten und ich haben einen Test entwickelt, mit dem man individuelle Tempounterschiede in einem weiteren Sinne messen kann.[34] Wir haben festgestellt, daß das persönlich erfahrene Tempo sich in fünf verschiedene Kategorien unterteilen läßt, von denen der innere Zeitdruck nur eine ist. Wenn man die Menschen über die Schnelligkeit ihres Lebens befragt, machen sie sich Gedanken über den Zeitdruck, aber sie reden auch über das Tempo, das sie am Arbeitsplatz wahrnehmen, das Tempo außerhalb der Arbeit, die Aktivitätsebene, die sie in ihrem Leben bevorzugen, und das Tempo, das ihnen in ihrer Umgebung am liebsten ist.

Es ist interessant, daß die Antworten der Menschen in bezug auf irgendeinen dieser Punkte kaum Voraussagen über ihre Antworten zu den anderen Punkten zulassen. Das legt nahe, daß jede der fünf Kategorien eine eigenständige Facette des allgemeinen Lebenstempos ist. Und wir haben eine besonders wichtige Feststellung gemacht: Ein schnelles oder langsames Tempo an sich hat weniger mit der Entstehung der Eilkrankheit zu tun als die Übereinstimmung zwischen dem persönlichen Temperament und der physischen Realität. Menschen mit einem hohen Aktivitätsbedürfnis geht es tatsächlich besser bei einem schnellen Lebensstil und einer aktiven Umgebung. Es könnte auch sein, daß das Gleichgewicht zwischen dem Tempo, dem die Menschen am Arbeitsplatz ausgesetzt sind, und dem ihres persönlichen Lebens wichtiger für ihre psychische und körperliche Gesundheit ist als die Frage, ob sie unter starkem Druck oder in einer entspannten Atmosphäre arbeiten.

Um das Tempo Ihres Lebens in diesem größeren Rahmen einzuschätzen, sollten Sie sich diese zusätzlichen Fragen stellen:

Haben Sie den Eindruck, daß das Lebenstempo zu schnell, zu langsam oder gerade richtig ist, wenn Sie

- … Ihr Schul- oder Arbeitsleben
- … die Stadt, in der Sie leben
- … Ihr Privatleben
- … Ihr gesellschaftliches Leben
- … Ihr Leben als Ganzes betrachten?

Sie brauchen keinen Psychologen, um ihre Antworten auszuwerten. Tatsache ist, daß manches, was einer Person zu schnell geht, für eine andere schon Langeweile bedeutet. Und der Druck, dem man sich in einem Augenblick ausgesetzt fühlt, kann im nächsten schon als Anreiz empfunden werden. Auf jeden Charles Darwin (»Ein Mann, der eine Stunde verschwendet, hat den Sinn des Lebens nicht entdeckt«) kommt auch ein Oscar Levant (»So wenig Zeit, so wenig zu tun«). Wenn Sie es selbst entscheiden könnten, würden Sie Ihr Leben ganz gemächlich angehen? Finden Sie das schnelle Tempo, das heute überall herrscht, anregend? Haben Sie den Eindruck, daß die Menschen Sie immer antreiben und Sie dazu bringen, Dinge schneller zu tun, als Sie es gern möchten? Fordert Ihre Arbeit oder Schule oft mehr Zeiteinsatz, als sie gern investieren möchten? Mögen Sie die Energie und Hektik der großen Städte oder würden Sie lieber in einer ruhigen Umgebung leben, wenn Sie es frei entscheiden könnten?

Ein individuelles Tempo ist nicht automatisch gut oder schlecht. Es ist unsere ganz persönliche Angelegenheit, was wir mit der Zeit anfangen.

# Über die Zeit hinaus

Was also ist die Zeit? Wenn mich niemand fragt, weiß ich es.
Wenn ich es jemandem erklären will, der fragt, weiß ich es nicht.

AUGUSTINUS, *Bekenntnisse*, Buch II, Kapitel 14

Die Begriffe »Tempo« und »Takt des Lebens« werden manchmal
ohne Unterschied verwendet. Tatsächlich prägt die Geschwindigkeit
unseres Lebens oft unser gesamtes Zeitempfinden. Eine Studie der
Psychologin Marilyn Dapkus unterstreicht die herausragende
Bedeutung des Tempos.[35] Dapkus wollte etwas über die Begriffe
erfahren, die die Menschen benutzen, um ihre Zeiterfahrung zu
beschreiben, und befragte eine Gruppe von Erwachsenen über die
ganze Palette ihres Zeitbewußtseins. Sie stellte fest, daß die Menschen dazu neigten, ihre Antworten in Tempo-Begriffe zu fassen,
egal, welches Gebiet der Zeiterfahrung sie gerade ansprachen. Wenn
sie zum Beispiel zum Thema »Wechsel und Beständigkeit im Leben«
gefragt wurden, lauteten typische Antworten etwa so:

> Die Leute sagen, daß die Zeit schneller zu vergehen scheint, wenn
> man älter wird. Wenn mein Junge ein weiteres Jahr lebt, sind das
> 10 Prozent seines Lebens, wenn ich ein weiteres Jahr lebe, sind es
> nur 2 Prozent meines Lebens.

Zu dem Gedanken, daß die Zeit begrenzt ist, sagte eine Befragte:

> Mein Mann fühlt sich nicht so gehetzt; er ist entspannter, er nimmt
> es gelassen, wenn die Zeit knapp wird. Er kann auch mal sagen:
> »Das war's jetzt«, aber ich würde immer versuchen, noch eine
> Sache zu erledigen.

In der Musik sind Eigenschaften wie Tempo und Rhythmus
verschiedene Dinge. Sie können unabhängig voneinander analysiert
werden. In der Welt der sozialen Zeit dagegen sind die Linien
weniger klar gezogen.

Der Takt des Lebens, den die Menschen an sich selbst erfahren, geht jedoch über das Tempo hinaus. Der Takt des Lebens ist ein wirres Arrangement von Kadenzen, von sich ständig ändernden Rhythmen und Sequenzen, von Tönen und Pausen, Zyklen und neuen Impulsen. Er mag regelmäßig oder unregelmäßig sein, in Übereinstimmung mit seiner Umgebung oder nicht. Der Takt des Lebens ist mehr als die einfache Messung von schnell oder langsam. Es ist diese Überlagerung und wechselseitige Verbundenheit des Tempos mit vielen Dimensionen der sozialen Zeit, die, wie ich glaube, den Lebenstakt ausmacht, den die Menschen erfahren. In den folgenden Kapiteln möchte ich einige dieser anderen Faktoren des Lebenstaktes erforschen, beginnend mit dem, der dem Tempo vielleicht am nächsten ist, der psychischen Erfahrung der Dauer.

# 2

# Dauer

## *Die psychische Uhr*

Wenn man mit einem netten Mädchen zwei Stunden
zusammen ist, hat man das Gefühl, es seien zwei Minuten;
wenn man zwei Minuten auf einem heißen Ofen sitzt, hat
man das Gefühl, es seien zwei Stunden. Das ist Relativität.

ALBERT EINSTEIN

In einer Studie zur Zeitwahrnehmung aus dem Jahr 1936 setzten die
Wissenschaftler Robert Macleod und Merrill Roff zwei Testpersonen für einen Zeitraum von 48 Stunden in Isolationszellen des
psychologischen Labors der Cornell University. Am Morgen des
ersten Tages hatte die Testperson Nr. 1 schon jeden Bezug zu ihrer
Aufgabe verloren. Um 7.20 Uhr morgens schrieb sie in ihr Tagebuch:

> Oh, zum Teufel! Ich verliere schon wieder jedes Gefühl für die
> Zeit. Ich muß wiederholen, daß es mich wirklich nicht interessiert.
> Ich werde versuchen, Sie so gut wie möglich auf dem laufenden
> zu halten, da Sie ja wissen wollen, was in mir abläuft. Aber bitte
> halten Sie sich vor Augen, daß ich nur wild rate, sofern ich es nicht
> ausdrücklich anders anmerke... nach meinem allerdings nur
> geratenen Zeitplan sollte es jetzt fast 11.30 Uhr sein.

Die zweite Testperson war Macleod selbst. Im Laufe des ersten
Nachmittags hatte auch er jedes objektive Gefühl für Dauer verloren. Ein Auszug aus seinem Tagebuch:

Die letzten paar Angaben habe ich quasi völlig aus der Luft gegriffen. Ich stelle fest, daß ich fast jedes Interesse für das Problem der Zeitschätzung verloren habe. Wenn das Signal kommt, rate ich einfach wild drauflos.[1]

Dauer beschreibt die Länge der Zeit, während der ein Ereignis abläuft. Wenn wir uns das Tempo als die Schnelligkeit eines Ereignisses vorstellen, dann ist die Dauer die Schnelligkeit der Uhr selbst. Für den Physiker ist die Dauer einer »Sekunde« genau und unzweideutig festgelegt: Sie entspricht 1 192 631 700 Schwingungen der Strahlung beim Übergang zwischen zwei Energiestufen des Isotops Cäsium 133. Im Reich der psychischen Erfahrung allerdings ist die Quantifizierung von Zeiteinheiten ein ungleich mühseligeres Geschäft. Wie auch Macleod und Roff feststellten, dauert es nicht lange, bis der Zeitsinn der Menschen in sich zusammenbricht, wenn sie von Anhaltspunkten, die sie auf die »wirkliche« Zeit hinweisen könnten – seien es die Sonne, körperliche Erschöpfung oder aber Zeitmeßgeräte selbst –, ferngehalten werden. Und normalerweise ist diese ungenaue psychische Uhr, nicht die Armbanduhr, für die Wahrnehmung der Dauer verantwortlich.

Theoretisch sollte eine Person, die im Geist die Dauer der Zeit streckt, ein langsameres Tempo wahrnehmen. Stellen Sie sich zum Beispiel vor, daß Basebälle von zwei verschiedenen Schlagmännern geschlagen werden. Die Bälle werden fünfzig Sekunden lang alle fünf Sekunden geworfen – insgesamt also 10 Bälle. Jetzt fragen wir beide Schlagmänner, wieviel Zeit vergangen sei. Sagen wir, daß Schlagmann Nr. 1 (der Baseball liebt) eine Dauer von 40 Sekunden empfunden hat. Schlagmann Nr. 2 (der Baseball langweilig findet) glaubt dagegen, es seien 60 Sekunden gewesen – eine Verzerrung in einer Größenordnung, die, wie wir bald sehen werden, im Vergleich zweier Individuen völlig normal ist. Psychologisch betrachtet hat die erste Person alle 4 Sekunden einen Baseball auf sich zukommen sehen (10 Bälle in 40 Sekunden = 1 Ball alle 4 Sekunden), die zweite dagegen alle 6 Sekunden (10 Bälle in 60 Sekunden = 1 Ball alle 6 Sekunden). Das wahrgenommene Tempo war also für Schlagmann Nr. 1 150 Prozent schneller als für Schlagmann Nr. 2. Wenn die äußere Uhr langsamer wird, sinkt auch das wahrgenommene Tempo.

Es gibt zum Beispiel einige Hinweise darauf, daß niedrigere Körpertemperaturen die innere Uhr des Menschen dazu bringen können, langsamer zu ticken. Bei einem Experiment stellte sich heraus, daß Taucher in 39 Grad warmem Salzwasser ein 60-Sekunden-Intervall mehr als 10 Prozent kürzer einschätzten als zuvor über Wasser. Andere Studien haben belegt, daß Menschen mit hohem Fieber Zeitintervalle für länger halten, als sie tatsächlich sind.[2] Wahrscheinlich leben also Menschen in wärmeren Gegenden nach einer langsamer laufenden inneren Uhr. Das wiederum würde bedeuten, daß das Tempo der Ereignisse ihnen schneller erscheint, was vielleicht erklärt, warum ihre tatsächlichen Zeitnormen niedriger sind. Mit anderen Worten: Wenn man sich am eigenen inneren Metronom der Menschen orientiert, gibt es vielleicht nur einen geringen oder gar keinen Unterschied zwischen dem subjektiven Tempo in heißeren und kälteren Regionen. In beiden Fällen erscheint den Menschen das Tempo vielleicht genau angemessen.

Wie wir sehen werden, gibt es allerdings in der Wahrnehmung von Dauer viele Variationen. Die äußere Geschwindigkeit von bestimmten Abläufen zu messen ist in den meisten Fällen eine klare, objektive Angelegenheit. Die Wahrnehmung der Dauer dagegen – des Nenners der Tempo-Gleichung – ist im Reich der subjektiven Erfahrung angesiedelt. Die psychische Uhr oder die Geschwindigkeit, mit der man den Ablauf der Zeit wahrnimmt, wird durch eine Unzahl psychischer Faktoren verzerrt, von denen jeder weitreichende Wirkung auf die Wahrnehmung des Lebenstaktes haben kann.

# Die Verzerrungen im Ablauf der psychischen Uhr

Der Mensch mißt die Zeit, und die Zeit mißt den Menschen.

ALTES ITALIENISCHES SPRICHWORT

Ereignisse, die in weniger als ein paar Millisekunden vorbei sind, werden als Momente ohne Dauer wahrgenommen. Sobald sie jedoch mehr Zeit als diese wenigen Millisekunden beanspruchen, unterliegen sie der bewußten Wahrnehmung und Erinnerung. Dann werden sie in Zeiteinheiten von subjektiver Dauer eingeordnet. Die Wahrnehmung von Dauer ist sehr facettenreich. Wir erfahren die Dauer eines Moments, während er vorübergeht, und durchleben denselben Zeitabschnitt vielleicht im nachhinein noch einmal – ein Phänomen, das der Kognitionspsychologe Richard Block als »wahrgenommene Dauer« im Unterschied zu »erinnerter Dauer« bezeichnet. Es gibt Belege dafür, daß diese beiden Zeitvorstellungen nicht nur voneinander abweichen, sondern daß sie beide großen Verzerrungen unterliegen.[3] Sie variieren außerdem von Situation zu Situation sehr stark in ihrem Ungenauigkeitsgrad, und jedes Individuum und jede Kultur nimmt sie anders wahr.

Eine der frühesten Untersuchungen zum Thema Schätzung von kurzen Zeitintervallen stammt von dem deutschen Wissenschaftler E. von Skramlik. Seine Forschungen ergaben, daß die physiologische Uhr des Menschen etwa 400 Mal weniger genau geht als das beste mechanische Zeitmeßgerät (nach den Standards der dreißiger Jahre wohlgemerkt).[4] Obwohl man die Genauigkeit von Skramliks Schätzung durchaus in Frage stellen kann, besteht doch wenig Zweifel daran, daß die Menschen es tatsächlich schwierig finden, die Dauer von Zeitabschnitten genau zu beurteilen. Untersuchungen haben zum Beispiel übereinstimmend gezeigt, daß die große Mehrheit der Menschen sehr ungenaue Antworten gibt, wenn man sie nach der geschätzten Dauer von relativ langen Zeitabschnitten fragt. In zwei typischen Experimenten haben Wissenschaftler herausgefunden, daß nur etwa ein Viertel aller Menschen in der Lage ist, die Dauer von Zeitabschnitten zwischen 1 und 25 Stunden mit einer Genauigkeit von + / - 10 Prozent des tatsächlichen Intervalls zu schätzen. Mit anderen Worten: Ohne Zugang zu Zeitmeßgeräten nehmen drei von vier Menschen einen Durchschnittstag als mehr als zweieinhalb Stunden länger oder kürzer wahr, als er tatsächlich ist.[5] Die Genauigkeit von Schätzungen schwankt aber auch bei einem Menschen von Stunde zu Stunde. In einem Experiment lag die Standardabweichung (ein statistisches Maß der Variabilität) der Schätzungen jedes einzelnen Individuums von einer Stunde zur nächsten bei etwa 25 bis 49 Prozent der 60-Minuten-Intervalle. Grob übersetzt heißt das: Wenn eine Person aufeinanderfolgende Ein-Stunden-Intervalle schätzt, liegt die durchschnittliche Variationsbreite in den Schätzungen zwischen 15 und 29 Minuten in beiden Richtungen. Also schwanken nicht nur alle Menschen drastisch in ihrer Einschätzung der Dauer unterschiedlicher Stunden, sondern diese Schwankung ist auch bei einigen Menschen fast doppelt so groß wie bei anderen.[6]

Zudem liegt man bei der Schätzung der Dauer meist zu niedrig: Die Uhr bewegt sich schneller als die Menschen glauben. Unter »normalen« Bedingungen schätzen die Menschen im Durchschnitt erst nach etwas mehr als 67 Minuten, daß eine Stunde vergangen sei.[7] Je länger sie jedoch von äußeren Anhaltspunkten ferngehalten werden, desto höher liegt ihre falsche Schätzung. In einer Studie unterschätzten Personen, die zwischen einer Woche und einem Monat in Isolationszellen gelebt hatten, die Dauer einer Stunde um fast 50 Prozent. Sie glaubten im Durchschnitt erst nach etwas mehr als einer Stunde und 28 Minuten, daß eine Stunde vergangen sei.[8]

In einer ungewöhnlichen Fallstudie eines engagierten französischen Geologen namens Michel Siffre zeigte sich eine noch stärker verzerrte Zeitwahrnehmung. Siffre übernahm die Rolle des Beobachters wie des Versuchsobjekts und sperrte sich für zwei Monate allein in eine 2,5 × 4 Meter große »Isolierzelle« (ein Nylonzelt) in einer Gletscherhöhle, 115 Meter unter der Erdoberfläche. Natürlich verzerrten sich seine Schätzungen für den Verlauf von kurzen wie langen Zeiträumen radikal. Zum Beispiel glaubte er im Durchschnitt erst nach mehr als zwei Stunden, daß eine Stunde vergangen sei. Und er schätzte, daß er erst 34 Tage in der Höhle verbracht habe, als er nach zwei Monaten wieder nach oben geholt wurde. Seine Zeitverwirrung wird in einem Tagebucheintrag deutlich, den er schon am fünften Tag seines Experiments niederschrieb:

Obwohl es meiner Zeitkurve nach erst sechs oder sieben Uhr abends ist, fange ich an zu gähnen. Das ist lächerlich! Es bedeutet, daß ich alle vierundzwanzig Stunden einen halben Tag verliere! Immer wenn ich aufwache, bin ich sicher, daß es zu früh ist, daß es erst zwei oder drei Uhr morgens sein kann. Und wenn ich Hunger habe, ist es meiner Schätzung nach etwa elf Uhr. Und die Zeit zwischen diesen beiden Zeiträumen (erscheint mir) sehr kurz ... Bald nach dem Essen bin ich müde; und dann glaube ich, es muß etwa vier Uhr nachmittags sein.

In den letzten Tagen seiner Isolation verlor Siffre jedes Gefühl für Zeit:

Wenn ich zum Beispiel nach oben telefoniere und durchgebe, wie spät es meiner Meinung nach ist, und glaube, daß nur eine Stunde zwischen dem Aufstehen und meinem Frühstück vergangen ist, kann es genauso gut sein, daß es vier oder fünf Stunden waren. Und etwas ist schwer zu erklären: Die Hauptsache, glaube ich, ist die Vorstellung von der Zeit, die ich im Augenblick des Anrufs gerade habe. Wenn ich eine Stunde früher angerufen hätte, hätte ich die gleiche Zeit angegeben.[9]

Siffre hatte wohl recht, als er erklärte, er habe »jede Zeitvorstellung verloren«.

Die Erinnerung an kürzere Abschnitte wird in einigen Zusammenhängen ebenso oder sogar noch stärker verzerrt. Die Schätzungen für die Dauer eines Verbrechens, einer Situation, in der genaue Zeitangaben entscheidend sein können, sind oft erschreckend ungenau. In einem Experiment waren Studenten auf einem Universitätscampus Zeugen eines nachgestellten Überfalls, der 34 Sekunden dauerte. Als sie später befragt wurden, gaben sie im Durchschnitt an, das Verbrechen habe 81 Sekunden gedauert – eine Schätzung, die um beinahe 250 Prozent zu hoch lag.[10] In einer anderen Reihe von Experimenten baten die Gedächtnisforscherin Elizabeth Loftus und ihre Mitarbeiter einige Personen, sich eine kurze Videoaufzeichnung eines Bankraubs anzusehen, und fragten sie 48 Stunden später, wie lang die Aufzeichnung gewesen sei. Sie stellten fest, daß die Betrachter im Durchschnitt angaben, das 30-Sekunden-Band sei etwa 150 Sekunden lang gewesen – ein Irrtum in der Größenordnung von 500 Prozent. Nur 2 ihrer 66 Testpersonen unterschätzten die Dauer des Vorgangs. Und obwohl beide Geschlechter sehr viel öfter zu hoch als zu niedrig griffen, waren die Frauen dabei noch ungenauer als die Männer – sie schätzten den Zeitabschnitt etwa 50 Prozent länger ein als die Männer.[11]

Es gibt Situationen, in denen die Genauigkeit, mit der Menschen die Dauer eines Verbrechens schätzen, ernsthafte Folgen hat. Loftus beschreibt als Beispiel einen Fall aus dem Jahre 1974, in dem der Staatsanwalt auf Mord plädierte, während die Verteidigung auf Notwehr beharrte:

In dem Prozeß ging es um einen Zwischenfall, der aus einer hitzigen Diskussion zwischen einer Frau und ihrem Freund heraus entstanden war; sie lief ins Schlafzimmer, griff nach einer Waffe und schoß sechsmal auf ihn. Beim Prozeß gab es einen Streit über die Zeit, die zwischen dem Griff zur Waffe und dem ersten Schuß verging. Der Verteidiger und die Schwester der Angeklagten gaben 2 Sekunden an, während ein anderer Zeuge von 5 Minuten sprach. Die genaue Dauer der verstrichenen Zeit war der entscheidende Unterschied für die Verteidigung, die darauf bestand, daß die Frau plötzlich, in Angst und ohne einen Moment zu zögern, geschossen habe.[12]

Wie häufig kommt es tatsächlich vor, daß Augenzeugen eine Zeitdauer zu hoch schätzen? In einer sehr materialreichen Studie verwendete eine Gruppe von Wissenschaftlern Daten einer Opferbefragung, die die Stadt Portland in Oregon durchgeführt hatte. Unter anderem wurde in dieser Erhebung danach gefragt, wie lange die Polizei nach Einschätzung des Verbrechensopfers gebraucht habe, um am Tatort zu erscheinen. Die Wissenschaftler waren also in der Lage, die Angaben, die die Opfer aus der Erinnerung heraus machten, in insgesamt 212 Fällen mit den offiziellen Polizeiberichten zu vergleichen. Die Polizeiberichte gelten als sehr genau und werden von der Leitstelle direkt während des Vorfalls aufgezeichnet. Wie Loftus stellten auch diese Wissenschaftler fest, daß quasi alle Personen (mit nur 2 Ausnahmen) glaubten, die Polizei habe länger gebraucht, als es tatsächlich der Fall war. Etwa die Hälfte dieser Schätzungen lag um mehr als 15 Minuten über der wirklichen Zeit. Und vielleicht besonders bemerkenswert ist, daß fast 10 Prozent der Opfer sich um zwei Stunden oder mehr verschätzten.[13]

Individuelle Unterschiede bringen die Genauigkeit der Zeitwahrnehmung noch zusätzlich in Unordnung. Wir wissen zum Beispiel, daß extrovertierte Menschen genauere Zeitschätzer sind als introvertierte,[14] daß Dicke besser schätzen als Normalgewichtige[15] und daß die Konsumenten schwerer Drogen meist genauere Angaben machen als die leichter Drogen[16]. Wir wissen auch, daß die psychische Zeit für manische, hysterische, psychopathische, kriminelle und paranoid schizophrene Menschen schneller läuft als die Uhrzeit, während es bei Melancholikern, Neurotisch-Depressiven, Menschen mit Angstreaktionen und nichtparanoiden Schizophrenen genau andersherum ist.[17] Es gibt sogar einige empirische Belege für die Volksweisheit, daß die Zeit schneller vergeht, wenn wir älter werden; ältere Menschen interessiert es vielleicht, daß schon College-Studenten diese Erfahrung äußern.[18]

# Die Zeit dehnen

Ein Verstand, der schnell ist, ist krank. Ein Verstand, der langsam ist, ist vernünftig. Ein Verstand, der still steht, ist göttlich.

MEHER BABA

Die Subjektivität des psychischen Zeitmessers ist nicht immer ein Fehler. Für einige Menschen ist die Verzerrung der Dauer eine hochgeschätzte Fähigkeit, eine aktive und bewußte Stategie, um das Tempo der Ereignisse zu kontrollieren.

Man sagt zum Beispiel, daß für einen buddhistischen Meister ein Moment ewig sein kann. Eine der grundlegenden Übungen des Zen-Buddhismus ist es, das Hier und Jetzt so vollkommen wahrzunehmen, daß die Zeit stillzustehen scheint – »von der Zeit befreit zu sein«, wie Alan Watts es ausgedrückt hat. Einige Meister in den asiatischen Kampfsportarten sind bekannt für ihre Fähigkeit, den Augenblick psychisch zu strecken. »In dem Moment, der über Leben und Tod entscheidet«, sagt der Zen-Gelehrte D. T. Suzuki, »ist die Zeit besonders wichtig und muß möglichst nutzbringend eingesetzt werden«.[19] Solche Meister der Kampfkunst kontrollieren den Augenblick, indem sie die Schnelligkeit der gegnerischen Bewegungen psychisch verlangsamen, so daß der Angriff scheinbar in Zeitlupe abläuft. Dadurch können sie genau auf jede wichtige Einzelheit des Vorgangs achten. Sie erkennen jede Bedrohung, eine nach der anderen, als ob sie der Reihe nach auf sie warteten. Der Psychologe Robert Ornstein bezeichnet Fälle wie diese, in denen Menschen eine Aktion erleben, als ob sie in einer unendlichen Gegenwart geschähe, als ein Leben »in der Zeit«.

Moderne westliche Athleten sprechen in ihren eigenen Zen-ähnlichen Begriffen über die Zeitausdehnung. Tennisstar Jimmy Connors hat Situationen beschrieben, in denen sein Spiel eine, wie er fühlte, transzendente »Zone« erreicht hatte. In diesen Momenten, so erinnert er sich, wirkte der Ball riesig, als er über das Netz kam, und schien in Zeitlupe zu schweben. Er hatte das Gefühl, daß er alle Zeit der Welt habe, um zu entscheiden, wie, wann und wo er den Ball treffen sollte. In Wirklichkeit dauerte seine Ewigkeit natürlich nur den Bruchteil einer Sekunde. Auch Basketball-Gespräche sind oft voller mystischer Anspielungen auf »das Betreten von Zonen«, in denen die Zeit stillsteht. Spieler beschreiben unerklärliche Situationen, in denen alle um sie herum sich in Zeitlupe zu bewegen scheinen. Während dieser Momente hatten sie, wie sie selbst sagen, das Gefühl, sich um ihre Gegner herum, zwischen ihnen und durch sie hindurch bewegen zu können, wie sie nur wollten.

Auch der frühere Football-Quarterback John Brodie erinnert sich, daß in den intensivsten Momenten eines Spiels »die Zeit langsamer zu werden scheint, ganz seltsam, als ob alle sich in Zeitlupe bewegen. Es sieht aus, als hätte ich alle Zeit der Welt, die Läufer, die ich anspielen will, zu beobachten, und dennoch weiß ich, daß die Verteidigungslinie so schnell wie immer auf mich zukommt.«[20]

Und auch der frühere Rennfahrer und Grand-Prix-Sieger Jackie Stewart glaubt, daß ein erfolgreiches Abschneiden in seinem Hochgeschwindigkeitssport davon abhängt, daß man die einzelnen Elemente in die Zeitlupe setzen kann:

Dein Verstand muß diese Elemente in sich aufnehmen und sie völlig verdauen, um so das ganze Bild in Zeitlupe zu bringen. Wenn du zum Beispiel an der Masta ankommst, fährst du etwa 313 Stundenkilometer, die Kurve kann man aber nur mit 278 Stundenkilometern nehmen. Bei 313 Stundenkilometern solltest du noch eine klare Vorstellung, fast wie in Zeitlupe, davon haben, wie du durch diese Kurve kommst – so daß du Zeit hast, abzubremsen, Zeit, das Auto genau auszurichten, Zeit, die Fliehkraft richtig einzuschätzen, und dann hast du den Scheitelpunkt der Kurve genommen, ein bißchen aufs Gas gedrückt, hast den Ausgang der Kurve erreicht und bist draußen mit genau 278 Stundenkilometern.[21]

Die Fähigkeit, die Zeit zu dehnen, beschränkt sich nicht auf buddhistische Meister und talentierte Athleten. Eine Vielzahl von psychologischen Untersuchungen hat gezeigt, daß die Zeitausdehnung durchaus auch Normalsterblichen zugänglich ist. Einige besonders interessante Ergebnisse ergab die Erforschung der Hypnose. Die Psychologen Philip Zimbardo, Gary Marshall und Christina Maslach gaben hypnotisierten College-Studenten zum Beispiel die einfache Suggestion, sie sollten »der Gegenwart erlauben, sich auszudehnen, und der Vergangenheit und Zukunft, sich zu entfernen und unbedeutend zu werden«. Diese Anweisungen führten zu einer drastisch gesteigerten Versunkenheit in den gegenwärtigen Moment, die sich in der Sprache, den Gefühlen, den Denkprozessen und der sensorischen Aufnahmefähigkeit dieser Menschen bei quasi jeder Aufgabe, die man ihnen stellte, ausdrückte.[22]

Personen in der »gedehnten Gegenwart« haben nicht nur das Gefühl, tiefer in das Hier und Jetzt einzutauchen; es gibt auch Belege dafür, daß hypnotisch induzierte Zeitausdehnung zu größerer Leistung pro Einheit der wirklichen Uhrzeit führen könnte, wie sie die Zen-Meister und Sportler durch eigene Anstrengung erreichen. In einer Reihe von Untersuchungen wurden hypnotisierten Personen zum Beispiel Suggestionen angeboten wie: »Nun werde ich Ihnen viel mehr Zeit geben, als Sie für dieses Experiment brauchen. Ich werde Ihnen zwanzig Sekunden Weltzeit geben. Doch in Ihrer individuellen Zeit werden diese zwanzig Sekunden genau so lange dauern, wie Sie brauchen, um Ihre Aufgabe zu erledigen. Das kann eine Minute sein, ein Tag, eine Woche, ein Monat oder sogar Jahre. Und Sie werden sich alle Zeit nehmen, die Sie brauchen.« Zu den hypnotisierten Versuchspersonen dieser Studie gehörte eine Sekretärin, die sich für das Entwerfen von Kleidern interessierte, aber bisher in diesem Bereich noch nicht erfolgreich gewesen war. Während zweier halbstündiger Sitzungen im wachen Zustand zeigte sie sich unfähig, irgendwelche Entwürfe zu entwickeln. Unter Hypnose und mit Instruktionen zur Zeitausdehnung ausgerüstet, brachte sie verschiedene Entwürfe nach allen Regeln der Kunst in weniger als einer Minute zu Papier. Psychisch nahm sie diese kurzen Zeitabschnitte als eine Stunde oder länger wahr. Ebenso berichtete eine Berufsgeigerin, daß sie ihre subjektiv ausgedehnte Zeit habe nutzen können, um lange Musikstücke zu üben und zu repetieren. Sie erzählte später, daß sich durch die zusätzliche Zeit ihr Gedächtnis und ihre Aufführungstechnik verbessert hätten.[23]

Das zeitverlängernde Potential der Hypnose ist auch in der Literatur wiederholt beschrieben worden. Aldous Huxley, der mit Hypnose (und, vielleicht nicht zufällig, auch mit bewußtseinsverändernden Drogen) sehr viel Erfahrung hatte, beschrieb in seinem Buch *Eiland*, wie man in einer tiefen Trance lernen kann,

> ... die Zeit zu dehnen. Man beginnt damit, zu lernen, wie man zwanzig Sekunden als zehn Minuten wahrnimmt. Eine Minute ist eine halbe Stunde. In tiefer Trance ist es wirklich sehr einfach. Du hörst auf die Suggestionen deines Lehrers und sitzt eine lange, lange Zeit ruhig da. Zwei volle Stunden. Du bist bereit, einen Eid darauf zu schwören. Und wenn du wieder aus der Hypnose erwacht bist, schaust du auf die Uhr. Deine Wahrnehmung der zwei Stunden war verkürzt in genau vier Minuten Uhrzeit enthalten.[24]

## Langeweile:
### Die dunkle Seite der Zeitausdehnung

Langsam vergehende Zeit ist nicht immer ein Geschenk. Wie jeder weiß, kann zu viel Zeit extrem bedrückend sein. Wenn die Dauer *zu* lange anhält, wirkt das Leben einfach langweilig. Wenn die Geschwindigkeit der Zeit unter einen kritischen Punkt absinkt – den die Persönlichkeitspsychologen als »optimales Erregungsniveau« eines Menschen bezeichnen –, scheint die Uhr oft zu schleichen.[25] Diese Langeweile kann sich dann als eine selbsterfüllende Prophezeiung immer weiter fortsetzen. Ein notwendiges

Kennzeichen der Langeweile ist eine völlige Interesselosigkeit an allem, was geschieht. Dies wiederum entzieht uns die Energie, die Anreize zu erzeugen, die wir brauchen, um die Geschwindigkeit der Zeit auf ein erträglicheres Maß zu heben.

Wie kommt es, daß die Verlangsamung der Zeit einmal als positive, stärkende Erfahrung und einmal als Belastung wahrgenommen wird? Der Unterschied zwischen der Zeitlupenwelt eines Kampfsportlers und der Langeweile ist letztlich ein Problem der Kontrolle. Der Kampfsportler kontrolliert die Geschwindigkeit der Ereignisse. Er verlangsamt die äußere Welt, um etwas auszuführen, das sonst zu komplex wäre. Das daraus entstehende Gefühl der Leistungsfähigkeit muntert ihn auf. Im Zen-Buddhismus entsteht aus der extremen Verlangsamung der Zeit ein Gefühl der völligen Zeitlosigkeit – buchstäblich das *Nirwana*. Bei der Langeweile dagegen liegt die Verlangsamung der Uhrzeit außerhalb der Kontrolle des Individuums. Die Langeweile kontrolliert das Zeitgefühl. In der »Zone« des Kampfsportlers verlangsamen sich die Bewegungen aller anderen, während die eigene Uhr mit normaler Geschwindigkeit weiterläuft. Bei jemandem, der sich langweilt, verlangsamt sich die Zeit der inneren Wahrnehmung. Die Zeit kriecht sowohl in der inneren wie der äußeren Welt. Gefühlsmäßig wird diese Verlangsamung zumindest als unangenehm empfunden; oft ist sie äußerst schmerzlich.

Das pathologische Extrem der Langeweile ist ein Gefühl der Hoffnungslosigkeit. Klinisch depressive Individuen beschreiben ihren Schmerz oft mit genau denselben Worten wie der Kampfsportler – jeder Moment wirkt wie eine Ewigkeit. Für einen Depressiven ist die Ausdehnung der Zeit allerdings eine furchtbare Erfahrung. Ein depressiver Patient beschrieb es so, daß »die Zukunft kalt und düster aussieht und ich in der Zeit eingefroren scheine«.[26] Die geistige Verlangsamung des depressiven Patienten führt an sich schon in eine sich ständig abwärts drehende Spirale. Sie beeinträchtigt sinnvolle, gesteuerte Handlungen und ruft so Hoffnungslosigkeit in bezug auf die Zukunft hervor. Dies wiederum führt oft dazu, daß der Kranke gar nicht mehr versucht, angemessen zu reagieren. Und alles zusammen führt zu weiterer geistiger Verlangsamung. Schlimmstenfalls kann der Glaube, daß es keine Zukunft gibt, daß der Schmerz der Gegenwart sich ewig fortsetzen wird, bis zum Selbstmord führen. Der Psychiater Frederick Melges ging davon aus, daß diese gelöste Verbindung zur Zukunft der Grund dafür sei, daß die Zeit bei einer Depression so langsam vergeht. Er erklärte, die grundlegende Aufgabe bei der Behandlung der depressiven Hoffnungslosigkeit sei es, »die Zukunft aufzutauen«. Auch in den Ängsten vieler Schizophrener spielt die Zeit eine Rolle. Melges berichtete vom Schmerz eines akut schizophrenen Patienten, der sich so ausdrückte: »Die Zeit hat aufgehört; es gibt keine Zeit... Die Vergangenheit und die Zukunft sind in die Gegenwart gestürzt, und ich kann sie nicht auseinanderhalten.«[27] Die Langsamkeit der vergehenden Zeit – ihre Dauer – ist unerträglich geworden.

Herbert Spencer definierte Zeit einst als »das, was der Mensch immer zu töten versucht, das aber am Ende ihn tötet«. Es ist eine besonders seltsame Ironie des Lebens, daß die Zeit – die wertvollste aller Ressourcen und sicher die unersetzlichste – nicht immer als ein Geschenk willkommen geheißen wird.

## Fünf Einflüsse auf die psychische Uhr

Vladimir: So vergeht die Zeit.
Estragon: Sie wäre auf jeden Fall vergangen.
Vladimir: Ja, aber nicht so schnell.

SAMUEL BECKETT, *Warten auf Godot*

Mindestens fünf Faktoren beeinflussen die Wahrnehmung von Dauer. Für die Menschen vergeht die Zeit meist schneller, wenn sie angenehme Erfahrungen machen, sich nicht unter Zeitdruck fühlen, beschäftigt sind, Abwechslung haben und die Denkstrukturen der rechten Hirnhälfte aktiviert sind. Allerdings gibt es gewaltige kulturelle und individuelle Unterschiede bei der Interpretation dieser Faktoren. Ein und dieselbe Tätigkeit mag für den einen wie im Flug vorbeigehen und für den anderen eine Ewigkeit dauern.

## ANGENEHME ERFAHRUNGEN

Eine grausame Ironie des Lebens ist es, daß die Zeit zu kriechen scheint, wenn wir uns wünschen, daß sie schnell vorbeigehen möge, und daß sie schnell vorbeigeht, wenn wir sie möglichst lange auskosten wollen. Untersuchungen haben gezeigt, daß Menschen zum Beispiel Tätigkeiten, in denen sie erfolgreich waren, als bedeutend kürzer einschätzen als solche, in denen sie versagt haben.[28]

Viele Kognitionspsychologen haben dieses Phänomen zu erklären versucht. Robert Ornstein glaubt, daß die Wahrnehmung der Dauer dadurch bestimmt wird, wieviel wir von einer Situation wahrnehmen und im Gedächtnis speichern. Erfolg, so argumentiert er, ist im Gedächtnis besser organisiert als Versagen. Besser organisierte Erinnerungseinheiten ergeben kleinere Speichergrößen, die wiederum als kürzere Dauer wahrgenommen werden.[29] Mit anderen Worten: Unsere Erinnerungen an positive Erfahrungen nehmen weniger Raum auf der Hirnrinde ein, und deshalb werden sie so erfahren, als hätten sie auch weniger Zeit in Anspruch genommen.

Richard Block und seine Mitarbeiter haben einen Verbesserungsvorschlag zu Ornsteins Modell gemacht, das sie als das »contextualchange«-Modell bezeichnen. Sie haben gezeigt, daß nicht so sehr die Lagergröße als vielmehr die Zahl der Veränderungen im kognitiven Umfeld der entscheidende Faktor für die erinnerte Dauer ist, zum Beispiel, was die anderen Menschen tun oder was im Hintergrund abläuft.

Auch der Umkehrschluß ist wahrscheinlich möglich. Wenn man dafür sorgt, daß die Zeit schnell vergeht, erfahren die Menschen ihre Tätigkeit als sehr viel angenehmer. Psychologen und Arbeitsorganisatoren nutzen dieses Phänomen der »verfliegenden Zeit« manchmal. In einem Projekt konnte der Psychologe Robert Meade die Arbeitsmoral in einem Betrieb verbessern, indem er die psychische Uhr der Arbeiter beschleunigte. Meade nutzte dabei die Tatsache, daß Menschen die Zeit als kürzer empfinden, wenn sie glauben, daß sie einem Ziel näherkommen. Dieses Gefühl des Fortschritts, so stellte er fest, kann verstärkt werden, indem man etwa ein definitives Ende der Aufgabe vorgibt und Anreize schafft, dieses Ziel zu erreichen. Vor seinem Experiment hörte Meade Kommentare von den Arbeitern wie:»Der Tag geht irgendwie nie vorbei«, oder:»Ich habe das Gefühl, daß ich den ganzen Tag hier gearbeitet habe, und es ist noch nicht einmal Mittag.« Nachdem er ein Gefühl für den Fortschritt der Arbeit geschaffen hatte, klangen die Aussagen eher so: »Der Tag ging so schnell vorüber – es ist, als ob ich gerade erst angefangen hätte.« Man kann natürlich nur schwer nachprüfen, ob die Beschleunigung der Zeit die Erfahrung angenehmer gemacht hat oder ob es eher andersherum abgelaufen ist. Die Suche nach Ursache und Wirkung ist jedoch weniger wichtig als der letztendliche Effekt auf das Wohlbefinden der Arbeiter. Arbeitgeber können oft befriedigt feststellen, daß eine positivere Einstellung der Arbeiter meist auch von einer Produktivitätssteigerung begleitet ist.[30]

## GRAD DER DRINGLICHKEIT

Je größer die Dringlichkeit, desto intensiver spürt man das Vergehen der Zeit. Einer Mutter mit einem verletzten Kind erscheint die Fahrt ins Krankenhaus endlos. Ein sehnsüchtig Liebender zählt unwillkürlich die Minuten, bis seine Geliebte zurückkehrt. Eine Frau, die sich sehnlichst ein Kind wünscht, nimmt das Ticken der biologischen Uhr oft sehr viel deutlicher wahr, wenn der 40. Geburtstag immer näher rückt. Diese Dringlichkeitsregel erstreckt sich auf eine breite Palette von Bedürfnissen, von den grundlegenden physiologischen bis zu den kulturell vorgegebenen Notwendigkeiten.

Verkäufer wissen sehr gut, wie intensiv ein solches Gefühl der Dringlichkeit wirkt. Befristete Angebote sind eine wichtige Marketingstrategie. Viele Läden schreiben Sonderangebote für eine Woche oder auch nur einen Tag aus. Autoverkäufer konfrontieren ihre Kunden oft mit Angeboten, die nur gelten, wenn sie sich sofort entscheiden.

Meine bisher unübertroffene Lieblingsreklame war eine Werbung für Pepto-Bismol. Das riesige Plakat thronte über dem Santa Ana Freeway etwa 15 Meilen von der Stadtmitte von Los Angeles entfernt. Im Zentrum der Plakatwand sah man einen von schrecklicher Übelkeit gequälten und ängstlich dreinblickenden Typen, der sich über dem Lenkrad seines Wagens krümmte, während er gerade auf eben diesem Santa Ana Freeway entlangfuhr. Unter der Zeichnung standen in großen gezackten Buchstaben die Worte: »Durchfall? Die letzten 15 Minuten sind die schlimmsten.« Und darunter die Werbeanzeige für eine lächelnde Flasche Pepto-Bismol. »Gehen Sie niemals ohne aus dem Haus.«

Unterschiedliche Kulturen haben unterschiedliche Normen im Umgang mit der Dringlichkeit. Wie Amerikaner im Ausland sehr deutlich merken, kollidieren ihre eigenen Vorstellungen oft mit denen anderer Länder, sogar in den verwandten Staaten der Ersten Welt. In vieler Hinsicht ertragen die Amerikaner größeren Druck, bevor sie das Bedürfnis spüren, sich von dieser Spannung zu befreien. Zu ihren Gunsten sei gesagt, daß die Menschen in den Vereinigten Staaten typischerweise sehr positiv bewertet werden, wenn es um den »Bedürfnisaufschub« geht, einen Charakterzug, den die Psychologen üblicherweise mit emotionaler Reife und Leistung gleichsetzen. Andererseits kann diese mangelnde Bereitschaft, sich mit unmittelbaren Bedürfnissen auseinanderzusetzen, zu unnötigen Unannehmlichkeiten führen. Auch wenn ich damit den Vorwurf riskiere, ich sei zu stark auf solche Fragen fixiert, scheint mir eine Beobachtung des Anthropologen Edward Hall bemerkenswert:

Die Verteilung der öffentlichen Toiletten in Amerika spiegelt unsere Neigung wider, auch bei unseren normalen körperlichen Bedürfnissen die Existenz einer Dringlichkeit zu leugnen. Ich kenne kein anderes Land in der Welt, in dem jeder, der sich außerhalb seines Hauses oder seiner Arbeitsstelle aufhält, regelmäßig schwerste Qualen zu erdulden hat, weil die größten Anstrengungen unternommen wurden, um die Auffindung von öffentlichen Waschräumen zu einer Geheimwissenschaft zu machen. Dennoch sind die Amerikaner das Volk, das die kulturelle Entwicklungsstufe anderer nach ihren sanitären Anlagen beurteilt. Man kann sich ganz genau vorstellen, wie der Architekt und der Besitzer über den Waschraum eines neuen Ladens diskutieren: Der Besitzer: »Ja, das ist alles sehr schön! Aber warum haben Sie ihn so versteckt? Man braucht ja eine Karte, um ihn zu finden.« Der Architekt: »Ich bin froh, daß er Ihnen gefällt. Wir haben uns bei diesem Waschraum große Mühe gegeben und hatten eine Menge Schwierigkeiten, bis die Fliesen richtig paßten. Haben Sie die Wasserhähne bemerkt, die das Wasser mit Luft versetzen, damit es nicht so spritzt? Ja, natürlich kann man ihn nicht so leicht finden, aber wir gehen davon aus, daß die Leute ihn sowieso nur benutzen, wenn sie ihn wirklich brauchen, und dann können sie einen Verkäufer fragen.«[31]

### DER GRAD DER AKTIVITÄT

> Statt zu sagen: »Sitz nicht einfach nur da; tu irgend etwas«, sollten wir das Gegenteil fordern: »Tu nicht einfach irgend etwas; sitz nur da.«
> ZEN-MEISTER THICH NHAT HANH

Wie Uhr- und Topfgucker schon immer gewußt haben, vergeht die Zeit schneller, wenn eine Aufgabe den Menschen in Anspruch nimmt, wenn sie ihn herausfordert und ihm geistige Anstrengung abverlangt und wenn mehr passiert.[32]

Ein Experiment hat tatsächlich bewiesen, daß die Zeit für Menschen, die nichts anderes tun sollen, als darauf zu warten, daß das Wasser im Topf zu kochen anfängt, langsamer vergeht.[33] Mit anderen Worten: Wenn viel passiert, wirkt die Zeit kürzer. Und tatsächlich offenbart uns keine andere einzelne Zeitdimension mehr über die Psyche einer Kultur als das Denken ihrer Mitglieder über Aktivität und Inaktivität und das Wissen, wie diese Ereignisse – oder Nicht-Ereignisse – das psychisch wahrgenommene Vergehen der Zeit beeinflussen.

Fast überall in den Vereinigten Staaten betrachtet man Aktivität allgemein als etwas Gutes, während Nichtstun Verschwendung und Leere signalisiert. Inaktivität ist tote Zeit. Selbst die Freizeit wird in den Vereinigten Staaten geplant und mit Ereignissen gefüllt. Wir leben in einer Kultur, in der es nicht ungewöhnlich ist, wenn die Menschen rennen, um sich zu entspannen, oder für das Privileg, sich auf einem Laufband abzuplagen, Geld bezahlen. Manchmal sieht es so aus, als sei das Leben vor allem darauf ausgerichtet, die Unannehmlichkeit oder sogar den Terror, womöglich nichts zu tun zu haben, zu vermeiden.

In vielen Kulturen ist der Unterschied zwischen Tätigsein und Nichtstun viel schwächer ausgeprägt. In Brunei wachen die Menschen morgens mit der Frage auf:»Was wird heute nicht passieren?«[34] In Nepal und Indien habe ich beobachtet, wie Freunde einander besuchten, um einfach nur dazusitzen und zu schweigen – Besuche, bei denen sich jeder wohl fühlte (außer mir, natürlich). Manchmal dehnte sich das Schweigen über Stunden, bis sich plötzlich, wie durch spontane Verpuffung, eine oft sehr lebhafte und lustige Unterhaltung »entlud«. Dann folgte wieder Stille, die vielleicht sogar anhielt, bis es Zeit war, den Besuch zu beenden. Diese Menschen reagierten irritiert, als ich sie fragte, ob sie sich bei diesem gemeinschaftlichen Nichtstun unwohl fühlten. Einfach nur das Dasitzen, so erklärten sie, sei schon eine Tätigkeit.

Die Schriftstellerin Eva Hoffman beschrieb, wie sie während einer langen Reise durch Osteuropa die Bereitschaft der Menschen, die Stille zu akzeptieren, schätzen lernte:

Nun warten wir wieder, sitzen uns still gegenüber. Balkanzeit. Wir sitzen, wie Zen-Meister sitzen. Es gibt keine Peinlichkeit, kein hektisches Nicken mit dem Kopf oder beruhigendes Lächeln.

Langsam empfinde ich es als seltsam entspannend. Ich gleite hinüber in eine andere Wahrnehmung der Ereignisse, in der man nicht darauf besteht, einen Plan zu erfüllen, sondern auf das wartet, was als nächstes passiert.[35]

Im Laufe ihrer Reise begann Hoffman zu verstehen, daß vertrauensvolle Stille einen Glauben an die Dynamik der Veränderung und an die menschliche Natur an sich erfordert:

Irgend etwas passiert immer als nächstes: Dieses Prinzip habe ich allmählich verinnerlicht. Die Welt erschöpft sich nicht und ebenso wenig die Menschen, die größtenteils eher eine Hilfe als eine Bedrohung darstellen.[36]

Wenn man die Stille schätzt, ist sie keine vergeudete Zeit mehr. Die Zeiger der Uhr schleppen sich nicht mehr langsam dahin.

In einigen Kulturen wird das Nichtstun als etwas sehr Wertvolles betrachtet. Es ist nicht nur eine Unterbrechung der Tätigkeit, sondern eine produktive und kreative Kraft. Die Japaner zum Beispiel empfinden besondere Hochachtung für das Konzept des *ma* – des Zwischenraums zwischen Gegenständen oder Aktivitäten. Menschen aus dem Westen beschreiben den Raum zwischen einem Tisch und einem Stuhl vielleicht als leer. Japaner dagegen definieren den Zwischenraum als »voll von Nichts«. Für sie ist das, was nicht geschieht, oft wichtiger als das, was geschieht, ein Konzept, das westliche Besucher ziemlich irritiert. Wenn man zum Beispiel die Bedeutung eines Gesprächs in Japan voll erfassen will, muß man auch aufmerksam verfolgen, was nicht gesagt wird. Deshalb kann ein naiver *gaijin* (Ausländer) völlig verloren sein, wenn er einfach nur den Unterschied zwischen »ja« und »nein« versteht. Obwohl das Japanische ein definitives Wort für »nein« *(iie)* besitzt, wird es selten gebraucht. Die meisten Fragen werden mit »ja« *(hai)* oder gar nicht beantwortet, egal ob der Antwortende »ja« oder »nein« meint. Wie Keiko Ueda in ihrem Aufsatz »Sixteen Ways to Avoid Saying ›no‹ in Japan«[37] darlegt, sind die Japaner so erzogen, daß sie es als unverschämt empfinden, Anfragen mit einer direkten Ablehnung zu beantworten. Statt dessen erwartet man vom Fragenden, daß er auf das hört, was nicht gesagt wird. Es gibt zwei Wege, dieses nicht verbalisierte »Nein« auszudrücken. Der gebräuchlichste ist eine Pause vor dem »Ja«. Je länger der Antwortende wartet, bevor er »*hai*« sagt, desto größer ist die Wahrscheinlichkeit, daß er eigentlich »*iie*« meint. Die zweite, klarer erkennbare Möglichkeit besteht darin, überhaupt keine direkte Antwort auf die Frage zu geben. In beiden Fällen ist es eigentlich die Stille, die die Bedeutung übermittelt, während die gesprochenen Worte nichts zum Verständnis beitragen.

Marsiela Gomez, eine Doktorandin der Pharmakologie an der Johns Hopkins University, hat Maya-Vorfahren und ist in einer Kultur aufgewachsen, die großen Wert darauf legt, daß man dem anderen im Gespräch den Vortritt läßt. Diese Gewohnheit hat ihr in den Vereinigten Staaten oft Probleme gemacht: »Es ist sehr frustrierend, weil die Leute denken, daß ich keine Meinung habe. Manchmal merke ich, daß meine Ansicht schon von anderen vertreten wird, während ich darauf warte, zu sprechen. In dieser Gesellschaft ist es für den einzelnen so wichtig, einen Standpunkt zu beziehen, daß jeder das Bedürfnis hat, als erster eine bestimmte Meinung zu äußern. Wenn ich lange genug warte, vertritt oft jemand meinen Standpunkt.« Sie fügt hinzu: »Wenn ich zu lange warte, wechselt manchmal das Gesprächsthema, und dann ist meine Antwort nicht länger wichtig. Das Bedürfnis, zuerst gehört zu werden, ist anscheinend wichtiger als eine angemessene Antwort.«[38]

Noriko Kito, eine Krankenschwester aus Japan, die im Moment als Doktorandin am Medical College of Georgia arbeitet, kann Marsielas Problem sehr gut verstehen: »In meiner Heimat müssen wir uns mit dem Sprechen nicht so beeilen. Wir haben immer Zeit, um nachzudenken, bevor wir reden ... Wir haben einen Moment der Stille, der uns hilft, die Informationen zu verarbeiten ... Und man achtet immer auf die Gruppe, deshalb wird niemand aus dem Gespräch ausgeschlossen. Das ist hier ganz anders. Meine amerikanischen Freunde sagen oft, daß ich entschlossener auftreten sollte.«[39] Ein japanischer Freund erklärte einmal noch deutlicher: »Für die

Menschen der westlichen Welt ist das Gegenteil von reden nicht zuhören, sondern warten.«

Im Westen signalisiert ein Mangel an offensichtlicher Aktivität, daß nichts geschieht. Viele Menschen in anderen Teilen der Welt erkennen allerdings, daß eine oberflächliche Ruhe noch nicht bedeutet, daß es keine Veränderungen gibt. Zeiträume der Inaktivität werden als notwendiger Vorlauf für eine sinnvolle Tätigkeit verstanden. Die Chinesen zum Beispiel gelten als Meister des Wartens auf den richtigen Augenblick. Sie glauben, daß das Warten selbst erst diesen Augenblick schafft. Wie lange muß man warten? So lange, wie es nötig ist. Eine künstliche Verkürzung dieser Reifephase wäre so unsinnig wie ein Sparen an den Fundamenten eines Gebäudes. Helmut Callis' Einschätzung, daß »ein halbes Jahrhundert des Wartens für die chinesischen Vorstellungen von Zeit nicht zu lange ist«,[40] ist in den Augen vieler asiatischer Wissenschaftler noch sehr zurückhaltend. Ganz offensichtlich bedeutet das Fehlen von oberflächlicher Aktivität nicht in allen Kulturen dasselbe, noch läßt es die Zeit immer langsam vergehen.

ABWECHSLUNG

Je größer die Abwechslung, desto schneller scheint die Zeit zu vergehen. Ein Mangel an Abwechslung ist eine Grundkomponente der Langeweile, die wiederum ihrer Definition nach eine psychisch so wahrgenommene Verlangsamung der Uhr ist.

Wie schon in bezug auf die Aktivität, so sind auch die anglo-amerikanischen Standards dafür, was Abwechslung eigentlich ist, sehr weit von den allgemein anerkannten entfernt. Die anglo-amerikanische Kultur ist süchtig nach schnellen und immer wieder neuen Veränderungen, von der Mode über die Unterhaltung bis zu den Wohnungen und Städten, in denen die Menschen gern leben möchten. Die meisten Menschen in der Welt wissen dagegen ganz genau, wo sie leben werden, was sie arbeiten werden und sogar welches Essen sie für den Rest ihres Lebens essen werden, vorausgesetzt, sie haben überhaupt irgendwelche Mittel.

In den Vereinigten Staaten ist der letzte Schrei von heute morgen schon ein alter Hut. Fred Turk, ein Kollege aus meiner Zeit in Brasilien, ist ein US-Bürger, der den größten Teil seines Erwachsenenlebens als Lehrer in Südamerika zugebracht hat. »Ich weiß nicht, ob ich jemals wieder in den Vereinigten Staaten leben könnte«, erklärte er mir. »Bei jedem Besuch bin ich überrascht, wie fremd ich mich fühle. Es ist, als ob die Leute jedesmal die Moden von gestern völlig fallengelassen und ausgetauscht hätten – nicht nur in der Kleidung, sondern auch in der Musik und Kunst und allem anderen. Sogar die Sprache scheint sich zu verändern. Ich weiß nie, wie ich mich anziehen soll, worüber ich sprechen soll oder welche Worte gerade völlig blöd klingen. Manchmal kann ich, besonders bei jungen Leuten, dem Gespräch gar nicht mehr folgen.«

Turk beschreibt die Sucht nach Veränderung in den USA, die sich jeweils nur Wochen oder Monate Zeit gibt. Ein noch drastischeres Verlangen nach Abwechslung kann man in momenthaften Veränderungen beobachten, wie zum Beispiel in der sinkenden Aufmerksamkeitsspanne beim Fernsehen. Die weite Verbreitung von Fernbedienungen und Kabelprogrammen hat eine Generation von »Zappern« geschaffen. Neuere Studien belegen, daß diese Fernsehzuschauer das Programm etwa zweiundzwanzigmal pro Minute wechseln, im Schnitt also alle 2,73 Sekunden.[41] Sie begreifen die Fernsehsender als ein riesiges kaltes Buffet, das durchprobiert werden muß, egal wie klein die Portionen sein mögen. Vergleichen Sie diese Zapper mit den ganz traditionell lebenden Menschen in Indonesien, deren wichtigste Unterhaltung darin besteht, die immer gleichen Schauspiele und Tänze Monat für Monat, Jahr für Jahr von neuem anzusehen. Jeder Zuschauer kennt jede kleinste Bewegung und jedes Wort des Dialogs, aber alle sind völlig zufrieden damit.

Oder (wenn man das kalte Buffet wörtlich nimmt) betrachten Sie die vielen nepalesischen Sherpas, deren Ernährung das ganze Jahr hindurch ihr Leben lang aus den gleichen drei Mahlzeiten aus Kartoffeln, Tee und einem Schluck eines alkoholischen Getränks auf Kartoffelbasis nach dem Abendessen besteht. Auf meiner Reise durch nepalesische Dörfer ernährte ich mich einmal wie die Sherpas sieben Tage in Folge von Kartoffelpfannkuchen zum Frühstück, gekochten Kartoffeln zum Mittagessen und »Sherpa-Stew« (raten Sie, woraus) zum Abendessen. Keinen außer mir schien das zu stören.

## »ZEITFREIE« AUFGABEN

Die Art der Aufgaben, mit denen wir uns beschäftigen, und die Natur der Fähigkeiten, die sie verlangen, können die Wahrnehmung von Dauer ebenfalls stark beeinflussen. Die Forschungen, mit denen der Biopsychologe Roger Sperry und seine Mitarbeiter vom California Institute of Technology den Nobelpreis gewannen, haben gezeigt, daß die beiden Gehirnhälften sich auf unterschiedliche Typen von Informationen konzentrieren und diese Informationen unterschiedlich verarbeiten. Die linke Hemisphäre ist für verbales, analytisches Denken zuständig. Sie ist besonders gut beim Ordnen, Zählen, schrittweisen Planen von Vorgängen, bei der rationalen Entscheidungsfindung auf logischer Basis und der Zeitwahrnehmung. Die rechte Hemisphäre dagegen konzentriert sich auf nonverbale Vorgänge. Sie arbeitet intuitiv, subjektiv, relational, ganzheitlich und ohne einen zeitlichen Rahmen. Grob gesagt haben wir zwei Formen von Bewußtsein, die man als links- und rechtsseitiges Bewußtsein bezeichnen könnte. Jerry Levy, einer der wichtigsten Forscher auf dem Gebiet der Gehirn-Symmetrie, erklärt es so: »Die linke Hälfte denkt analytisch über die Zeit nach, während die rechte Hälfte mit Hilfe des Raumes Verbindungen schafft.«[42]

Die Vorstellung eines nicht zeitgebundenen Denkens bezieht sich auf Situationen, in denen Menschen jedes Gefühl für Zeit verlieren. Wenn man sich mit Aufgaben beschäftigt, die vor allem das Denken der rechten Hirnhälfte beanspruchen, hat man Schwierigkeiten, die Dauer richtig einzuschätzen. Und zwar nicht nur, weil die Uhrzeit schneller abläuft (obwohl auch das der Fall ist), sondern vor allem, weil dieser geistige Zustand außerhalb der Zeit zu existieren scheint. Egal wie schnell die Geschwindigkeit des Lebens um uns herum schlägt – der Eintritt in den zeitfreien Modus bringt uns zur Ruhe, zeitbezogen gesprochen.

Die meisten Menschen erleben dieses zeitfreie Denken bei non-verbalen Tätigkeiten, etwa beim Malen oder Musizieren; Aufgaben, die die Aufmerksamkeit auf das Arrangement von Elementen im Raum und auf das Zusammenwirken der Einzelteile zu einem Ganzen lenken. Besonders häufig ergibt sich dieser Modus bei Tätigkeiten, bei denen wir das verbale, analytische Denken aufgeben müssen. Viele Kunstlehrer glauben, daß Menschen, die sich selbst einreden, sie könnten nicht malen (»Aber ich kann doch keine gerade Linie ziehen«), es nicht können, weil sie sich der Aufgabe im L-Modus annähern, während die künstlerische Arbeit das Denken im R-Modus verlangt (die Begriffe »R-Modus« und »L-Modus« beziehen sich auf die Wahrnehmungsformen, die jeweils typisch für die beiden Hirn-hemisphären sind). Um diesen hoffnungsvollen Talenten das *Sehen* im richtigen Modus beizubringen – und beinahe alle Künstler sind sich darin einig, daß das Schaffen bildender Kunst vor allem Übung im Sehen erfordert –, haben anerkannte Lehrer wie Betty Edwards Übungen entwickelt, die die Schüler aus dem logischen, verbalen, analytischen Modus herausdrängen und sie so zu einem Sehen im R-Modus bringen.[43] Sie bekommen zum Beispiel den Auftrag, ein Foto verkehrt herum abzuzeichnen oder den Raum zwischen den Gegenständen statt die Gegenstände selbst zu malen. Diese Auf-gaben stehen quer zu den analytischen Einordnungen des L-Modus-Denkens und verlangen, daß der Schüler jedes Element so sieht, wie es wirklich ist, ohne vorgefaßte Bilder oder Ideen. Edwards lehrt ihre Schüler, daß sie richtig sehen und auf dem Weg zu künstlerischer Kompetenz sind, wenn sie unter anderem auch das Gefühl für die Zeit völlig verlieren.

Die kürzeste Zusammenfassung des zeitfreien Denkens, das den R-Modus charakterisiert, ist vielleicht das, was der Psychologe Mihaly Csikszentmihalyi »Flow« nennt – ein Bewußtseinszustand, in dem man völlig in der gerade ausgeführten Tätigkeit aufgeht.[44] Während dieses »Flow« stehen die Menschen scheinbar außerhalb der Zeit und außerhalb ihrer selbst. Csikszentmihalyi entdeckte dieses Konzept, als er Künstler beobachtete, die übermäßig lange ohne Unterbrechung und mit offenbar absoluter Konzentration an ihren Werken arbeiteten. Madeleine L'Engel vergleicht die Konzentration eines Künstlers mit dem Spiel eines Kindes:»In einem echten Spiel, das echte Konzentration verlangt, ist das Kind nicht nur außerhalb der Zeit, sondern auch außerhalb *seiner selbst*. Es hat sich völlig in das vertieft, mit dem es sich gerade beschäftigt, egal, was es ist... das Bewußtsein *seiner selbst* ist weg; sein Bewußtsein ist ganz auf etwas außerhalb seiner selbst konzentriert.« Der große Psychologe Abraham Maslow, der das Konzept der Selbstaktualisierung entwickelt hat, beschrieb kreative Menschen im allgemeinen einmal so: Sie seien »ganz hier, völlig versunken, fasziniert und absorbiert von der Gegenwart, von der Situation, vom Hier und Jetzt, von dem, was gerade anliegt«.[45] Sie verlieren das Gefühl für das Vergehen der Zeit. »Wenn das Bewußtsein völlig aktiv und gesteuert ist,« hat Csikszentmihalyi festgestellt, »vergehen Stunden in Minuten, und gelegentlich dehnen sich ein paar Sekunden scheinbar zu einer Unendlichkeit. Die Uhr ist dann keine Entsprechung für die zeitliche Qualität der Erfahrung mehr.«[46]

Es ist erwiesen, daß einige kulturelle Gruppen öfter als andere im R-Modus denken. Die Balinesen zum Beispiel sind als ein Volk beschrieben worden, das die rechte Hirnhälfte stärker einsetzt, während die Anglo-Amerikaner in den Vereinigten Staaten mehr Charakteristika des L-Modus-Denkens aufweisen. Diese Unterschiede spiegeln sich ganz klar in der Einstellung gegenüber der Zeit wider. Es ist doch interessant, daß die Balinesen – deren tägliche Aktivitäten mit religiösen, musikalischen, schauspielerischen und künstlerischen Ritualen verbunden sind – die Stunde auf der Uhr oft als »Gummizeit« *(jam kerat)* bezeichnen. Wenn man zum Beispiel einen Busfahrer auf Bali fragt: »Wann soll der Bus dem Fahrplan nach abfahren?« dann lautet die typische Antwort etwa:»Vier Uhr Gummizeit.«

Leben, das von einem zeitfreien »Flow«-Modus erfüllt ist, wirkt manchmal wie ein Spiel. Csikszentmihalyi stellt fest, daß dieser Eindruck entsteht, »wenn eine Kultur erfolgreich ein System von

Zielen und Regeln entwickelt, die so überzeugend und so gut auf die Fähigkeiten der Bevölkerung abgestimmt sind, daß ihre Mitglieder diesen ›Flow‹ ungewöhnlich häufig und intensiv erfahren können … In einem solchen Fall können wir sagen, daß die Kultur als Ganzes zu einem ›großen Spiel‹ wird«.[47] Eine treffende Beschreibung des Lebens auf Bali.

Es gibt natürlich außerdem sowohl innerhalb einer als auch zwischen verschiedenen Kulturen eine Unmenge von Unterschieden in den Aufgabentypen, die diesen zeitfreien Modus ansprechen. Zum Beispiel gibt es einige Belege dafür, daß Musik in Japan stärker mit dem L-Modus verbunden ist, während für die Vereinigten Staaten das Gegenteil gilt. Man hat sogar vermutet, daß die Art der Musik einen Unterschied macht; daß stärker strukturierte Stücke wie etwa die Barock-Konzerte von Vivaldi den in der linken Gehirnhälfte angesiedelten (zeitbewußten) Modus stärker fordern, während impressionistische Musik wie die von Ravel oder Debussy enger mit dem rechtshemisphärischen (zeitfreien) Modus verknüpft ist.

## Zeitsprünge

> Die Zeit ist eine Nervenbahn: scheinbar durchgehend, aus der Ferne betrachtet, aber unterbrochen, wenn man genau hinsieht, mit mikroskopischen Spalten zwischen den einzelnen Fasern. Ein nervöser Impuls durchfließt einen Zeitabschnitt, bricht plötzlich ab, hält inne, überspringt ein Vakuum und fließt im angrenzenden Abschnitt weiter.
>
> ALAN LIGHTMAN, *Und immer wieder die Zeit*

Die Zeitstruktur verändert sich ständig. Es gibt Situationen, in denen die Zeit ruhig und gleichmäßig dahinfließt, aber auch andere Momente, in denen sie sich rauh und zusammenhanglos, hart oder weich, schwer oder leicht anfühlt. Obwohl die spezifische Natur dieser Aktivitäten sich je nach Kultur und Individuum unterscheiden kann, ist es doch eindeutig, daß jeder das Vergehen mancher Zeitabschnitte anders wahrnimmt als das anderer.

Physiker haben festgestellt, daß die Zeit des Universums – vom Urknall bis heute – nicht gleichmäßig und durchgehend verlaufen ist. Das widerspricht Newtons Metapher von den Zeigern einer mechanischen Uhr, die unbeeinflußbar vorwärtsrücken, – eine Vorstellung, die das Denken der anglo-amerikanischen Kultur dominiert. Zeit fließt weder überall gleich noch ruhig. Einsteins Relativitätstheorie basiert auf der Annahme, daß Zeit nicht absolut ist. Auf der subatomaren Ebene bewegen sich die Teilchen offensichtlich in der Zeit vor und zurück. Jedes Teilchen hat nach der Feldtheorie seine eigenen rhythmischen Energiestrukturen, tanzt scheinbar nach seinem eigenen Rhythmus.[48] Die vielleicht verblüffendste Variante einer Verzerrung der physikalischen Zeit sind die berühmten Schwarzen Löcher im All, wo die Zeit für einen Betrachter außerhalb des Loches buchstäblich stillsteht.

Die neue Physik beschreibt die Bewegung der physikalischen Zeit als »unruhig«. Unebenheiten im All – in der Raumzeit genauer gesagt – entstehen aus der Dynamik der Schwerkraft. Ähnliches gilt auch für die psychische Erfahrung der Dauer in der sozialen Zeit. Anders als die offenbar gleichbleibende Bewegung der Uhrzeit ist der Fluß der psychischen Zeit manchmal unruhiger und manchmal gleichmäßiger.[49]

In den sechziger Jahren sollte eines der ersten Computerprogramme, das die Bedeutung von Sätzen erfassen konnte, *die* klassische Aussage über zeitliche Bewegung analysieren:»Time flies like an arrow.« Es bot die folgenden Bedeutungen an:

1 Time proceeds as an arrow does (that is, quickly or in a direction).
2 One should measure the speed of flies in the same way as one measures the speed of an arrow.
3 One should measure the speed of flies in the same way as an arrow measures the speed of flies.
4 Go and measure the speed of flies that resemble an arrow.
5 Particular kinds of flies, time-flies, are fond of an arrow.

Ein Computerprogrammierer fügte daraufhin eine eigene Parallele hinzu: »Time flies like an arrow; fruit flies like a banana.«[50]

Die psychische Wahrnehmung von Dauer ist kaum weniger verwirrend. Wie schnell vergeht die Zeit? Das hängt immer davon ab, wen man fragt, und wo.

# 3

# Eine kurze Geschichte der Uhrzeit

... und so geht es weiter. Und so geht es weiter. Und so geht es weiter. Und so geht es weiter weiter weiter tick tack tick tack tick tack, und eines Tages dient die Zeit nicht mehr uns, wir dienen der Zeit, und wir sind kurzlebige Sklaven – gebunden an ein auf Einschränkungen gegründetes Leben, weil das System nicht funktioniert, wenn wir den Zeitplan nicht strikt einhalten ... Der Ticktackmann: weit über einsachtzig groß, oft schweigsam, ein leise summender Mann, wenn alles im Zeitplan abläuft. Der Ticktackmann.

Selbst in den Zellen der Hierarchie, wo man Furcht verbreitet, selten verspürt, nannte man ihn den Ticktackmann. Aber niemand nannte ihn so, wenn er es hörte. Du nennst einen Mann nicht bei einem verhaßten Namen, nicht wenn dieser Mann hinter seiner Maske die Minuten, die Stunden, die Tage und Nächte, die Jahre deines Lebens zurückrufen kann. In seinem Angesicht nannte man ihn Meister Zeitmesser. Das war sicherer.

HARLAN ELLISON, *Repent Harlequin*

Es gibt kein anschaulicheres Symbol für einen schnellen Lebenstakt als die vorrückenden Zeiger einer Uhr. Bilder wie die des Stummfilmkomikers Harald Lloyd, der zwanzig Minuten lang an einer Uhr im achten Stockwerk über einer hektischen Geschäftsstraße baumelt, oder von Salvador Dalís Zeitmessern, die in einer surrealistischen Wüste dahinschmelzen, hinterlassen unauslöschliche und dauerhafte Eindrücke von der Zeit als dem großen Diktator.

Auch in der Literatur haben Uhren oft eine Hauptrolle gespielt – nicht selten die des Schurken. Der vielleicht berühmteste Satz, der jemals über den Takt des Lebens geschrieben wurde – Thoreaus

»Wenn ein Mann nicht mit seinen Gefährten Schritt hält, liegt es vielleicht daran, daß er einen anderen Trommler hört« –, zielte auf eine Gesellschaft, die durch die Uhr bestimmt wurde. Über die Jahre hinweg haben viele Nachfolger Thoreaus direkter und sarkastischer auf die dringende Notwendigkeit hingewiesen, die drakonischen Trommler zu erschlagen. Mehr als ein Jahrhundert nach *Walden* sprach Nathanael West in *Eine glatte Million*[1] vielen aus dem Herzen: »Versteht mich nicht falsch, Indianer. Ich bin kein von Rousseau beeinflußter Philosoph. Ich weiß, daß ihr die Uhr nicht zurückdrehen könnt. Aber da ist eine Sache, die ihr tun könnt. Ihr könnt diese Uhr anhalten. Ihr könnt diese Uhr zerschmettern.«

Seit ihrer Erfindung haben mechanische Zeitmeßgeräte nicht nur dazu gedient, den Anfang und das Ende von Tätigkeiten festzulegen, sondern auch dazu einen Zeitplan zu diktieren. Sie regulieren das Tempo einer Tätigkeit und, so fürchteten kritische Geister wie Thoreau und West, den ganzen Lebenstakt einer Gesellschaft. Die Uhrzeit hat den Rhythmus des täglichen Lebens revolutioniert. Sie fordert eine kompromißlose Regelmäßigkeit im Ablauf der Ereignisse. Für Produktionsmanager mag es so aussehen, als treibe der sich ständig wiederholende, rhythmische Schlag der Uhr die Produktion an. Sozialkritiker jedoch bemängeln ihre unendliche Monotonie. Beide Seiten stimmen allerdings überein, daß die Regelmäßigkeit der Uhr den Takt der Ereignisse oft stärker beschleunigt hat, als es je zuvor der Fall war; für viele liegt dieser Takt jetzt weit jenseits des ihnen Angenehmen.

Für den größten Teil einer industrialisierten Gesellschaft ist das Leben nach der Uhr ein notwendiges Übel. Ein Soziologe drückte es so aus:»Wenn man in der modernen Gesellschaft nicht genau weiß, wie spät es ist, riskiert man es, als sozial untüchtig zu gelten.«[2]

Die Menschen mögen sich noch so bemühen, der Uhrzeit zu entkommen oder sich zumindest Freiräume zu schaffen, letztendlich steht der Ticktackmann schlicht unüberwindbar da, er kontrolliert Produktion und Fortschritt. Dieses scheinbar unausweichliche Schicksal malt der Physiker Alan Lightman in seiner Beschreibung einer fiktiven italienischen Stadt aus:

Schließlich dann wurde in einer kleinen Stadt in Italien die erste mechanische Uhr gebaut. Die Menschen waren fasziniert. Später waren sie entsetzt. Hier war eine menschliche Erfindung, die das Verstreichen der Zeit quantifizierte, die Lineal und Zirkel an die Spanne des Begehrens legte und die Momente eines Menschenlebens exakt ausmaß. Es war zauberhaft, es war unerträglich, es war wider die Natur. Doch man konnte sich nicht über die Uhr hinwegsetzen. Man würde ihr huldigen müssen.[3]

Ein Blick in die Geschichte enthüllt allerdings, daß man sich erst seit kurzem an der Richtschnur der Uhrzeit orientiert. Die längste Zeit der menschlichen Zivilisation hindurch gab es keine Möglichkeit, sicherzustellen, daß man pünktlich war, auch wenn man es wollte; und selbst wenn eine Person zur verabredeten Zeit da war, konnte man das nicht überprüfen. Moderne Vorstellungen über Pünktlichkeit und ein Leben nach der Uhr wären für die große Mehrheit unserer Vorfahren unbegreiflich gewesen. Die Geschichte der Ereignisse, die zu dem heute vertrauten gottähnlichen Status der Uhr und der Uhrzeit führte, ist eine Fallstudie für die Entwicklung von der Zeit der Natur weg hin zur Zeit der Uhr.

# Eine kurze Geschichte der Zeitmeßgeräte

Die erste großartige Entdeckung war die Zeit, die Landschaft der Erfahrung. Nur dadurch, daß die Menschheit Monate, Wochen und Jahre, Tage und Stunden, Minuten und Sekunden voneinander abgrenzte, befreite sie sich aus der zyklischen Monotonie der Natur. Das Fließen der Schatten, des Sandes und des Wassers und die Zeit selbst, übersetzt in das Stakkato der Uhr, wurden zu einem nützlichen Maßstab für die Bewegungen des Menschen über den Planeten ... Zeitgemeinschaften brachten die ersten Wissensgemeinschaften hervor, Möglichkeiten, Entdeckungen zugänglich zu machen, eine gemeinsame Grenze zum Unbekannten.

DANIEL BOORSTIN, *The Discoverers*

Antike Astronomen konnten Jahre und bis zu einem gewissen Grad auch Monate voneinander abgrenzen. Die Messung einheitlicher Stunden dagegen ist eine moderne Erfindung. Die Festlegung der Minuten und Sekunden ist sogar noch jünger.[4]

Eine der größten Erfindungen der Menschheit war die Sonnenuhr. Schon vor 5500 Jahren entdeckten die Menschen, daß ein aufrechtstehender Stab einen längeren Schatten wirft, wenn die Sonne tiefer am Himmel steht. Das primitivste dieser Geräte bestand aus einem einfachen Stock – einem *gnomon* (vom griechischen »wissen«) –, der in den Boden gesteckt wurde, um Sonne und Schatten nutzbar zu machen. Ausgefeiltere Strukturen, wie man sie etwa in Stonehenge gefunden hat, erlaubten den Menschen, die Zeit in sinnvollen Einheiten zu messen. Zum erstenmal in der Geschichte konnten die Menschen nicht nur die Zeit festlegen, sondern Verabredungen treffen – für, sagen wir, eine Handbreit, nachdem der Schatten den zweiten Stein erreicht hat. Schließlich wurden zahlreiche Geräte mit genauen Unterteilungen erfunden, um die Stunden mit Tageslicht zu messen. Die alten Ägypter zum Beispiel konstruierten eine Sonnenuhr aus einem etwa dreißig Zentimeter langen waagerechten Stab mit einer kleinen T-förmigen Struktur an einem Ende. Das T warf einen Schatten entlang des Stabes, der mit einer Gradeinteilung versehen war, um das Vergehen der Zeit noch genauer zu messen. Der Querstab wurde morgens mit dem T in Richtung Osten hingelegt und um die Mittagszeit umgedreht, so daß das T bis zum Sonnenuntergang nach Westen ausgerichtet war. Eines dieser Geräte aus der Zeit Thutmosis' III. (um 1500 v. Chr.) existiert noch. Doch die Sonnenuhr, der die Griechen den Namen »Schattenjäger« gaben, lieferte bestenfalls ungenaue Anhaltspunkte, wenn man pünktlich sein wollte. Was geschah, wenn die Sonne sich hinter einer Wolke verbarg oder abends unterging? *Absque sole, absque usu* (ohne Sonne, ohne Nutzen) lautete die Inschrift auf einer Sonnenuhr. In dieser Welt der ungenauen Eichungen konnten die Uhren nur die hellsten Stunden zählen, und sogar das waren nur grobe Schätzungen. Eine Verabredung für genau festgelegte Nacht-»Stunden« zu treffen, war natürlich sinnlos.

Die nächste Generation der Zeitmeßgeräte sollte Tag und Nacht ohne Abhängigkeit vom Wetter oder der Sonne funktionieren. Das erste dieser revolutionären Geräte war die Wasseruhr. Etwa fünfhundert Jahre nach den ersten Sonnenuhren begannen Erfinder einen Zeitraum durch die Menge Wasser zu messen, die inzwischen aus einem Topf getropft war. Wasseruhren gab es in verschiedenen Formen, doch im Prinzip ging es immer um die Menge Wasser, die durch ein Loch lief. Eine ägyptische Version bestand zum Beispiel aus einem Alabastergefäß mit einer innen aufgezeichneten Skala und einem einzigen Loch im Boden. Während das Wasser aus dem Loch tropfte, konnte das Vergehen der Zeit durch das Sinken des Wasserspiegels von einer Markierung zur nächsten gemessen werden.

Manche Wasseruhren waren wahre Kunstwerke. Daniel Boorstin beschreibt ein gigantisches Exemplar, das das Osttor der Großen Moschee in Damaskus schmückte:

Zu jeder »Stunde« des Tages oder der Nacht fielen zwei Gewichte aus hellglänzendem Messing aus den Mündern zweier aus Messing gearbeiteter Falken in Messingschalen, die durchlöchert waren, um den Bällen die Rückkehr in ihre Position zu ermöglichen. Über den Falken war eine Reihe von offenen Türen, eine für jede »Stunde« des Tages, und über jeder Tür befand sich eine nicht angezündete Lampe. Zu jeder Stunde des Tages läutete eine Glocke, sobald die Bälle fielen, und die Tür der vorübergegangenen Stunde wurde geöffnet. Bei Einbruch der Nacht schlossen sich alle Türen automatisch wieder. Sobald die Bälle fielen und ankündigten, daß eine »Stunde« der Nacht verstrichen war, wurde die Lampe, die dieser Stunde zugeteilt war, entzündet und glühte rot, bis schließlich bei Tagesanbruch alle Lampen brannten.[5]

Es bedurfte der ständigen Aufmerksamkeit von elf Männern, um dieses Gerät am Laufen zu halten.

Die Wasseruhr hat eine lange und bemerkenswerte Geschichte. Von den alten Ägyptern bis zur Erfindung der Pendeluhr um 1700 war sie das genaueste Zeitmeßgerät für alle Tages- und Nachtzeiten. Meist verwendete man Sonnenuhren für die Tagesstunden, während Wasseruhren die Nachtstunden festlegten. Im alten Rom wurden Sonnenuhren benutzt, um die Wasseruhren zu eichen und zu stellen.

Die Römer legten großen Wert auf die Zeit. Zeit war Geld. Römische Rechtsanwälte baten Richter oft geradezu flehentlich um eine weitere Wasseruhr Zeit, um den Fall ihres Mandanten darzulegen. Der Begriff *aquam dare,* »Wasser zugestehen«, bedeutete, daß man einem Rechtsanwalt Zeit einräumte, während *aquam perdere,* »Wasser verlieren«, ein anderer Ausdruck für Zeitverschwendung war. Wenn ein Redner im Senat allzu weitschweifig wurde, riefen seine Kollegen, man solle ihm das Wasser entziehen.

Selbst in ihren einfachsten Formen waren Wasseruhren allerdings anfällig für die verschiedensten Schwierigkeiten. Einmal ergaben sich in kälteren Regionen verzerrte Messungen durch die sich ändernden Eigenschaften des Wassers. Ein anderes Problem war das mögliche Verstopfen oder Größerwerden des Loches. Um solche Abnutzungserscheinungen zu verhindern, setzten die Römer in ihre besten Modelle Edelsteine ein – Vorläufer der »Steine«, die von späteren Uhrmachern benutzt wurden.

Ausgehend von der Logik der Wasseruhr benutzte man auch andere Materialien, die flossen oder sich verbrauchten. Besonders beliebt waren Geräte, die die Zeit durch das Verbrennen von Öl oder Kerzen oder natürlich durch das Rinnen des Sandes durch ein Stundenglas maßen. Die Chinesen entwickelten eine Räucherwerkuhr. Dieser hölzerne Apparat bestand aus einer Reihe von miteinander verbundenen kleinen Schachteln gleicher Größe. Jede Schachtel enthielt einen anderen Räucherduft. Wenn man wußte, wie lange es dauerte, bis der Vorrat in einer Schachtel abgebrannt war, und die Reihenfolge der Duftnoten kannte, konnte man die Tageszeit am Duft erkennen.

Die ersten mechanischen Zeitmesser tauchten im 14. Jahrhundert in Europa auf. Es waren durch Gewichte angetriebene Geräte, die weder dazu bestimmt noch dazu geeignet waren, kurze Zeitabschnitte zu messen. Sie waren größtenteils nicht genauer als Wasseruhren. Die ersten Uhren wurden zu einem sehr eng umrissenen Zweck erfunden: um die frommen Mönche davon in Kenntnis zu setzen, wann die Zeit zum Gebet gekommen war. Vor dieser Erfindung hatten die Mönche sich meist auf Stundengläser verlassen, die die Unannehmlichkeit mit sich brachten, daß man sie regelmäßig umdrehen mußte. In einigen Klöstern mußte ein dazu bestimmter Mönch die ganze Nacht wachen, um das Stundenglas in Gang zu halten, bis es Zeit für das Morgengebet oder die Arbeit war. Die ersten Uhren sollten einfach zu den festgelegten Gebetszeiten die Glocken läuten. Die meisten dieser Uhren, die zu Herzstücken der Gemeinschaften wurden, hatten noch nicht einmal Zeiger oder Stundenmarkierungen. Sie sollten die Zeit nicht anzeigen, sondern verkünden. Das mittelenglische Wort *clok* stammt von dem mittelhoch- und niederdeutschen Wort *clocke* ab, aus dem sich auch das deutsche Wort »Glocke« entwikkelt hat. Die frühesten mechanischen Zeitmesser waren technisch betrachtet keine Uhren, da sie nur Glocken zum Schlagen brachten. Es dauerte noch einige Jahrhunderte, bis Zifferblätter auf Uhren angebracht wurden, und dann hatten sie zunächst nur einen Stundenzeiger.

Mit einer Pünktlichkeit, wie sie eine frühe gewichtgetriebene Uhr – ganz zu schweigen von einer Wasseruhr oder Kästchen mit Räucherwerk – lieferte, würden wir in unserer industrialisierten Welt nicht sehr weit kommen, in der Stunden, Minuten, Sekunden und sogar Sekundenbruchteile einen gewissen Geldwert haben können (vor kurzem erhielt ich eine Rechnung, weil ich 1,6832 Sekunden auf einen Computer zugegriffen hatte). Wenn der einzige zur Verfügung stehende Zeitmesser keinen Minutenzeiger hat, ist Pünktlichkeit nach unseren Maßstäben ganz einfach nicht möglich. Erst nach der Entwicklung von Uhren, die auch kleine Zeiteinheiten genau messen konnten, bekam die Vorstellung, rechtzeitig dazusein, oder die Entschuldigung, wenn man »fünf Minuten zu spät« kam, einen Sinn. Zuvor wäre die Bitte an einen Freund, »mich um 5.45 Uhr zu treffen«, genauso absurd gewesen wie die Einladung an einen Menschen ohne Kalender, doch am 27. Oktober mal vorbeizuschauen.

Der große Durchbruch bei den Zeitmeßgeräten fand Ende des 16. Jahrhunderts statt, als Galileo Galilei die Eigenschaften des Pendels entdeckte. Galilei stellte fest, daß es einen faktischen Zusammenhang zwischen der Amplitude der Pendelschwingung und seiner Schwingungsdauer gibt. Einige Jahrzehnte später – um 1700 – entwickelte der niederländische Mathematiker Christian Huygens die erste Pendeluhr. Die besten dieser frühen Uhren hatten eine Ungenauigkeit von weniger als zehn Sekunden pro Tag vorzuweisen. Schon Tausende von Jahren zuvor hatte die Menschheit bemerkenswerte Fortschritte bei der Messung der Jahreszeiten, der Wochen, sogar der Stunden in der Nacht und bei Tage gemacht. Doch erst von diesem Moment vor dreihundert Jahren an bot die Pendeluhr die Möglichkeit, genau nach der Stunde, ja sogar nach Minute und Sekunde zu leben.

Kurz nachdem die ersten mechanischen Uhren die Stunden festlegten, tauchte das Wort »speed« (ursprünglich »spede« geschrieben) erstmals in der englischen Sprache auf. Erst im späten

17. Jahrhundert benutzte man das Wort »punctual« (das zuvor eine besonders um die Detailfragen des guten Benehmens bemühte Person beschrieb), um jemand zu bezeichnen, der genau zur festgelegten Zeit erschien. Nur ein Jahrhundert später tauchte das Wort »punctuality« mit der heutigen Bedeutung in der englischen Sprache auf.

Die Zeitmesser sind nicht nur genauer geworden, sondern auch tiefer in unseren persönlichen Bereich vorgedrungen. Helmut Kahlert und seine Kollegen Richard Mühe und Gisbert Brunner haben mit ihrem Buch Armbanduhren. 100 Jahre Entwicklungsgeschichte die wahrscheinlich umfassendste verfügbare Darstellung über Armbanduhren geliefert. Sie beschreiben, wie die Uhren uns im Laufe der Geschichte immer näher kamen. Von den öffentlichen Uhren des Mittelalters über die Uhren im Haus und die tragbaren Taschenuhren bis hin zu Armbanduhren, die direkt am Körper getragen werden, sind die Zeitmesser immer weiter vorgedrungen. »Als vorläufige Endstufe dieser Entwicklung, wenn man von dem medizinischen Sonderfall des Herzschrittmachers absieht, kann die Armbanduhr gelten«, schreiben sie. »Sie sind ›hautnah‹, und immer im Blickfeld – auch bei Nacht.«[6] Viele Menschen sehen diese Entwicklung ziemlich negativ. Sie stimmen wahrscheinlich mit Sigmund von Radecki überein, der zu Anfang dieses Jahrhunderts Armbanduhren als »die Handschellen unserer Zeit« bezeichnete.

Die ersten Armbanduhren mit der heute vertrauten Position des Zifferblatts (die ersten Zifferblätter waren seitlich angebracht) tauchten um 1850 auf. Ziemlich lange galt dieses Design allgemein als eine Fehlentwicklung, die sich bald totlaufen würde. Kahlert und seine Mitarbeiter berichten von einem deutschen Professor, der 1917 die Einschätzung aller ausdrückte, die sich mit Uhren beschäftigten: »Die Modenarrheit, die Uhr an der unruhigsten und den gröbsten Temperaturschwankungen ausgesetzten Körperstelle, im Armbande, zu tragen, verschwindet hoffentlich bald wieder.«[7] Diese Hoffnung hat sich wohl kaum erfüllt: 1986 schätzte man die weltweite Produktion von Armbanduhren auf 300 Millionen pro Jahr.

In den letzten beiden Jahrhunderten verbesserte sich die Zeitmessung rapide. Heute leben wir in einer Welt, in der die Computer die Zeit in Nanosekunden (Milliardstelsekunden) messen. Das National Institute of Standards and Technology in Boulder, Colorado, stellte kürzlich eine Atomuhr namens NIST-7 vor, die in einer Million Jahren nicht eine Sekunde vor oder nach geht. Dieser Mechanismus ist nach Meinung der Experten ein bedeutender Fortschritt gegenüber seinem Vorgänger NIST-6, der nur für die nächsten 300 000 Jahre garantiert auf die Sekunde richtig ging. (Wer, außer Physikern, legt Wert auf eine solche Genauigkeit? Eine große Zeitung beantwortete die Frage mit dem Hinweis auf die wirklich einmalige Tatsache, daß »der Verwaltungsbezirk Los Angeles die Ampeln mit NIST-7 synchronisiert hat«.)[8]

Wie der Physiker Stephen Hawking dargelegt hat, können wir heute die Zeit genauer messen als die Länge. Dementsprechend wird auch die Länge am genauesten durch Zeiteinheiten definiert. Einen Meter kann man beschreiben als die Entfernung, die das Licht in 0,000000003 335 640 952 Sekunden zurücklegt. Es gibt aber auch die neuere und leichter zu berechnende Distanz der Lichtsekunde, also der Entfernung, die das Licht in einer Sekunde zurücklegt. Mit ihrer Hilfe kann man Raum und Zeit definieren.[9]

Heute kostet eine Uhr, die auf eine Hundertstelsekunde genaugeht, weniger als ein T-Shirt. Also hallen öffentliche Räume heute wider von Symphonien kleiner Piepser, die die Armbanduhren zu jeder vollen Stunde von sich geben. Ironischerweise wachsen durch unsere Fortschritte bei der Massenproduktion von Präzisionsuhren die Ungenauigkeiten. Ich habe mich immer darüber amüsiert, daß diese Uhren, obwohl sie auf die Hundertstelsekunde genau gehen, immer zu unterschiedlichen Zeiten piepsen. In meinen Vorlesungen höre ich zur vollen Stunde einige Minuten lang immer wieder dieses Piepsen im Raum. Und dann gibt es immer eine Uhr, die nachgeht und mich mit ihrem Piepsen ein paar Minuten später beinahe aus dem Konzept bringt.

Für Menschen, die mit Pünktlichkeit ihr Geld verdienen, kann die moderne Präzision jedoch wichtig sein. Einmal sprach ich mit einem Radioreporter über meine Beobachtung der ungleichzeitigen Stundenpiepser. Er berichtete von einer krassen Ausnahme, die er gerade erst bei einem Treffen der National Association of Broadcasters erlebt hatte. Quasi jeder Kongreßteilnehmer trug eine Uhr, und beinahe alle diese Uhren piepsten in genau demselben Moment zu jeder vollen Stunde. Das plötzliche laute Trillern im Raum war, wie der Reporter erklärte, »ziemlich unheimlich«. In einem Beruf, in dem Sekunden Hunderttausende von Dollars wert sein können, ist die Präzision der Zeitmessung beinahe vollkommen.

## Die frühere Gleichgültigkeit gegenüber der Uhrzeit

Heutzutage, in der Ära der Zeitpläne und Termine, wirkt es geradezu lustig, wenn man feststellt, daß Herodot, dieser große Reisende und gutinformierte Mann seiner Zeit, in seiner Welt niemals mit dem Konzept der »Stunde« in Berührung kam und nicht einmal das richtige Wort dafür finden konnte. In seiner Zeit und noch viel später diente die menschliche Tätigkeit viel häufiger als ein Maßstab der Zeit als andersherum.

ALEXANDER SZALAI[10]

Die Entwicklung genauer und erschwinglicher Zeitmeßgeräte stellte einen technischen Mechanismus zur Verfügung, der die Möglichkeit eines eingeteilten, koordinierten Lebens bot. Warum aber entschlossen sich die Menschen, dieses Potential zu nutzen? Wie kam es dazu, daß die Uhr den Fluß des Lebens bestimmte, statt nur einfach als nachträglicher Chronist von Ereignissen zu dienen? Wenn man den Aufstieg der Uhr zu ihrem heutigen allmächtigen Status verstehen will, darf man nicht bei einer Beschreibung der technischen Fortschritte stehenbleiben. Beim Übergang zur Uhrzeit spielten die verschiedensten wirtschaftlichen, gesellschaftlichen und psychologischen Kräfte ebenso eine Rolle wie ein sehr aggressives Marketing. Und die Zeit war für diesen Umschwung hervorragend geeignet.

Vor der Erfindung der mechanischen Uhr war es nahezu unmöglich, die Aktivitäten der Menschen zu koordinieren. Alle Verabredungen fanden üblicherweise bei Morgengrauen statt. Es ist kein Zufall, daß so viele wichtige historische Ereignisse auf die Zeit des Sonnenaufgangs fielen – Duelle, Schlachten, Zusammenkünfte.

Der Historiker Marc Bloch erzählt die Geschichte eines solchen Treffens.[11] Es ging um ein mittelalterliches Duell in Mons, dessen Beginn auf die übliche Stunde des »Morgengrauens« festgelegt worden war. Der pünktlich Angekommene wartete, bis seiner Meinung nach die neunte Stunde (Mittag) angebrochen war, die die geforderte Wartezeit von neun Stunden markierte. Er bat dann darum, die Feigheit seines Kontrahenten amtlich festzustellen, und reiste schnell ab. Das einzige Problem dabei war, daß die Schiedsrichter sich auch nach längeren Beratungen nicht einigen konnten, ob tatsächlich schon die neunte Stunde angebrochen war, als der Mann sich wieder verabschiedete. Schließlich wurde ein Gericht zusammengerufen, das nach der Diskussion der Beweise – dem Stand der Sonne, der Befragung von Klerikern, die anerkannte Fachleute in diesen Fragen waren, und einer leidenschaftlichen Debatte – die Feststellung, es sei die neunte Stunde gewesen, anerkannte. Der Pünktliche wurde offiziell als Sieger ausgerufen, während man den nicht Erschienenen als Feigling ächtete.

Dieser Zwischenfall war typisch für eine Einstellung im mittelalterlichen Leben, die Bloch als »eine gewaltige Gleichgültigkeit gegenüber der Zeit« beschreibt. Vor der Industrialisierung war die Zeitrechnung meist an den Anforderungen der Umwelt ausgerichtet. Die Natur bestimmte, wann man pflanzte, wann man säte und wann man einfach dasaß und nichts tat.

Die Tradition des Zeitmessens nach der Uhr der Natur geht bis in die Anfänge der Geschichte zurück. Der antike ägyptische Kalender beispielsweise war ein »Nilometer« – eine vertikal angebrachte Skala, die den Anstieg und das Zurückgehen des Nilpegels maß. Bis heute richten sich nicht industrialisierte, bäuerliche Gesellschaften nach der Uhr der Natur. Der Stamm der Luval in Sambia teilt das Jahr in zwölf unterschiedlich lange Perioden, die durch Veränderungen im Klima und der Vegetation voneinander abgegrenzt sind. Die Bahan auf Borneo untergliedern das Jahr in acht Abschnitte, die sich jeweils auf eine bestimmte bäuerliche Tätigkeit beziehen, vom Beginn der Rodung bis zum Fest des neuen Reisjahres.

Die Bewohner der Trobriand-Inseln im Norden Neuguineas beginnen ihren Jahreskalender, der den Anfang der Pflanzzeit anzeigt, mit dem Auftreten eines bestimmten Ringelwurms. Er taucht am südlichen Ende der Inselkette immer nach dem Vollmond auf, der nach unserem Kalender zwischen Mitte Oktober und Mitte November liegt. Die Mursi in Südwestäthiopien vertrauen bei der Organisation ihrer landwirtschaftlichen Arbeiten ebenfalls einem Kalender. Aber sie beachten die jährlichen Schwankungen von für die Landwirtschaft wichtigen Ereignissen wie das Einsetzen der Regenzeit. Deshalb ist der Kalender für die Mursi etwas, über das man diskutieren und streiten kann. Oft entscheiden sie Einzelheiten von Fall zu Fall.[12]

Zur Bestimmung der Tageszeit reicht den meisten Gesellschaften die Sonne völlig aus. Die Mondphasen sind oft benutzt worden, um Monate abzugrenzen. Wenn die Indianer einen Monat klarer bezeichnen wollten, benutzten sie manchmal klingende Namen wie »der Mond, wenn die großen Bäume im Frost erstarren«.

Doch all dies änderte sich, wo immer und wann immer die Industrialisierung und erschwingliche Zeitmesser die Bühne betraten. In den allermeisten Fällen wurden die ersten Uhren sicher mit großer Begeisterung begrüßt. Man betrachtete sie als Befreier von den unzuverlässigen Zeitmessungen, auf die man sich vorher verlassen mußte. Eine völlig neue Zeitklasse entstand: die Uhrzeit. Bezeichnenderweise galt es als Statussymbol, den Schritt hin zur Uhrzeit mitzuvollziehen. Uhren tauchten in der Malerei und der Dichtung auf. Ein Franzose des Mittelalters erwies ihnen in einem Lied Reverenz:[13]

Die Uhr ist, wenn man darüber nachdenkt,
ein sehr schönes und bemerkenswertes Instrument,
und sie ist zudem angenehm und nützlich,
weil sie uns Nacht und Tag die Stunden anzeigt
durch die Feinheit ihres Mechanismus',
auch wenn die Sonne nicht scheint.
Das ist um so mehr ein Grund, diese Maschine zu loben,
weil andere Instrumente dies nicht können,
wie kunstvoll und genau sie auch gemacht sein mögen.
Deshalb halten wir den für kühn und klug,
der als erster dieses Gerät erfunden hat,
und sein Wissen angewandt
und ein so edles und wertvolles Gerät geschaffen hat.

Trotz ihrer Schwärmerei für die neue Erfindung erkannten die meisten Menschen bald, daß die wirklich bedeutenden Zeitzeichen in ihrem Leben, die, von denen ihr Überleben abhing, in der Hand der Natur blieben. Uhren machten genauere Zeitangaben für ein Treffen möglich, und sie wurden als exotischer Schmuck geschätzt. Aber die wichtigsten zeitlichen Einschnitte im Leben der meisten Menschen waren immer noch von der Landwirtschaft bestimmt, und die Natur lieferte ihnen weiterhin die genauesten Hinweise dafür. Die meisten hätten den Worten des modernen Troubadours Bob Dylan zugestimmt, daß »man keine Wettervorhersage braucht, um zu wissen, woher der Wind weht«. Bis in das 19. Jahrhundert hinein galten mechanische Uhren als eine armselige Nachahmung der Zeit, wie die Natur sie maß.

# Die Standardisierungsbewegung

> Die Uhr ist nicht einfach ein Mittel, um zu wissen, was die
> Stunde geschlagen hat, sondern sie dient dazu, die Tätigkeiten
> der Menschen zu synchronisieren. Die Uhr, nicht die Dampf-
> maschine, ist die wichtigste Maschine des Industriezeitalters ...
> In ihrer Beziehung zu bestimmbaren Energiemengen, zur
> Standardisierung, zu automatischen Abläufen und schließlich
> zu ihrem eigenen Spezialprodukt, der genauen Zeitmessung, ist
> die Uhr die herausragende Maschine in der modernen Technik
> gewesen; und in jeder Epoche blieb sie an der Spitze: Sie ist
> Inbegriff einer Perfektion, die andere Maschinen zu erreichen
> suchen.
>
> LEWIS MUMFORD

Doch damit greifen wir der Geschichte vor.[14] Gehen wir zurück in
die Mitte des 19. Jahrhunderts, als das Regelungspotential der Uhren
noch weit außerhalb jeder Realität lag. Obwohl die Zeitmeßgeräte
sehr schnell an Qualität und Zahl zunahmen, kreiste das Leben
weiterhin meist im Rhythmus der natürlichen Abläufe. Ein besonders schwerer Hemmschuh für die Akzeptanz der Uhrzeit war die
Tatsache, daß sehr lange eine Standardisierung der Zeit fehlte. Die
Uhren wurden immer zuverlässiger und erschwinglicher, aber ohne
eine Synchronisierung waren alle Fortschritte in der Genauigkeit
eigentlich bedeutungslos. »Verwaltungsbezirke, Provinzen, ja sogar
Nachbardörfer benutzten unterschiedliche Methoden, um die Zeit
festzulegen«, erklärt der Verhaltensforscher und Autor Ralph Keyes.
»In einigen Gegenden benutzte man Mitternacht als Ausgangspunkt; in anderen die Mittagsstunde, wieder anderswo Sonnenauf-
gang oder Sonnenuntergang. Auch nach der Erfindung der mechanischen Uhren mußten Reisende ihre Uhren ständig neu stellen,
während sie von Ort zu Ort fuhren.«[15] Oft war es ein ebenso
aussichtloses Unterfangen, die genaue Tageszeit zu bestimmen,
wie zur Zeit der mittelalterlichen Duelle.
Der Historiker Michael O'Malley hat in seinem Buch *Keeping
Watch: A History of American Time*[16] den Streit um eine Wahl in

Pottsville, Pennsylvania, beschrieben. Die Wahllokale sollten offiziell um 7 Uhr abends schließen, aber viele Zeugen behaupteten, sie hätten gesehen, daß einige Bürger noch bis 8.20 Uhr zum Wählen gingen. War das wirklich so? »Es ist überall bekannt,« erklärte das *Miner's Journal,* die Zeitung von Pottsville, »daß wir keinen genauen oder sicheren Zeitstandard in dieser Gemeinde haben.« Es sei eine allgemein anerkannte Tatsache, so der Herausgeber, daß die Zeit der verschiedenen Uhren in Pottsville normalerweise »ungefähr eine Stunde« voneinander abweiche. Ein Wahlbeobachter hatte unter Berufung auf ein Chronometer, das in Philadelphia drei Tage zuvor korrekt eingestellt worden war, erklärt, daß die Wahllokale tatsächlich um 7 Uhr geschlossen hätten. Aber Pottsville-Zeit war nicht Philadelphia-Zeit, und die Anhänger des Wahlverlierers starteten eine Kampagne mit dem Ziel, die Wahl für ungültig zu erklären. O'Malley berichtet:

Die Anhörungen, die jetzt folgten, offenbarten die zahlreichen Quellen, aus denen sich die Zeit der Stadt speiste, und die Verwirrung – und den politischen Opportunismus –, die sich daraus ergaben. Verschiedene Zeugen aus dem Ort verwiesen auf die Glocke der Gießerei von Heywood und Snyder als ihre Zeitquelle. Die Auffälligkeit der Glocke machte sie zu einem gängigen Bezugspunkt, aber zumindest ein Anwohner erklärte, daß er seine Uhr regelmäßig »fünfzehn Minuten langsamer als die Glocke« stelle, weil »ich den Eindruck hatte, daß die Glocke zu schnell geht«. Ein uhrloser Wähler sagte aus: »Ich ging die Straße hinunter zu Geisse [ein Juweliergeschäft am Ort]...und auf seiner Uhr war es zwanzig Minuten nach acht.« »Henry Geisses Uhr«, fügte er hinzu, »ist immer zehn oder fünfzehn Minuten hinter der Gießereiglocke zurück.« Ein Uhrmacher pflichtete ihm bei: Heywood und Snyders Glocke sei »eine Viertelstunde schneller« als die Sonnenuhr, die er benutze, um die Uhren in seinem Laden zu stellen. Der Barkeeper des Hotels am Ort gab eine ganz andere Zeit an, etwa 9 Uhr nach der »bestens eingestellten« Hoteluhr, während Nathaniel Mills darauf bestand, daß »nach meiner Uhr die Wahl Viertel nach sieben abgeschlossen« gewesen sei.[17]

Was war die korrekte Zeit? Ohne einen von allen akzeptierten Standard konnte man das unmöglich sagen. Bis weit in das 19. Jahrhundert hinein war die Welt voll mit unkoordinierten Kalendern und Zeitzonen. Allein in den Vereinigten Staaten gab es laut O'Malley noch in den sechziger Jahren des vorigen Jahrhunderts über 70 verschiedene Zeitzonen. Durch die Industrielle Revolution änderte sich das völlig. Die neue Technik forderte eine bisher unvorstellbare Reglementierung und Koordinierung von Aktivitäten. Die Uhr rückte in den Mittelpunkt. Um 1880 war die Zahl der Zeitzonen auf etwa 50 gefallen, und Wissenschaftler setzten sich für eine völlige Koordinierung der Zeitstandards ein.

Vor allem zwei besonders betroffene Interessengruppen übten Druck aus: Die Eisenbahngesellschaften und die Meteorologen. Für das immer enger werdende Netz der Eisenbahnen bedeutete das Fehlen koordinierter Zeitstandards einen Alptraum bei der Erstellung sinnvoller und effizienter Fahrpläne. Oft orientierten sich Bahnhöfe, die nur ein paar Meilen voneinander entfernt waren, an verschiedenen Standards, so daß die Züge sich in der Zeit rückwärts und dann wieder schnell vorwärts bewegten, wenn man sich nach den Uhren an jedem Haltepunkt richtete. Häufig gab es zwei Uhren an den Bahnhöfen, eine mit der Eisenbahnzeit und eine mit der Ortszeit. Während der siebziger Jahre des 19. Jahrhunderts hatte zum Beispiel die Station Buffalo, New York, drei verschiedene Uhren: eine für die Buffalo-Zeit und zwei andere für die beiden Eisenbahnlinien, die dort verkehrten.

Auch bei der Wettervorhersage gab es ein ähnliches Problem. »Eine Wettervorhersage war schwer zu interpretieren«, berichtet O'Malley. »Wenn eine Wetterstation in Wisconsin angab ›Es ist zwölf Uhr hier und es regnet‹, mußten diejenigen, die den Bericht auswerteten, wissen, ob es 12 Uhr nach dem Stand der Sonne, nach der Milwaukee-Zeit oder nach irgendeinem anderen Standard war.

Das Weather Bureau und die internationale Gemeinschaft der Geophysiker forderten dringend eine Standardisierung.«[18]

Die treibende Kraft hinter allen diesen Forderungen nach Synchronisierung war vor allem die fortschreitende Industrialisierung. Aber nicht nur sie allein: Es gab auch ein paar Unternehmer, die das Marktpotential der »Zeit« als Produkt erkannt hatten. Zwei von ihnen, Samuel Langley und Leonard Waldo, spielten eine zentrale Rolle im Kampf um die Standardisierung.

Samuel P. Langley, der später Geschäftsführer der Smithsonian Institution werden sollte, war der erste, der mit der Forderung nach Zeitkoordinierung Geld verdiente. 1867 übernahm Langley die Leitung eines Observatoriums in Allegheny, Pennsylvania, und verbesserte binnen kurzer Zeit dessen Leistungsfähigkeit in der Zeitmessung entscheidend. Dann überredete er die Telegrafengesellschaft Western Union dazu, das Observatorium mit der Stadt zu verbinden. Kurz darauf begann er wortwörtlich Zeit zu verkaufen, indem er Zeitsignale des Observatoriums via Telegraf an Fabriken überall in Pittsburgh übermittelte. 1871 erklärte Pennsylvania Railroad die Zeit des Observatoriums Allegheny zu ihrem offiziellen Standard und schloß einen mit 1000 Dollar dotierten Vertrag für die Übermittlung von Langleys Signalen ab. Langley setzte sich auch anderweitig für eine Standardisierung ein. Er schrieb zahllose Artikel über ihre Vorteile und bezeichnete die lokalen Zeiten als »Fiktion« und »Überbleibsel längst vergangener Zeiten« wie lokale Gewichte und Maße oder lokal geprägte Münzen, die durch das »Fortschreiten der Zentralisierung und den Austausch durch Handel und Reisen« abgeschafft worden seien. Langley machte aus der Zeit einen Handelsartikel – eine neue Variante der Vorstellung, daß Zeit Geld sei.

Einige Jahre später ging Leonard Waldo, Direktor eines ähnlichen Zeit-Dienstes in Harvard und später in Yale, noch einen Schritt weiter. Er wandte sich den moralischen Aspekten zu und trat dafür ein, daß die Zeit von Wissenschaftlern kontrolliert werden müsse. »Die Lieferung einer korrekten Zeit«, erklärte er, »ist ihrer Natur nach eine Bildungsaufgabe, denn sie impft den Massen eine gewisse Genauigkeit bei der Verrichtung der täglichen Arbeit ein, die vielleicht zu einer gesünderen Moral führt.« In einem Bericht an eine Eisenbahnkommission über die Bedürfnisse von Fabrikarbeitern wies Waldo darauf hin, daß »jeder Dienst, der diesen Menschen eine Gewohnheit der Genauigkeit und Pünktlichkeit anerzieht und allen Arbeitgebern und allen Beschäftigten mit derselben strikten Unparteilichkeit entgegentritt, in bezug auf Löhne für geleistete Arbeitszeit eine große Wohltat für den Staat sein wird«.[19] Es sei die Pflicht der Behörden, so argumentierte er, eine Standardzeit als regulierende Autorität für die noch unorganisierten Arbeiter einzusetzen.

Waldos Motive waren wahrscheinlich nicht nur altruistischer Natur. Zunächst einmal bezog er ein Gehalt als Direktor des Zeitdienstes des Yale-Observatoriums. Dann gründete er 1880 das Horological Bureau am Winchester Observatory in Yale, das die Idee der Standardzeit durch die Einstellung und Prüfung von Uhren vorantreiben sollte. Firmen und andere Institutionen wurden aufgefordert, ihre Zeitmesser dort zur Überprüfung einzuschicken, wofür sie eine beträchtliche Gebühr zahlten. Schließlich gründete Waldo 1882 die Standard Time Company, eine Aktiengesellschaft, die genaue Zeitsignale, wiederum gegen Bezahlung, mit Hilfe des Telegrafen in Häuser und Büros übermittelte.

1883 richteten die Eisenbahngesellschaften, vor allem aufgrund der Kampagnen von Langley und Waldo, die vier Zeitzonen ein, die auch heute noch in den Vereinigten Staaten gelten. 1918 legte die Bundesregierung diese vier Zeitzonen per Gesetz fest und vollendete so die Standardisierung der Zeit in den Vereinigten Staaten.

## Die Werbung mit den Tugenden der Uhrzeit

Die Zeitdienste von Langley, Waldo und ihren Konkurrenten boten synchronisierte Systeme an, die steuernde Zentraluhren mit manchmal weit entfernten »kontrollierten« oder abhängigen Uhren verbanden. Parallel zur Ausbreitung des neuen Systems wuchs auch die Zahl der lokalen Zeitmesser. Zunächst übernahmen die großen Läden, später auch viele kleine Geschäfte den Verkauf von Uhren, die mit der Zeit der Zentraluhr verbunden werden konnten. Bald wurden überall Chronometer angeboten. Die Uhrenfabriken trieben wie Langley und Waldo beim Verkauf »ihrer« Zeit das Geschäft voran und warben intensiv für ihre Zeitmeßgeräte.

Ganz nach Waldos Vorbild war die Werbung mit der Integrität der Uhrzeit – der ihr innewohnenden Überlegenheit – eine wichtige Marketingstrategie der Uhrenproduzenten. In Werbekampagnen setzten sie sich für die moralische Tugend der Pünktlichkeit ein. Im Katalog der Electric Signal Clock Company von 1891 wurden zum Beispiel Uhren angeboten, die man so einstellen konnte, daß sie in vorher festgesetzten Abständen klingelten – etwa wie die mit einer Uhr verbundenen Klingeln, die heute an Schulen üblich sind:»Wenn es eine Tugend gibt, die jeder, der es im Leben zu etwas bringen will, stärker kultivieren sollte, so ist es die Pünktlichkeit; wenn man eine Untugend ablegen sollte, so ist es das Zuspätkommen.« Die Firma behauptete, daß ihr bestes Modell – sinnigerweise »Autokrat« genannt – »militärische Präzision liefert und Tatkraft, Pünktlichkeit und Genauigkeit lehrt, wo immer sie eingesetzt wird. Eine Schule, eine Behörde oder eine Fabrik, die dieses System installiert,« so predigte der Katalog weiter,»ist nicht länger den Launen eines vergeßlichen Glöckners oder irgendeiner Uhr ausgeliefert, denn die Bürouhr liefert jetzt die Standardzeit für den ganzen Betrieb.« Der Autokrat, so erklärte die Broschüre, werde nicht nur die Zeit standardisieren, sondern Vorarbeitern auch bisher ungeahnte Möglichkeiten verschaffen, ihre Disziplinargewalt zu vergrößern. Er »schafft eine völlig neue Situation für Bummler und Nachzügler«, legte die Broschüre dar, denn »es gibt keine Möglichkeit, sich über diese Signale zu beschweren – sie sind die Stimme des Direktors, die durch die Standarduhr in seinem Büro spricht«.[20]

Die konkurrierende Blodgett Clock Company verfolgte einen ähnlichen Ansatz zur Verkaufsförderung:»Ordnung, Pünktlichkeit und Regelmäßigkeit sind die Kardinalprinzipien, um das Denken junger Menschen zu prägen«, erklärte ihr Katalog im Jahr 1896. »Diese Prinzipien kann man in einer Schule durch nichts anschaulicher vermitteln als durch diese Uhr.« Zur Bestätigung gab der Katalog dann noch ein Beglaubigungsschreiben des Leiters einer High School in Massachusetts wieder, der erklärte, daß »kein Gehilfe in der Schule [der Blodgett-Uhr] an Pünktlichkeit und Zuverlässigkeit überlegen ist... Ich zögere nicht, sie jedem Schulbeamten zu empfehlen, der nach einem wertvollen (man könnte beinahe sagen: unverzichtbaren) Hilfsinstrument für die Schule sucht.«[21]

In den achtziger Jahren des letzten Jahrhunderts entwickelten ein New Yorker Juwelier namens Willard Bundy und ein schottischer Physiker und Mathematiker namens Alexander Dey unabhängig voneinander Systeme zur Zeitaufzeichnung, die es den Arbeitern erlaubten, ihre Arbeitszeit genau zu dokumentieren – Stechuhren, mit anderen Worten.

Um 1907 hatte eine Organisation namens International Time Recording Company, aus der später IBM hervorgehen sollte, fast alle anderen Hersteller von Stechuhrensystemen aufgekauft. O'Malley berichtet, daß auch diese Firma ihr Produkt durch Appelle an die Tugend der Pünktlichkeit zu verkaufen suchte. Der Katalog der International Time Recording Company aus dem Jahr 1914 erklärte, daß Stechuhren »Geld sparen, die Disziplin fördern und die tatsächliche Arbeitszeit steigern«. Außerdem führe »eine so aufgezeichnete Zeit... zu mehr Pünktlichkeit, weil sie jedem einzelnen den Wert der Zeit deutlich macht«. Diese Geräte, so wurde behauptet, verbesserten die Arbeitsmoral im Betrieb. »Es gibt nichts Schädlicheres für die Disziplin einer Firma«, las man in einer anderen Broschüre, »und nichts Katastrophaleres für ihre ruhige und gewinnbringende Arbeit als eine Gruppe von Menschen, die nicht regelmäßig da ist, die zu spät kommt und zu den seltsamsten Zeiten die Fabrik verläßt.« Die neuen Zeitaufzeichner versprachen, beim »Jäten dieses unerwünschten Unkrauts« zu helfen.[22]

Die moralischen Türwächter der neuen Industriegesellschaft waren überzeugt von den Tugenden der Uhrzeit und mehr als bereit, sich selbst für ihre Verbreitung einzusetzen. Der Zuspätkommende wurde als sozial tieferstehend und in einigen Fällen als moralisch minderwertig charakterisiert.

Die dringende Notwendigkeit eines auf Pünktlichkeit ausgerichteten Verhaltens tauchte in Form einer besonders plumpen »Missionierung« auch in den Schulbüchern auf. Eine Leseübung aus dem Jahr 1881 für die fünfte Klasse begann zum Beispiel mit folgendem Szenario: »Ein Eisenbahnzug raste mit fast blitzartiger Geschwindigkeit dahin. Der Zugführer hatte Verspätung, aber er hoffte die Kurve sicher zu nehmen... plötzlich gab es einen Zusammenstoß: Ein Kreischen, ein Aufprall, und fünfzig Seelen waren in der Ewigkeit, und das alles nur, weil ein Zugführer zu spät dran war.« In der Lektion ging es dann noch um ein Geschäft, das bankrott ging, weil ein Mittelsmann eine Zahlung zu spät überreichte, und um einen unschuldigen Mann, der hingerichtet wurde, weil ein Bote mit seiner Begnadigung fünf Minuten zu spät kam. In einem fulminanten Finale behaupteten die Autoren des Lesebuchs schließlich: »Napoleon starb als Gefangener auf St. Helena, weil einer seiner Marschälle zu spät kam.« (»Wenn Napoleons Marschälle doch nur dieses Lesebuch gehabt hätten«, seufzt Michael O'Malley.) Die Übung schließt mit den Worten: »Es ist immer so im Leben: Die raffiniertesten Pläne, die wichtigsten Angelegenheiten, ganze Vermögen, Ehre, Glück, das Leben selbst, werden täglich geopfert, weil jemand zu spät kommt.«[23]

Der Charakterzug der Pünktlichkeit wurde immer stärker mit Leistung und Erfolg gleichgesetzt. Das Leben nach der Uhrzeit wurde ein konstituierendes Element einer neuen Schicht von Aufsteigern. Der Besitz einer Uhr wurde Symbol des Eintritts in diese Bruderschaft. Der Historiker John Cawelti hat dargelegt, daß in den Horatio-Alger-Geschichten der gute Anzug und die Uhr die beiden wichtigsten Attribute für den Aufstieg des Helden in die Mittelklasse waren. »Die neue Uhr«, so erklärt Cawelti, »zeigt an, daß der Held eine höhere Position erreicht hat, und ist ein Symbol der Pünktlichkeit und seiner Achtung für die Zeit.«[24] Uhren wurden zu so hochgeschätzten Statussymbolen, daß einige ärmere

Amerikaner »Uhrenklubs« gründeten. Das waren im Grunde Uhr-Lotterien, in die jeder Teilnehmer jede Woche einen bestimmten Betrag einzahlte, der für den Kauf einer Uhr verwendet wurde. Und am Ende der Woche zogen sie Strohhalme, um zu sehen, wer den Preis nach Hause trug.

Selbst die ordentliche Pflege der Uhr wurde als ein Zeichen des Charakters angesehen. Die Uhr begründete die Identität und verkündete den gesellschaftlichen Status.

## Frederick Taylors Rationalisierungsideen

Die Begeisterung für die Uhrzeit erreicht mit Frederick Taylor und seinem System des »Efficiency Engineering« einen Höhepunkt. Bekannt als der »Vater des wissenschaftlichen Managements«, zog Taylor mit der Uhr in einen Kreuzzug für den Heiligen Gral des Firmenmanagements: absolute Effizienz. Eine interessante Erfindung der Bewegung für wissenschaftliches Management waren zum Beispiel die Bewegungs-Zeitstudien, ein geistiges Kind von Frank Gilbreth, einem frühen Schüler Taylors. Man filmte jede einzelne Bewegung eines Arbeiters, um einerseits die Arbeiten in einer Fabrik in ihre Komponenten zu zerlegen und andererseits Standardzeiten für jede Körperbewegung festzulegen. Für quasi jede Aufgabe wurden optimale Zeiten, gemessen nach Sekundenbruchteilen, errechnet. In diesem Prozeß, so beschreibt es Jeremy Rifkin,

wurden die verschiedenen Bewegungen mit Standardnamen belegt, wobei Maschinenterminologie verwendet wurde. So bezog sich zum Beispiel »Kontaktgriff« auf das Aufheben eines Gegenstandes mit den Fingerspitzen. »Stanzgriff« bedeutete, daß der Daumen dem Finger gegenüberstand. »Wickelgriff« bedeutete, daß man die Hand um den Gegenstand legte ... erforderte die Aufgabe das Aufheben eines Bleistiftes, so wurde dies folgendermaßen beschrieben: Transport leer, Stanzgriff, Transport beladen.[25]

Zunächst wurden optimale Standards errechnet, dann wurde die Zeit gemessen, die jeder Arbeiter für jede Bewegung brauchte. Die Fabrikbesitzer trennten dann alle »überflüssigen« Bewegungen – wie Reden, Gähnen, Am-Kopf-Kratzen – von denen, die direkt für die Herstellung des gewünschten Produkts notwendig waren. Die Genauigkeit dieser Messungen wurde schließlich bis auf die Zehntausendstelminute perfektioniert. Taylor glaubte, daß seine Methode des wissenschaftlichen Managements zu einer vollkommen stromlinienförmigen »Standardzeit« für jede Arbeit führen würde, wenn man sie objektiv anwandte.

Taylors Technik wurde dann auf die Fabrik als Ganzes übertragen. Nach Festsetzung der minimalen Standardzeit für jede Arbeit wurden die einzelnen Stufen des Prozesses zu einer schrittweisen Abfolge unter der Kontrolle der steuernden Uhr im Zentralbüro verknüpft. Wenn die Arbeiter mit einem Auftrag begannen oder ihn fertigstellten, mußten sie ihre Lochkarte in eine vom Büro aus geregelte abhängige Uhr stecken. Diese Karten liefen bei einem »Zeitsekretär« im zentralen Planungsbüro zusammen, wo die verbrauchte Zeit mit dem offiziellen Standard verglichen wurde.

Bewegungs-Zeitstudien sind auf nahezu jede Arbeitsumgebung angewandt worden. Selbst die kleinsten Aufgaben sollten eine Standardzeit bekommen. Eine Liste der Systems and Procedures Association of America schlägt zum Beispiel Zielzeiten für Aktivitäten wie diese vor: Aktenschublade, öffnen und schließen, keine Auswahl = 0,04 Minuten; Schreibtisch, mittlere Schublade öffnen = 0,026 Minuten; mittlere Schublade schließen = 0,027 Minuten; Seitenschublade des Standardschreibtischs schließen = 0,015 Minuten; Aufstehen von Stuhl = 0,033 Minuten; Setzen auf Stuhl = 0,033 Minuten; Drehstuhl drehen = 0,009 Minuten; im Stuhl zu Nebentisch oder Aktenschrank rollen (1,20 m max.) = 0,05 Minuten.[26]

Durch den Taylorismus erreichten der Wert der Effizienz und die Bedeutung der Uhrzeit eine ganz neue Stufe. Der Wirtschaftswissenschaftler Harry Braverman meint, daß die Arbeit Taylors und seiner Schüler »durchaus der einflußreichste und auch der dauerhafteste Beitrag sein [kann], den Amerika seit den Federalist Papers zum westlichen Denken geleistet hat«.[27] »Der neue Mensch«, so beobachtet Jeremy Rifkin, »sollte objektiviert, quantifiziert und in Uhrwerk- und Maschinensprache neu definiert werden ... Vor allem sollten sein Leben und seine Zeit mit der Uhr gleichgeschaltet werden, mit den Erfordernissen des Zeitplans und den Diktaten der Effizienz.«[28] Nach kurzer Zeit stand die Stoppuhr selbst für den Taylorismus, und schließlich brachte sie die Feinde des Ticktackmannes gegen sich auf.

### Der Kampf gegen die neue Zeit

Die Götter verwünschen den Mann, der als erster entdeckt hat, wie man Stunden unterteilt – verwünsch ihn auch, ihn, der an dieser Stelle eine Sonnenuhr aufgestellt hat, um meine Tage so scheußlich zu zerschneiden und in kleine Stücke zu zerhacken! Als ich ein Junge war, war mein Magen meine Sonnenuhr – eine zuverlässigere, wahrhaftigere und genauere als jede andere. Diese Sonnenuhr gab an, wann es an der Zeit war, zum Essen zu gehen, wann ich essen sollte; Doch heutzutage darf ich, selbst wenn ich etwas habe, mich nicht darüber hermachen, bis die Sonne es mir erlaubt. Die Stadt ist so voll von diesen verwünschten Uhren ...

GESCHRIEBEN VOR ETWA ZWEITAUSEND JAHREN
VON DEM RÖMISCHEN KOMÖDIENDICHTER PLAUTUS

Im frühen 20. Jahrhundert hatte sich die Uhrzeit besonders in den Vereinigten Staaten fest als Organisator des öffentlichen Lebens etabliert. Doch nicht jeder begrüßte die neue Zeit mit offenen Armen. Viele Menschen erkannten die grundlegende Bedeutung der Zeitstandardisierung und fürchteten ihre Folgen. Sie begriffen, daß damit ein neues Konzept der Zeitrechnung und, besonders gefährlich, auch neue Prioritäten für die gesellschaftliche Ordnung eingeführt wurden. Ein Teil der Kritik zielte auf den Vorgang der Standardisierung, ein anderer beschäftigte sich allgemeiner mit der Tyrannei und starren Härte der Uhr.

Der Vorgang der Standardisierung traf auf besonders lautstark geäußerten Widerstand. Seit Beginn der Standardisierungsbewegung Mitte des 19. Jahrhunderts hatte es immer wieder Proteste aufrührerischer Kritiker gegeben, die die neue Herrschaft der Uhr nicht anerkennen wollten. So beobachtete der New Yorker *Herald* 1883, daß die Standardzeit »über die öffentlichen Interessen der Menschen hinausgeht und als Teil ihrer selbst in ihr Privatleben Eingang findet«. Die *Washington Post* beschrieb die Standardisierung als »kaum weniger umwälzend als die Kalenderreformen, die Julius Caesar und später Papst Gregor XIII. durchsetzten«.[29]

Zwischen 1883 und 1918, als die neue Zeit in der Industrie umgesetzt, aber noch nicht durch staatliche Gesetze abgesichert war, schrien oft die Lokalzeitungen auf. »Wir wollen unseren eigenen Mittag behalten«, schrieb der angesehene *Evening Transcript* aus Boston, als Gerüchte über den Plan der Eisenbahngesellschaften ruchbar wurden. Das *Courier Journal* aus Louisville nannte die Standardisierung einen »gigantischen Betrug«, »eine Notlüge« und »einen Schwindel«. Michael O'Malley gibt einen Leserbrief an den Herausgeber der Zeitung wieder:

»Können Sie mir sagen« [so fragte der Brief], »ob jemand die Autorität und das Recht besitzt, die Stadtzeit ohne die Zustimmung der Menschen zu ändern, und welchen Vorteil Louisville daraus ziehen könnte?« Die Redaktion antwortete, daß es keine solche Autorität gebe und man wahrscheinlich auch keinen Vorteil aus etwas ziehen könne, das »nur ein versteckter Schritt in Richtung Zentralisierung [sei] ... ein im dunkeln verübter Anschlag auf die Rechte unseres geliebten Bundesstaates. Wird es, wenn sie alle unsere Uhren dazu gebracht haben, im gleichen

Takt zu ticken«, so fragte die Zeitung alarmiert,»nicht eine weitergehende Bewegung geben, um die Zeitzonen in Distrikte oder Provinzen umzuwandeln?«[30]

Besonders lautstarker Widerspruch kam unter anderem aus Ohio. Die *Commercial Gazette* aus Cincinnati, dessen Ortszeit um 22 Minuten zurückgedreht werden sollte, schrieb:»Der Vorschlag, daß wir uns um fast eine halbe Stunde von der tatsächlichen Uhrzeit entfernen sollen, um uns so einer gedachten Linie durch Pittsburgh anzupassen, ist einfach lächerlich ... laßt die Menschen in Cincinnati bei der Wahrheit bleiben, wie sie von der Sonne, dem Mond und den Sternen bezeugt wird.«

Die *Commercial Gazette*, die es als »große Dummheit« bezeichnete, sich den Bedürfnissen der Eisenbahn anzupassen, veröffentlichte noch bis 1890 Zugfahrpläne unter der Überschrift:»Nach Cincinnati-Zeit. Zweiundzwanzig Minuten schneller als Eisenbahnzeit.«[31]

Neben dem Widerstand gegen die Standardisierung ging es viel allgemeiner auch um die Herrschaft der Uhr über die Zeit im täglichen Leben. Diese Kämpfe wurden noch hartnäckiger und verbissener geführt als jene gegen die Standardisierung. Es ist keine Übertreibung, wenn man sagt, daß die Angriffe auf die Uhrzeit eigentlich oft gegen die Grundwerte des modernen Lebens überhaupt gerichtet waren.

Es gab Widerstand verschiedenster Art und Richtung, zum Beispiel gegen den Taylorismus und seinen mechanistischen Zugang zum Menschen. So erklärte während der Kongreß-Anhörungen zum Taylorismus im Jahr 1912 ein Maschinist:»Ich habe nichts dagegen, wenn man feststellt, wie lange [eine Arbeit] dauert, aber ich habe etwas dagegen, wenn sie mit einer Stoppuhr neben mir stehen, als wäre ich ein Rennpferd oder ein Auto.«[32]

Der Protest richtete sich auch gegen die kontrollierenden Aspekte der Uhrzeit – das Gulliver-Argument. Diese Kritiker fragten oft, ob eine Gesellschaft, die zuläßt, daß ihre Existenz von einem künstlichen Mechanismus diktiert wird, überhaupt noch gesund sein kann. Die ausdrucksstärksten Attacken gegen die Vernichtung der natürlichen Zeit sind meist in der Literatur zu finden. Kurt Vonnegut schreibt zum Beispiel in *Schlachthof 5:*

> Die Zeit verging nicht. Jemand spielte mit den Uhren, und nicht nur mit den elektrischen Uhren, sondern auch mit denen zum Aufziehen. Der zweite Zeiger meiner Uhr ruckte einmal voran, und ein Jahr verging, und dann ruckte er wieder.
> Es gab nichts, was ich dagegen tun konnte. Als Erdling mußte ich glauben, was auch immer die Uhren sagten – und die Kalender.

Und Peter Beagle erklärt in *Das letzte Einhorn:*

> Als ich lebte, glaubte ich – wie du es tust –, daß die Zeit wenigstens so real und körperlich war wie ich selbst, und wahrscheinlich noch realer und körperlicher. Ich sagte »ein Uhr«, als ob ich es sehen konnte, und »Montag«, als ob ich es auf einer Landkarte finden konnte ... Wie alle anderen lebte ich in einem Haus, das aus Sekunden und Minuten, Wochenenden und Neujahrstagen gebaut war, und ich ging nie hinaus, bis ich starb, weil es keine andere Tür gab. Jetzt weiß ich, daß ich durch die Wände hätte gehen können.

Ein zusätzlicher Quell des Zorns war der Verlust der natürlichen Zeit. Der Publizist Charles Warner wandte sich kurz nach der Erfindung der Standardzeit im Jahr 1884 gegen die Härte und Unflexibilität einer nach der Uhr gelebten Zeit: »Das Zerhacken der Zeit in starre Perioden ist ein Angriff auf die persönliche Freiheit und läßt keine Unterschiede in Temperament und Wahrnehmung zu.«[33]
Norman Mailer hat die unorganische Monotonie einer Zeit angegriffen, in der das ganze Leben geplant und in Termine gepreßt ist, in der Ereignisse forciert werden, um den Erfordernissen der Uhr zu genügen. In *Ein amerikanischer Traum* aus dem Jahr 1964 setzt er die unorganische Zeit mit der Hölle selbst gleich. Einer seiner

Protagonisten erlebt eine »Höllenvision«, als er das Penthouse eines in der amerikanischen Machthierarchie hoch aufgestiegenen Mannes besucht:

... eine Uhr aus dem 19. Jahrhundert, zweieinhalb Meter hoch mit Gesichtern im Basrelief: Franklin, Jackson, Lincoln, Cleveland, Washington, Victoria; das Jahr: 1888; rings um die Uhr war ein Tulpenbeet angelegt, das so stark nach Plastik aussah, daß ich mich bückte, um die Blumen zu berühren, und feststellte, daß sie echt waren.

Einige Kritiker glauben wie Jeremy Rifkin, daß die Computer-Zeit der letzte Nagel zum Sarg der natürlichen Zeit ist: »Die im Computer bearbeiteten Ereignisse existieren in einem Zeitbereich, den wir niemals werden erfahren können. Die neue ›Rechenzeit‹ (Anm. d. Ü.: engl. ›computime‹) stellt die endgültige Abstraktion der Zeit und ihre völlige Trennung von menschlicher Erfahrung und den Rhythmen der Natur dar.«[34]

Doch selbst in den besonders uhrorientierten Kulturen hebt die Zeit der Natur zu besonderen Gelegenheiten noch ihren nostalgischen Kopf. Wenn sie von den Kräften der Natur umgeben sind, kehren auch Uhrzeit-Menschen normalerweise zu »primitiveren« Methoden der Zeitrechnung zurück. Der verstorbene Schriftsteller Alex Haley hat einmal beschrieben, daß er so gerne mit kleinen Frachtern auf dem Atlantik herumfuhr, weil diese Art zu reisen seinen Zeitsinn beeinflußte: »Sobald man ein paar Tage auf See ist, wird die Zeit bedeutungslos. ›Was für einen Wochentag haben wir?‹ wird zu einer häufigen Frage, und die Tage werden durch das Wetter oder den Seegang charakterisiert, oder durch ein besonderes Ereignis wie etwa ›der Tag, nachdem wir die riesige Herde Suppenschildkröten gesehen hatten‹.«[35] Haley war auch fest davon überzeugt, daß er im Griff der natürlichen Zeit die besten Werke zu Papier brachte.

Auch Naturkatastrophen führen oft zu einer ähnlichen »Regression« in der Zeitrechnung. Während der verheerenden Überschwemmungen im Mittleren Westen der Vereinigten Staaten im Sommer 1993 fragte die *New York Times* einen Einwohner von Missouri nach der Nacht, in der er alles verlor. Der Mann, so berichtet die Zeitung, »erinnert sich an alles, was in der Nacht geschah, als der Fluß ihn und seine Frau zwang, das Haus zu verlassen, in dem sie 27 Jahre lang gelebt hatten – außer daran: ›Ich kann Ihnen nicht sagen, welcher Tag es war … alles, was ich Ihnen sagen kann, ist, daß der Flußpegel bei 26 Fuß stand, als wir das Haus verließen.‹« Der Artikel trug die Überschrift »Sie messen die Zeit nach Fuß«.[36]

## Zeitkriege

> Durch das Aufzwingen seines eigenen Tempos wurde der Feind zum Herrn der Zeit, und die Zeit selbst wurde unser Feind.
>
> ELIE WIESEL, *Alle Flüsse fließen ins Meer*

Jeremy Rifkin hat den *homo sapiens* als das einzige »zeitbindende« Lebewesen beschrieben. »All unsere Wahrnehmungen von uns selbst und der Welt werden über die Art vermittelt, wie wir uns Zeit vorstellen, wie wir sie erklären, benutzen, erfüllen.«[37] So überrascht es nicht, daß die Menschen sehr heftig reagieren, wenn man ihr Zeitverständnis beeinflussen will. Die Kritiker der Standardisierung und der Uhrzeit überhaupt verwenden in ihren Attacken so drastische Ausdrücke, als ginge es um Leben und Tod. Unsere Überzeugungen in bezug auf die Zeit sind in einem sehr persönlichen Bereich tief in unserer Psyche verwurzelt, und schon die kleinste Einmischung trifft oft auf erbitterten Widerstand.

Der Aufruhr im Gefolge der Standardisierung und der neuen Uhrzeit in den Vereinigten Staaten war nur einer von vielen Zeit-Kriegen. Auseinandersetzungen über den Takt des Lebens standen bei vielen Kämpfen auf den unterschiedlichsten Ebenen im Mittelpunkt. Im persönlichen Bereich etwa gibt es wenige größere Reibungspunkte zwischen Paaren als die Frage, wie man die Zeit verbringt, wann man eine Aktivität beginnt und wann man heimgeht, wer zu schnell, wer zu langsam ist und wer auf wen warten muß. Jenny Shaw, eine Soziologin an der University of Sussex in England bat mehr als 700 Menschen, über ihre Erfahrungen mit Zeit und Pünktlichkeit zu berichten. Besonders interessant war, mit welcher emotionalen Intensität die Menschen schrieben. Eine Frau beklagte sich zum Beispiel:

Mein Ehemann war total fanatisch, wenn es um Pünktlichkeit ging...er wurde unglaublich wütend, wenn jemand zu spät kam...war wirklich unverschämt und pflegte eine ganze Zeitlang seine schlechte Laune. Ich warte auch nicht gern auf andere, aber ich sehe keinen Sinn darin, sich aufzuregen, wenn jemand zu spät kommt. Aber schließlich verhalten sich Frauen allgemein sensibler und rationaler als Männer, wenn etwas schiefgeht.

Eine andere Befragte schrieb über die verschieden tickenden psychischen Uhren in ihrer Ehe:»In den ersten Jahren unseres Ehelebens stritten wir uns darüber öfter als über alles andere, einmal abgesehen vom leidigen Geld.«[38]

Das hätte den verstorbenen Psychologen William Kir-Stimon, der sich während seines ganzen Arbeitslebens immer wieder mit der Bedeutung des persönlichen Tempos für die Paarbeziehung beschäftigte, sicher nicht überrascht. Kir-Stimon, Herausgeber von *Voices*, einer Zeitschrift für Psychotherapeuten, stellte fest, daß»zeitliche Territorialität« und»Tempostasis«, wie er es nannte, oft eine gleichgewichtige und synchrone Kommunikation zwischen Partnern entstehen lassen. Er behauptete, daß es neben offensichtlichen kulturellen und familiären Faktoren auch eine genetische Veranlagung für individuelle Tempounterschiede gebe. Kir-Stimon konzentrierte sich in Therapiesitzungen auf diese Zeitkonflikte. Manchmal stellte er zum Beispiel Metronome zur Verfügung, die beide

Partner auf die jeweils von ihnen gewünschte Taktfrequenz einstellen sollten. Diese Informationen nutzte er, um den Paaren ihre unterschiedliche Wahrnehmung deutlich zu machen und ihre Zeitkonflikte zu lösen.[39] Eine unterschiedliche Zeitwahrnehmung läßt manchmal auch Schwierigkeiten zwischen Eltern und Kindern entstehen. Schon kurz nach der Geburt spüren Mütter manchmal eine gewisse Angst, wenn ihre Kinder beim Stillen zu langsam oder zu schnell trinken. Wenn die Mutter nicht lernt, das Tempo ihres Kindes zu akzeptieren, entstehen Spannungen zwischen ihr und dem Kind.

Noch heftigere Machtkämpfe um die Zeit toben oft auf der höheren Ebene der Nationen und Kulturen. Historisch gesehen haben die religiösen Autoritäten die Kontrolle über den Kalender dazu benutzt, ihre Macht zu stärken und zu legitimieren. Revolutionäre wiederum haben sich in ihrem Kampf um die Herzen und Köpfe der Massen oft auf das Zeitsystem des herrschenden Regimes konzentriert. Es ist allerdings ein Beweis für die tiefen Wurzeln von Zeitnormen, daß Revolutionen in der Zeitmessung fast immer nur von kurzer Dauer waren.

Ein besonders radikaler Versuch eines solchen Wandels fand im Zuge der Französischen Revolution statt. 1793 beschloß die französische Nationalversammlung, den reaktionären gregorianischen Kalender durch einen »Revolutionskalender« zu ersetzen. Unter anderem wurde festgelegt, daß das Jahr 1792 der christlichen Ära das Jahr 1 des neuen republikanischen Kalenders sei; jedes neue Jahr sollte am 22. September des alten Kalenders beginnen, jeder Monat sollte dreißig Tage haben, fünf Extratage sollten am Ende des Jahres angehängt werden; die Monate wiederum sollten in drei Zehn-Tage-Abschnitte untergliedert werden, die Tage in zehn Einheiten statt in 24 Stunden.[40] Außerdem wurde verkündet, daß die Zeit von jetzt an in *decades* gemessen würde – Minuten und Sekunden im Dezimalsystem.

Ziel dieser massiven Veränderungen war, wie der Soziologe Eviatar Zerubavel deutlich gemacht hat, nichts anderes als der

Versuch, »durch die Festlegung eines neuen Rhythmus des kollektiven Lebens soziale Kontrolle zu gewinnen«.[41] Der neue Kalender stieß allerdings innerhalb wie außerhalb Frankreichs auf schärfste Ablehnung. Ein Problem war, daß in der Zehn-Tage-Woche der zehnte Tag den alle sieben Tage wiederkehrenden Sabbat ersetzte, was wiederum bedeutete, daß sich die jährlichen Ruhetage von 52 auf 36 verringerten. Der neue Kalender beschnitt außerdem die Zahl der Feiertage um mehr als die Hälfte. Aus diesen und vielen anderen Gründen wurde diese neue Art der Zeitmessung nach 13 unbehaglichen Jahren abgeschafft.

Die Führer der Russischen Revolution versuchten, die Zeit in einem ähnlichen Handstreich für sich zu vereinnahmen. 1929 führte Josef Stalin einen Revolutionskalender ein, der das christliche gregorianische Jahr ersetzen sollte. Zunächst beruhte das neue System auf einer Fünf-Tage-Woche – vier Tage Arbeit und ein Ruhetag – und jeweils sechswöchigen Monaten. Später verordnete es einen sechstägigen Wochenzyklus. Dieses revolutionäre Projekt scheiterte 1940, als auch die Sowjetunion zum vertrauten gregorianischen Kalender zurückkehrte.[42]

Jeremy Rifkin prophezeit, daß Zeit-Kriege wie diese die Politik der Zukunft noch sehr viel stärker prägen werden. Er schreibt:»Über die Politik der Zeit ist eine Schlacht im Gange. Ihr Ausgang könnte den künftigen Kurs der Politik für die ganze Welt im kommenden Jahrhundert bestimmen.« Die traditionelle Spaltung des politischen Spektrums in einen linken und einen rechten Flügel verschiebt sich, so erklärt Rifkin,»zu einem neuen zeitlichen Spektrum hin..., mit ökologischen Rhythmen an einem Pol und künstlichen Rhythmen am anderen.« Diejenigen, die sich an den künstlichen Zeittakten der Macht ausrichten, fühlen sich den Werten der Effizienz und Schnelligkeit verpflichtet, die der Devise »Zeit ist Geld«, dem Dogma des modernen Industriezeitalters, zugrundeliegen. Fürsprecher der ökologischen Zeitwahrnehmung wenden sich gegen »die künstlichen Zeitwelten, die wir geschaffen haben... Sie sind daran interessiert, das menschliche Bewußtsein zu einer mehr empathischen Einheit mit den Rhythmen der Natur zurückzulenken.« Rifkin sagt voraus, daß »die lange als räumliche Wissenschaft angesehene Politik ... nun zunehmend als Zeitkunst gesehen [wird].«[43]

## Der Tod des Ticktackmannes

Zeitgewohnheiten sterben nur sehr langsam. Ebenso wie die Amerikaner bewußt gegen die Standardzeit und die Franzosen und Russen gegen ihre Revolutionskalender opponierten, werden die Menschen weiterhin gegen ungebetene Kontrollen ihrer bevorzugten »natürlichen« Lebensgeschwindigkeit kämpfen. Selbst kleine Veränderungen nehmen sie sofort wahr.

In den vergangenen eineinhalb Jahrhunderten hat sich der Aufruhr meist auf die Umwandlung des ruhigen Stroms der natürlichen Zeit in die abgetrennten, gemessenen Momente der mechanischen Uhr konzentriert. In den letzten Jahren allerdings kamen die Veränderungen in der Zeitmessung aus vielen verschiedenen Richtungen. Ein neuerer Herausforderer der Natur-Zeit, aber auch der mechanischen Uhr mit Zifferblatt, ist der digitale Zeitmesser. Auch er traf auf Widerstand. Joseph Meeker macht sich zum Beispiel in einem Artikel in *Minding the Earth Quarterly* folgende Gedanken über seine Digitaluhr:

Wie genau Uhren auch immer sein mögen, sie liefern nicht die Wahrheit über die Zeit. Meine konventionelle Uhr (heutzutage als »analoges« Modell bezeichnet) ist ein symbolisches Arrangement von Zahlen, die die zwölf aufeinander folgenden Stunden repräsentieren, mit sich ständig bewegenden Zeigern zur Veranschaulichung der vergehenden Zeit. Wenn ich auf diese Uhr blicke, sehe ich eine Zwölf-Stunden-Spanne und stelle fest, welchen Teil davon ich gerade durchlaufe. Die Uhr mißt die Zeit, indem sie ihr Objekt im Raum neu arrangiert. Das läuft analog zu den Abläufen im Sonnensystem ab. Die Schnelligkeit des Stundenzeigers ergibt sich aus der Schnelligkeit der täglichen Erdrotation. Wenn ich also auf mein Handgelenk schaue, werde ich daran erinnert, daß die Erde in Bewegung ist.

Digitale Uhren drücken keinen solchen Zusammenhang aus. Als unvollständige Instrumente sind sie unfähig, mehr als jeweils einen Zeitpunkt zu erfassen, ohne einen Hinweis auf den Prozeß, der auch das einschließt, was vorbei ist und was kommen wird. Ein digitaler Zeitmesser ähnelt einem hochgezüchteten Spezialisten, der nur gelernt hat, eine Sache zu tun, aber die sehr gut, und alles Drumherum, alle Beziehungen zu ignorieren. Digitale Uhren und eine beschränkte Vorstellungskraft passen sehr gut zusammen und sind beide Zeichen unserer Zeit.[44]

Könnte es sein, daß der nächste Schritt in der Entwicklung der Uhrzeit wieder zurück zur Sehnsucht nach dem Ticktackmann führen wird? Für eine Rückkehr zur *echten* Zeit von Stunden- und Minutenzeigern? Als ich vor einigen Jahren in Tallahassee, Florida, lebte, versuchten die Kommunalpolitiker ein Gesetz durchzubringen, mit dem die Ortszeit an die Sommerzeit der Umgebung angepaßt werden sollte. Als Gegner dieser Maßnahme startete eine fundamentalistische Gruppe einen wütenden Werbefeldzug, mit dem sie die Menschen ermutigen wollte, bei der alten Standardzeit zu bleiben. Ihr Slogan lautete: »Laßt uns Gottes natürliche Zeit bewahren!«

Wie wir unsere Zeit definieren und messen, ist in der Tat fast schon eine Sache der religiösen Überzeugung. Und die Menschen wechseln ihre Religion nicht so leicht.

# 4
# Leben nach der Ereigniszeit

In einer Welt, in der die Zeit nicht gemessen werden kann, gibt es keine Uhren, keine Kalender, keine eindeutigen Verabredungen. Ereignisse werden durch andere Ereignisse ausgelöst, nicht durch den Fortgang der Zeit. Man beginnt mit dem Hausbau, wenn das Bauholz und die Steine an der Baustelle eintreffen. Der Steinbruch liefert Steine, wenn der Steinbruchbesitzer Geld braucht. ... Züge fahren aus dem Bahnhof, wenn sämtliche Plätze in den Waggons besetzt sind ... Vor langer Zeit, bevor es die Große Uhr gab, wurde die Zeit anhand von Veränderungen der Himmelskörper gemessen: an der langsamen Wanderung der Sterne über den Nachthimmel. Am Bogen der Sonne und den Schwankungen des Lichts, am Zu- und Abnehmen des Mondes, an den Gezeiten des Meeres und den Jahreszeiten. Die Zeit wurde auch am Herzschlag gemessen, an den Rhythmen der Schläfrigkeit und des Schlafs, an der Wiederkehr des Hungers, am Menstruationszyklus von Frauen, an der Dauer der Einsamkeit.

ALAN LIGHTMAN, *Und immer wieder die Zeit*[1]

Jeder, der einmal im Ausland war – oder auch nur im Sprechzimmer eines Arztes gesessen hat –, weiß, daß die Uhr, ja selbst der Kalender, manchmal nicht mehr als schmückendes Beiwerk sind. Bei diesen Gelegenheiten beginnt und endet das bevorstehende Ereignis oft ohne jede Beachtung der formalen Angaben eines Zeitmessers. Wir in der industrialisierten Welt erwarten Pünktlichkeit, obwohl es ein Leben nach der Uhrzeit in der Geschichte noch nie zuvor gegeben hat. Doch nicht nur aus historischer Perspektive ist dieser Umgang mit der Zeit ungewöhnlich: Auch heute noch ist die Vorstellung, nach der Uhr zu leben, weiten Teilen der Welt völlig fremd.

Ein besonders signifikanter Unterschied im Takt des Lebens liegt darin, ob die Menschen die Uhrzeit benutzen, um den Anfang und das Ende von Aktivitäten festzulegen, oder ob sich diese Aktivitäten nach ihrem eigenen spontanen Zeitplan entwickeln dürfen – ob man also nach der Uhrzeit oder nach der Ereigniszeit lebt. Der Unterschied zwischen Uhrzeit und Ereigniszeit besteht nicht nur in einem unterschiedlichen Tempo, auch wenn das Leben der Uhrzeit-Menschen sicher meist schneller ist. Lassen Sie mich das an einem persönlichen Beispiel erklären.

Ein paar Jahre nach meinem Aufenthalt in Brasilien hatte ich Anspruch auf ein Freisemester an meiner Universität. Ich beschloß, dieses »der Ruhe und Erholung« gewidmete Halbjahr in eine Studie über die internationalen Unterschiede im Lebenstempo zu investieren und die Gelegenheit zu nutzen, um mir einen Kindheitstraum zu erfüllen – eine Reise um die Welt.

Wohin genau ich gehen würde, war nicht ganz klar. Der Ausdruck »Reise um die Welt« klang so wunderbar, aber ich muß zugeben, daß ich nicht ganz sicher war, was das eigentlich bedeutete. Ich war in Erdkunde nie besonders gut gewesen und hatte nur eine grobe Vorstellung davon, wo sich die einzelnen Staaten der Welt so in etwa befinden, und noch weniger Ahnung von ihren Eigenarten. Ohne zu wissen, was auf mich zukam, konnte ich auch die Reiseroute und die Länge der einzelnen Stops nicht genau planen. Ich beschloß statt dessen, einfach ins Blaue hinein zu fahren. Glücklicherweise erlaubte mir mein Forschungsvorhaben, spontan zu entscheiden, wann und wo ich unterwegs die notwendigen Daten sammeln wollte.

Ich kaufte eine Weltkarte und markierte die vier exotischsten Sehenswürdigkeiten, die mir einfielen: die Chinesische Mauer, den Mount Everest, das Tadsch Mahal und die ägyptischen Pyramiden. Dann zog ich eine Linie, die diese Markierungen miteinander verband. Obwohl ich mir nicht sicher war, daß ich alle diese Weltwunder tatsächlich sehen würde, gaben sie meiner Reise doch gewisse Umrisse. Ich wollte an die Küste Westasiens fliegen und dann in grob westlicher Richtung auf dem Landweg rund um den Globus reisen. Als ich nach dem äußersten westlichen Rand Asiens suchte, landete mein Finger auf Indonesien.

Dann besorgte ich mir ein einfaches Flugticket nach Jakarta, mit Zwischenstops in Japan, Taiwan und Hongkong. Von Indonesien aus wollte ich über die Malakka-Halbinsel nach Thailand und von dort aus Richtung Westen, Richtung Heimat reisen. Meine einzigen Regeln dabei waren, nie besser als Zweiter Klasse zu fahren und so weit wie möglich auf dem Boden zu bleiben. Ich kündigte meine Wohnung, verlieh mein Auto, lagerte meine Sachen irgendwo ein und erzählte jedem, der es wissen mußte, daß ich jetzt für ein Semester nicht da sein würde. (Professoren denken nicht in Monaten. Unsere Zeiteinheit ist das Semester.) Aus dem einem Semester wurden zwei (ein Jahr, inklusive Sommerferien).

Die Reise begann mit einem Flug von San Francisco nach Tokio. Ich richtete mich für den langen Flug ein und überlegte, was ich jetzt machen sollte. Mein erster Gedanke war, daß ich keine Schlüssel in der Tasche hatte. Der nächste, daß ich statt eines Terminkalenders zum erstenmal in meinem Leben eine Zeitschrift mit mir herumtrug. Dann wurde mir bewußt, daß ich keine Verpflichtungen hatte. Ich mußte nichts erledigen außer meine sehr flexibel angelegten Forschungen. Ich mußte ganze sechs Monate lang nie zu einer festgelegten Zeit an einem festgelegten Ort sein. Kein Zeitplan würde mir irgendwie in die Quere kommen. Ich konnte die Gelegenheiten auf mich zukommen lassen und die auswählen, die mir interessant erschienen. Ich war frei, frei, frei!

Meine Freude hielt eine halbe Minute an. Dann kam die Angst: Was, um alles in der Welt, würde ich ein ganzes Semester ohne einen Zeitplan anfangen? Ich blickte in die Zukunft und sah ein einziges großes Nichts vor mir. Wie sollte ich meine Zeit füllen? Ich habe mich nie in meinem Leben so sehr nach einer Verabredung gesehnt – egal mit wem, egal wozu. Es war wirklich erbärmlich. Hier saß ich, freier und mobiler als die meisten Menschen der Welt es sich auch nur träumen lassen konnten. Marlon Brando auf seinem Motorrad – mit Paß, Doktortitel und dickem Scheckbuch. Und ich reagierte darauf mit einer Panikattacke.

Als ich etwas später ein bißchen eindöste, erinnerte ich mich im Traum an eine Passage aus William Faulkners *Licht im August*, in der einem Mann namens Christmas, hungrig und auf der Flucht vor dem Sheriff, plötzlich die Zeit ungeheuer wichtig wird. Später las ich die Stelle noch einmal nach:

*... Ich habe nicht gegessen seit ... ich habe nicht gegessen seit,* versuchte er sich darauf zu besinnen, wie viele Tage seit dem Freitag in Jefferson, an dem er im Gasthaus sein Abendbrot zu sich genommen hatte, vergangen waren, bis ihm im Liegen, im Warten darauf, daß die Männer fertig äßen und aufs Feld gingen, der Name des Wochentages wichtiger geworden zu sein schien als das Essen. Denn als die Männer endlich gegangen waren, als er hinunterstieg, in das gleichmäßige, narzissengelbe Licht der Sonne hinaustrat und zur Küchentür ging, bat er gar nicht um Essen ... er [hörte] seinen Mund ruhig fragen: »Können Sie mir sagen, was für ein Tag heute ist? Ich möchte nur wissen, was für ein Tag heute ist.«
»Was für ein Tag heute ist?« Ihr Gesicht war so hager wie seines, ihr Körper ebenso mager, zäh und verbraucht. Sie sagte: »Sehen Sie zu, daß Sie weiterkommen! Es ist Dienstag! Sehen Sie zu, daß Sie weiterkommen! Ich werde meinen Mann rufen!«[2]

Nachdem wir endlich in Tokio gelandet waren, fuhr ich zu einem Hotel, in dem einer meiner Ex-Studenten mir ein Zimmer reserviert hatte. Es war die einzige Reservierung, die ich für die nächsten sechs Monate hatte. (Es wurden später ja sogar zwölf Monate – aber das wußte ich damals Gott sei Dank noch nicht.) Ich packte aus und zog dann den Bademantel und die Hausschuhe an, die im Zimmer bereitlagen. Der Saum des Bademantels ließ beträchtlich mehr von meinen Oberschenkeln frei, als sein Hersteller es geplant hatte, und die Schuhe paßten nur über höchstens drei meiner Zehen. Aber ich mochte dieses Gesamtkunstwerk und ging nach einem heißen Bad und einer sehr großen Flasche Sapporo-Bier mit einem Funken Hoffnung für meine unmittelbare Zukunft schlafen.

Am nächsten Morgen bot sich mir beim Aufwachen eine Aussicht auf grüne Ziegeldächer, Banyanbäume und einen riesigen ruhenden

Buddha. Beim Anblick des kleinen Bademantels und der Hausschuhe kehrte meine Vorfreude zurück. Ich war bereit, den Dingen ihren Lauf zu lassen. Was sollte ich zuerst tun? Gestern abend war das heiße Bad ganz wunderbar gewesen, also beschloß ich, den Tag wieder mit einem langen Bad zu beginnen. Dann entdeckte ich eine Teestube direkt neben dem Hotel. Der Kellner sprach ein bißchen Englisch, das Essen war gut, und es gab sogar eine *Herald Tribune,* die mir Gesellschaft leisten konnte. Nach dem Frühstück suchte ich meinen Nachbarn, den ruhenden Buddha, der, wie sich herausstellte, in einem großen Tempel stand, den wiederum ein schöner Park umgab. Ich holte ein Buch aus der Tasche, streckte meine Beine aus und ließ das Leben in Tokio an mir vorüberziehen.

Und was nun? Ein Freund hatte mir eine Liste von Gärten gemacht, die mir vielleicht gefallen würden. Warum nicht? Ich wählte nach dem Zufallsprinzip einen aus und genoß den Besuch in vollen Zügen. Am Abend aß ich in einem netten Restaurant in der Nähe des Hotels. Mit einem heißen Bad, dem Bademantel, den Hausschuhen und einem Sapporo beschloß ich den Tag.

Am folgenden Morgen saß ich mit einem Adrenalinstoß plötzlich kerzengerade im Bett. Was mochte dieser neue Tag mir bringen? Wie sollte ich ihn beginnen? Auf jeden Fall zuerst ein heißes Bad. Dann ging ich wieder in die Teestube zum Frühstücken, weil sie mir am Tag zuvor so gut gefallen hatte. Danach konnte ich mir keinen Platz auf der Welt vorstellen, wo ich lieber gewesen wäre als neben meinem Buddha. An jenem Nachmittag besuchte ich einen anderen Garten, abends aß ich im selben Restaurant. Und natürlich nahm ich ein heißes Bad und genehmigte mir ein Sapporo, bevor ich schlafen ging. Noch ein schöner Tag.

Tag drei verlief ungefähr so: heißes Bad/Frühstück in der Teestube/Buddha/Gärten/Abendessen/heißes Bad/Sapporo. Am nächsten Tag war es das gleiche. Und am nächsten. Und am nächsten.

Wenn ich auf diese Woche zurückblicke, denke ich, daß man eine Uhr nach mir hätte stellen können. Wie spät ist es? »Er liest sein Buch im Park, also muß es zehn Uhr sein.« »Jetzt steigt er aus der Wanne, es ist also wohl kurz nach acht.« Ohne es zu wollen, hatte ich mir die Struktur geschaffen, nach der ich mich auf dem Flug so gesehnt hatte. Ironischerweise hatte ich vor allem deshalb eine akademische Laufbahn eingeschlagen, weil sie mir im Vergleich zu anderen Berufen mehr zeitlichen Freiraum ließ. Doch als ich völlig ohne Termine dastand, war ich ins andere Extrem zurückgefallen. Zu meiner Überraschung und demütigenden Enttäuschung hatte ich mir einen engeren Zeitplan geschaffen als den, nach dem ich zu Hause lebte.

## Das Versacken in der Ereigniszeit

Mein Verhalten war, wie ich jetzt erkenne, ein Paradebeispiel für einen Kampf zwischen den Kräften der Uhrzeit und denen der Ereigniszeit. Wenn man nach der Uhrzeit lebt, setzt die vom Zeitmesser angezeigte Zeit den Beginn und das Ende einer Aktivität fest. Wenn die Ereigniszeit dominiert, wird der Zeitplan von den Aktivitäten bestimmt. Ereignisse beginnen und enden, wenn die Teilnehmer im gegenseitigen Einverständnis »das Gefühl haben«, daß die Zeit jetzt richtig sei. Es besteht ein gravierender Unterschied zwischen Uhr- und Ereigniszeit. Der Soziologe Robert Lauer hat in seinem Buch *Temporal Man* einen gründlichen Überblick über die Literatur zur historischen Bedeutung der Zeit gegeben. Danach unterscheiden sich gerade die Menschen, die nach der Uhrzeit leben, und jene, die die Zeit nach gesellschaftlichen Ereignissen messen, gravierend voneinander.[3]

In vielen Ländern hat man die Ereigniszeit zu einer Lebensphilosophie erhoben. In Mexiko zum Beispiel ist der Ausdruck »der Zeit Zeit geben« sprichwörtlich *(Darle tiempo al tiempo)*. Auf der anderen Seite des Erdballs, in Afrika, sagt man, daß »auch die Zeit Zeit braucht«. Die Psychologin Kris Eysell wurde während ihres Aufenthalts als Freiwillige des Peace Corps in Liberia mit einer

Variante dieses afrikanischen Ausdrucks konfrontiert. Auf ihrem täglichen 12 Kilometer langen Weg zur Arbeit riefen ihr völlig fremde Menschen immer wieder zu:»Laß dir Zeit, Missy.«

Meine Erfahrungen in Japan waren die eines Uhrzeit-Abhängigen, der in Situationen, in denen eine Planung nach der Uhr jeden Sinn verlor, sofort ins Straucheln kam. Ich war, wie ich jetzt weiß, nicht der einzige, der völlig in der Ereigniszeit versackte. Der Sozialpsychologe James Jones erlebte während seines Aufenthalts in Trinidad noch extremere Herausforderungen in dieser Hinsicht. Jones, ein Afroamerikaner, war ziemlich vertraut mit der Lässigkeit, die gemeinhin als »colored people's time« (CPT) bezeichnet wird, doch auch er war nicht auf den Treibsand eines Lebens nach der Ereigniszeit vorbereitet. Zum erstenmal hörte Jones den Slogan »Jederzeit ist Trinidad-Zeit« kurz nach seiner Ankunft, und er sagt, er habe den Rest seines Aufenthalts damit verbracht, herauszufinden, was das heißt:

Bei der CPT ging man einfach davon aus, daß Zuspätkommen die Norm war und den Gegensatz zu dem angloeuropäischen Hang zur Pünktlichkeit bildete. Während meines Jahres in Trinidad lernte ich, daß die Menschen dort eine persönliche Kontrolle über die Zeit haben. Sie kamen und gingen mehr oder weniger so, wie sie wollten oder sich fühlten.»Ich fühlte mich heute nicht danach, zur Arbeit zu gehen«, lautete der Standardspruch, um diese Alternative auszudrücken. Die Zeit wurde mehr vom Verhalten als von der Uhr bestimmt. Die Dinge begannen, wenn Menschen kamen, und sie waren zu Ende, wenn sie gingen, nicht wenn die Uhr acht oder eins schlug.[4]

Für Besucher aus der Welt der Uhren wirkt ein Leben nach Ereigniszeit oft wie eine »chronometrische Anarchie«, wie Jones es ausdrückte.

## Wo sind die Kühe? Zeitmessung in Burundi

Ereigniszeit-Menschen achten zwar nicht auf die Uhr, aber oft auf die Uhr der Natur. Salvatore Niyonzima, einer meiner früheren Doktoranden, beschreibt sein Heimatland Burundi als ein typisches Beispiel dafür.

Wie fast überall in Zentralafrika wird das Leben auch in Burundi von den Jahreszeiten bestimmt. Mehr als 80 Prozent der Einwohner sind Bauern. Deshalb »verlassen sich die Menschen noch immer auf die Abläufe in der Natur«, erklärt Niyonzima. »Wenn die Trockenzeit beginnt, ist es Zeit für die Ernte. Und wenn die Regenzeit wieder einsetzt, ist es natürlich Zeit, auf die Felder zu gehen und Pflanzen zu setzen und heranzuziehen, denn das ist der Kreislauf.«

Verabredungen werden in Burundi ebenfalls oft von natürlichen Kreisläufen geregelt. »Verabredungen werden nicht notwendigerweise für einen bestimmten Zeitpunkt des Tages getroffen. Die Menschen wachsen in ländlichen Gebieten auf, und wer über wenig Schulbildung verfügt, verabredet sich vielleicht für ein Treffen früh am Morgen, indem er sagt: ›Okay, wir sehen uns morgen früh, wenn die Kühe auf die Weide gehen.‹« Wenn man sich mittags treffen will, »verabredet man sich für die Zeit, ›wenn die Kühe zum Fluß trinken gehen‹«. Damit die jüngsten Kühe nicht zu viel trinken, verbringen die Bauern, so erklärt Niyonzima, zwei oder drei Stunden mit ihnen in einem schattigen Unterstand, während die älteren noch am Fluß trinken. »Dann am Nachmittag, sagen wir etwa um drei Uhr, ist es Zeit, die jungen Kühe wieder auf die Weide hinauszuführen. Wenn man also ein spätes Treffen verabredet, sagt man zum Beispiel: ›Wir sehen uns, wenn die jungen Kühe hinausgehen.‹«

Noch genauere Absprachen wie etwa: »Wir treffen uns in der zweiten Hälfte der Zeit, in der die Kühe zum Trinken draußen sind«, wären, wie Niyonzima sagt, »einfach überflüssig. Wenn man abmacht, daß man zu einem Bauern kommt, während die Kühe trinken, dann ist das etwa mittags. Ob eine Stunde früher oder später, ist dann egal. Er weiß, daß er sich verabredet hat und daß er dasein wird.« Genaueres abzusprechen ist schwierig und meist unsinnig, weil man kaum im voraus wissen kann, wann genau die Bauern die Kühe hinausführen.»Vielleicht beschließe ich, die Kühe eine Stunde später zum Fluß zu führen, weil ich sie entweder morgens später hinausgelassen habe oder weil sie noch nicht genug gefressen haben, weil es dort, wo sie weideten, zu wenig Gras gab.«

Die Menschen in Burundi benutzen ähnlich anschauliche Bilder, um die Nacht zu beschreiben.»Wir bezeichnen eine sehr dunkle Nacht als ›Wer bist du?-Nacht‹«, erklärt Niyonzima.»Das heißt, daß es so dunkel ist, daß man niemanden erkennen kann, wenn man nicht seine Stimme hört. Man weiß, daß da jemand ist, aber man kann ihn nicht sehen, weil es so dunkel ist, und deshalb sagt man ›Wer bist du?‹ als Gruß. Dann spricht der andere, und ich kann seine Stimme hören und ihn daran erkennen. ›Wer bist du?‹-Zeit ist eine Möglichkeit, die Zeit der Dunkelheit zu beschreiben. Manchmal benutzt man zur Bezeichnung eines Vorfalls den Hinweis, daß er sich in einer ›Wer bist du?‹-Nacht ereignete.«

Nächtliche Verabredungen genauer festzulegen ist schwierig, wie Niyonzima erklärt.»›Wer bist du?‹ bezieht sich einfach auf die physikalische Tatsache der Dunkelheit. Damit ist ganz sicher nicht eine Uhrzeit wie acht oder neun Uhr abends gemeint. Wenn die Menschen eine bestimmte Nachtstunde bezeichnen wollen, beziehen sie sich meist auf Aspekte des Schlafens. Sie sagen vielleicht, etwas geschah zu einer Zeit, ›als niemand wach war‹, oder wenn sie es ein bißchen genauer ausdrücken wollen, zu der Zeit, ›als die Menschen zum ersten Mal die Augen schlossen‹. Spätere Zeiten in der Nacht heißen dann etwa: ›fast schon bei Morgenlicht‹ oder: ›wenn der Hahn kräht‹ oder, um wirklich genau zu sein: ›wenn der Hahn zum ersten Mal kräht‹ oder zum zweiten Mal und so weiter. Und dann sind wir wieder bei den Kühen angelangt.«

Die natürlichen Uhren in Burundi stehen in einem krassen Gegensatz zur Uhrzeit-Planung der angloeuropäischen Kultur, die auch in den Vereinigten Staaten vorherrscht. Unsere Uhren diktieren uns, wann es Zeit ist, zu arbeiten oder sich zu entspannen, wann jedes Treffen beginnt und wann es endet.

Selbst biologische Ereignisse sind oft von der Uhr bestimmt. Es ist ganz normal, wenn man sagt, es sei »zu früh, um ins Bett zu gehen« oder »noch keine Essenszeit« oder zu spät, um ein Nickerchen zu machen oder etwas zwischendurch zu essen. Die Uhr, nicht die Signale, die unser Körper aussendet, diktiert uns, wann es Zeit ist, anzufangen oder aufzuhören. Wir gewöhnen uns sehr früh daran. Ein Neugeborenes weiß ganz genau, wann es hungrig oder müde ist. Doch es dauert nicht lange, bis die Eltern den Tagesablauf des Babys entweder so einrichten, daß er zu ihrem eigenen paßt, oder in Reaktion auf die jeweils herrschenden kulturellen Standards (die man in jedem Ratgeber für junge Eltern nachlesen kann) das Kind darauf trainieren, in einem »gesünderen« Rhythmus zu essen und zu schlafen. Das Baby lernt dann, wann es hungrig und wann es müde zu sein hat.

Manche Erwachsene sind besonders empfänglich für eine Kontrolle durch die Uhr. Vor einigen Jahren haben der Sozialpsychologe Stanley Schachter und seine Mitarbeiter in einer Reihe von klassischen Studien die Eßgewohnheiten dicker und normalgewichtiger Menschen untersucht. Schachter entwickelte daraus die Theorie, daß eine stärkere Reaktion auf externe Reize ein wichtiger Faktor für Übergewicht sein könnte. Normalgewichtige Menschen, so glaubte er, achteten mehr auf ihre internen Hungergefühle. Und die Uhr war in seinen Augen ein mächtiger externer Reiz.

Um seine Theorie zu überprüfen, wurden Studenten aus einem Wohnheim der Columbia University in einen Raum geführt, in dem die Uhren so manipuliert waren, daß einige Testpersonen glaubten, es sei früher als ihre gewöhnliche Abendessenszeit, und einige, es sei später. Die Teilnehmer wurden aufgefordert, sich aus einer vor ihnen stehenden Schale mit Crackern zu bedienen. Wie Schachter vorausgesehen hatte, aßen dicke Menschen mehr Cracker, wenn sie glaubten, es sei nach ihrer Essenszeit, als wenn sie glaubten, es sei noch Zeit bis dorthin. Dagegen hatte die auf den Uhren angezeigte Zeit keine Auswirkungen auf das Eßverhalten der Normalgewichtigen. Sie aßen Cracker, wenn sie hungrig waren. Die übergewichtigen Menschen aßen, wenn die Uhr ihnen sagte, daß es jetzt an der Zeit sei.[5] Mein über zweieinhalb Zentner wiegender Onkel antwortete einmal, als ich ihn fragte, ob er Hunger habe:»Ich habe seit 45 Jahren keinen Hunger mehr gehabt.«

## Ist Zeit Geld?

Wenn die Uhr herrscht, wird die Zeit zum wertvollen Gut. Uhrzeitkulturen betrachten die Zeit als feste, lineare und meßbare Realität. Sie nehmen sich Benjamin Franklins Rat zu Herzen:»Denkt daran, daß Zeit Geld ist.« Doch in Ereigniszeitkulturen, in denen die Zeit als beträchtlich flexibler und ungewisser wahrgenommen wird, sind Zeit und Geld zwei ganz verschiedene Dinge.

Oft kommt es zu Dissonanzen, wenn diese beiden Haltungen aufeinandertreffen. Als ich mich auf meiner Freisemester-Reise aus meiner heißes Bad/Frühstück/Buddha-Routine löste und das Tadsch Mahal besuchte, bezogen sich die meisten Kommentare, die ich von Touristen aus der Ersten Welt hörte, auf die unglaubliche Arbeit, die in dem Komplex steckt – Variationen der Frage:»Wie lange muß das gedauert haben?« Die vielleicht zweithäufigste Frage lautete:»An der Stickerei dort müssen sie ewig gearbeitet haben. Kannst du dir vorstellen, was das bei uns zu Hause kosten würde?« Gute Geschäfte mit der Zeit der Fremden zu machen, ist tatsächlich eine bevorzugte Urlaubsbeschäftigung für viele Menschen aus dem Westen. Aber diese Kommentare bedeuten dem indischen Künstler, der Monate damit verbracht hat, einen Stoff zu besticken, oder seinen Vorfahren, die das Tadsch Mahal erbauten, nicht viel. Wo die Ereigniszeit herrscht, ist das Wirtschaftsmodell der Uhrzeitstaaten eigentlich sinnlos. Zeit und Geld sind voneinander unabhängig; man muß der Zeit Zeit geben, wie man in Mexiko sagt.

Auf meinen Reisen durch Südamerika und Asien hat mich die

Reaktion der Einheimischen oft verwirrt und manchmal sogar geärgert – Kommentare wie »anders als für euch Amerikaner ist Zeit für uns nicht Geld« kamen öfter. Meine Antwort darauf lautete meist etwa so: »Aber unsere Zeit ist alles, was wir haben. Es ist unser wertvollster, unser einziger wirklich wertvoller Besitz. Wie könnt ihr sie so verschwenden?« Sie stimmten mir dann – normalerweise in einem weniger hektischen Tonfall als ich – zunächst einmal uneingeschränkt zu, daß die Zeit wirklich unser wertvollstes Gut sei. Aber gerade deshalb, so argumentieren Ereigniszeitler, sollte die Zeit nicht verschwendet werden, indem man sie in unorganische geldwerte Einheiten zerhackt.

Burundi liefert auch hierfür ein Beispiel. »Zentralafrikaner«, sagt Salvatore Niyonzima, »ignorieren ganz allgemein die Tatsache, daß Zeit immer Geld ist. Wenn ich will, daß die Zeit auf mich wartet, tut sie das. Und wenn ich irgend etwas – aus welchem Grund auch immer – heute nicht tun will, kann ich einfach beschließen, es morgen zu tun, und dann wird es genauso gut sein wie heute. Wenn ich ein bißchen Zeit verliere, habe ich nichts allzu Wichtiges verloren, denn schließlich habe ich ja so viel davon.«

Jean Traore, ein Austauschstudent aus dem ostafrikanischen Burkina Faso, empfindet das Konzept der »Zeitverschwendung« als verwirrend. »Dort, wo ich herkomme, gibt es so etwas wie verschwendete Zeit überhaupt nicht«, erklärt er. »Wie kann man Zeit verschwenden? Wenn man irgend etwas nicht tut, tut man dafür etwas anderes. Auch wenn man einfach nur mit einem Freund spricht oder herumsitzt, tut man eben das.« Von einem echten Einwohner Burkina Fasos erwartet man, daß er diesen Umgang mit der Zeit versteht und akzeptiert. Eine wirkliche Verschwendung – in den Augen einiger sogar eine Sünde – ist es, wenn man den Menschen in seinem Leben nicht genügend Zeit widmet.

Mexiko ist ein anderes Beispiel. Entnervte Geschäftsleute aus den Vereinigten Staaten beschweren sich immer wieder darüber, daß die Mexikaner unter einer fehlenden Beziehung zur Zeit *leiden*. Der Schriftsteller Jorge Castaneda dagegen erklärt: »Sie sind einfach anders ... die Zeit verstreichen zu lassen, zu spät zu kommen (eine

Stunde, einen Tag, einen Monat), das sind keine ernsthaften Beleidigungen. Es zeigt einfach, daß sie andere Prioritäten setzen. Einen Freund der Familie zu treffen ist wichtiger als pünktlich zu einer Verabredung zu erscheinen oder rechtzeitig zur Arbeit zu kommen, vor allem wenn die Arbeit darin besteht, an Straßenecken irgendwelches Zeug zu verkaufen.« Es gibt also auch eine ökonomische Erklärung: »Die Anreize für pünktliches Erscheinen, pünktliche Lieferung oder Überstunden fehlen meistens. Da die meisten Menschen für das, was sie tun, schlecht bezahlt werden, ist der Lohn für Pünktlichkeit und zuvorkommende Höflichkeit in vielen Fällen unbedeutend. Zeit ist oft kein Geld in Mexiko.«

Ereigniszeit und Uhrzeit sind nicht völlig ohne Beziehung zueinander. Doch Ereigniszeit umfaßt beträchtlich mehr als Uhrzeit. Sie ist ein Produkt des weiteren Umfelds; ein Ergebnis sozialer, ökonomischer und umweltbezogener Einflüsse und natürlich kultureller Werte. Infolgedessen konstituieren Uhrzeit und Ereigniszeit oft eigene Welten, wie Jorge Castaneda am Beispiel von Mexiko und den Vereinigten Staaten erklärt: »Die Zeit trennt unsere beiden Länder so stark wie kein anderer einzelner Faktor.«[6]

## Andere Kulturen der Ereigniszeit

Das Leben in der Industriegesellschaft ist so eng mit der Uhr verwoben, daß ihre Mitglieder oft vergessen, wie exzentrisch ihr Verhältnis zur Zeit auf andere wirken kann. Aber viele Menschen auf dieser Welt sind nicht so »zivilisiert« wie wir. (Der Psychologe Julian Jaynes definiert Zivilisation als »die Kunst, in Städten zu leben, die so groß sind, daß niemand den anderen kennt«.) Auch heute noch sind natürliche Uhren wie Burundis Kuh-Zeit oft der einzige Standard, den die Einheimischen akzeptieren. Für viele, wenn nicht sogar die meisten Menschen auf der Welt wäre ein Leben nach der mechanischen Uhr so unnormal und verwirrend wie das Leben ohne einen festen Zeitplan für einen Amerikaner oder Westeuropäer vom Typ A.

Anthropologen haben viele Beispiele für zeitgenössische Ereigniszeitkulturen zusammengetragen. So untersuchte Philip Bock den zeitlichen Ablauf der Totenklage bei den Micmac-Indianern in Ostkanada. Er stellte fest, daß diese Totenklage klar in Versammlungszeit, Gebetszeit, Gesangszeit, Pause und Essenszeit eingeteilt werden kann. Aber es zeigte sich auch, daß keine dieser Zeiten direkt mit der Uhrzeit verbunden ist. Die Trauernden bewegen sich einfach im gegenseitigen Einverständnis von einem Ereignis zum anderen. Wann beginnen und beenden sie einen Abschnitt? Wenn die Zeit reif ist, nicht früher.[7]

Robert Lauer berichtet von den Nuer im Sudan, deren Kalender auf den jahreszeitlichen Veränderungen in ihrer Umgebung aufbaut. Sie errichten ihre Fischsperren und die Lager bei den Viehweiden zum Beispiel im Monat *kur*. Wie wissen sie, wann *kur* ist? Es ist *kur*, wenn sie ihre Dämme und Lager bauen. Im Monat *dwat* brechen sie ihre Lager ab und kehren in ihre Dörfer zurück. Wann ist *dwat*? Wenn die Menschen in ihre Dörfer ziehen.[8] Es gibt einen alten Witz über einen Amerikaner auf einer Blitzreise durch Europa, der gefragt wird, wo er sich gerade befindet. »Es ist Dienstag,« antwortet er, »also muß das hier Belgien sein.« Wenn man den Nuer dieselbe Frage stellen würde, könnte die Antwort lauten: »Ich bin in Belgien, also ist heute Dienstag.«

Viele Menschen benutzen ihre sozialen Aktivitäten, um die Zeit festzulegen, statt sich von der Zeit in ihren Aktivitäten festlegen zu lassen. In Teilen Madagaskars bekommt man zum Beispiel auf die Frage, wie lange etwas dauert, eine Antwort wie »die Zeit, die man zum Reiskochen braucht« (etwa eine halbe Stunde) oder »solange es dauert, eine Heuschrecke zu braten« (einen kurzen Augenblick). Ebenso haben Eingeborene am Cross-Fluß in Nigeria Berichten zufolge gesagt, daß »der Mann in weniger als der Zeit starb, die man braucht, um Mais anzurösten« (weniger als 15 Minuten).

Die meisten Gesellschaften haben eine Art Woche, aber sie ist nicht immer sieben Tage lang. Die Inka hatten eine Zehn-Tage-

Woche. Ihre Nachbarn, die Muysca in der Region um Bogotá, hatten eine Drei-Tage-Woche. Manche Wochen sind bis zu sechzehn Tage lang. Oft spiegelt die Wochenlänge einen Kreislauf von Tätigkeiten wider statt andersherum. Für viele Menschen sind ihre Märkte die Hauptaktivität, die eine gewisse Koordination der Gruppe erfordert. Die Khasi in Assam halten, wie Pitirim Sorokin berichtet, alle acht Tage einen Markt ab. Als praktische Menschen haben sie ihre Woche acht Tage lang gemacht und die Wochentage nach den Orten benannt, in denen die wichtigsten Märkte stattfinden.[9]

Die Eingeborenen im Andaman-Urwald in Indien brauchen ebenfalls keine Kalender zu kaufen. Sie haben einen komplexen Jahreskalender entwickelt, der sich an der Abfolge der jeweils stärksten Gerüche der Bäume und Blumen in ihrer Umgebung orientiert. Wenn sie wissen wollen, in welcher Zeit des Jahres sie gerade leben, schnuppern sie einfach nach den Gerüchen vor ihrer Haustür.[10]

Die burmesischen Mönche wiederum haben einen narrensicheren Wecker entwickelt. Sie wissen, daß es morgens Zeit ist, aufzustehen, »wenn es hell genug ist, daß man die Adern auf der Hand erkennt«.[11]

Es gibt Gruppen, die, obwohl sie Armbanduhren besitzen, die Zeit lieber ungenau messen. Der Anthropologe Douglas Raybeck hat sich zum Beispiel mit dem Volk der Kelantaner beschäftigt, die als Bauern auf der Malakka-Halbinsel leben. Ihr Umgang mit der Zeit spiegelt sich symbolisch in ihren Kokosnuß-Uhren – einer Erfindung, die sie als Stoppuhr für sportliche Wettbewerbe benutzen. Sie besteht aus einer halben Kokosnußschale mit einem kleinen Loch in der Mitte, die in einem Kübel Wasser liegt. Zeitabschnitte werden mit Hilfe der Zeit gemessen, die die Schale braucht, um vollzulaufen und dann zu sinken, etwa drei bis fünf Minuten im Normalfall. Die Kelantese wissen, daß diese Uhr ungenau ist, aber sie ziehen sie den Armbanduhren vor, die sie besitzen.[12]

Einige Völker besitzen noch nicht einmal ein einheitliches Wort für »Zeit«. E. R. Leach hat das Kachin-Volk in Nordburma besucht. Die Kachin benutzen das Wort *ahkying,* um die Uhrzeit zu bezeichnen. Das Wort *na* bezieht sich auf eine lange Zeitspanne, *tawng* auf eine kurze. *Ta* bezeichnet den Frühling und *asak* die Lebenszeit eines Menschen. Ein Kachin würde diese Worte nie als Synonyme verstehen. Während die meisten Menschen der westlichen Welt die Zeit als objektive Gegebenheit betrachten und ein Substantiv dafür gefunden haben, verwenden die Kachin ihre Begriffe für Zeit eher wie Adverbien. Zeit hat für die Kachin keine greifbare Realität.[13]

Auch viele Indianerkulturen Nordamerikas bezeichnen die Zeit in ihrer Sprache nur indirekt. Die Sioux zum Beispiel haben kein einzelnes Wort für »Zeit«, »spät« oder »warten«. Die Hopi, so hat Edward Hall festgestellt, verfügen nicht über Verbzeiten für die Vergangenheit, Gegenwart und Zukunft. Wie die Kachin behandeln auch die Hopi Zeitvorstellungen eher wie Adverbien nicht wie Substantive. Wenn sie etwa über die Jahreszeiten reden, »können sie nicht ausdrücken, daß der Sommer heiß ist, weil Sommer die Eigenschaft heiß ist, so wie Apfel die Eigenschaft rot ist«, berichtet Hall. »Sommer und heiß sind dasselbe! Sommer ist ein *Zustand*: heiß.« Die Kachin und die Hopi haben Schwierigkeiten, Zeit als Größe wahrzunehmen. Ganz sicher setzen sie sie nicht mit Geld oder der Uhr gleich. Zeit existiert nur in der ewigen Gegenwart.

Viele arabische Kulturen rund ums Mittelmeer kennen nur drei Zeitzustände: gar keine Zeit, jetzt (wobei die Dauer variiert) und ewig (zu lange). Deshalb erleben amerikanische Geschäftsleute oft entnervende Kommunikationspannen, wenn sie Araber dazu bringen wollen, zwischen verschiedenen Zeiträumen des Wartens zu unterscheiden – sagen wir, zwischen einer langen und einer sehr langen Zeit.[14]

Ähnliche Sprachprobleme ergaben sich, als ich für eine Umfrage in Mexiko einen Zeit-Fragebogen ins Spanische übersetzen wollte. Drei meiner Fragen zielten darauf ab, wann die Befragten eine Person zu einer bestimmten Verabredung erwarteten, wie lange sie hofften, daß die Person doch noch käme, und wie lange sie auf sie warteten. Es stellte sich heraus, daß die Verben »erwarten«, »hoffen« und »warten« auf Spanisch alle mit dem Verb »esperar« übersetzt werden (wie auch auf Portugiesisch). Ich mußte schließlich Umschreibungen benutzen, um die Unterschiede deutlich zu machen.

Es gibt ein altes jiddisches Sprichwort: »Es ist gut zu hoffen, nur das Warten verdirbt es.« Wenn man das mit einer Kultur vergleicht, deren Sprache nicht zwischen erwarten, hoffen und warten unterscheidet, bekommt man ein ziemlich klares Bild davon, wie letztere mit der Zeit umgeht. Zunächst war ich enttäuscht darüber, daß sich meine Fragebogen nicht übersetzen ließen. Später allerdings wurde mir klar, daß meine gescheiterten Übersetzungsversuche mir ebenso viel über die lateinamerikanischen Zeitkonzepte offenbarten wie Antworten auf meine formalen Fragen. Die stumme und die verbale Sprache der Zeit leben voneinander.

## Gleichzeitigkeit und Chaos

Die wichtigste Funktion der Uhrzeit, so kann man argumentieren, ist es, gleichzeitig ablaufende Ereignisse so zu ordnen, daß sie nicht ineinanderlaufen. »Zeit ist der Weg der Natur, um zu verhindern, daß alles auf einmal passiert«, stellt ein moderner Graffitispruch völlig richtig fest. Je komplexer unser Netz von Aktivitäten ist, desto größer wird die Notwendigkeit, die Zeitplanung zu formalisieren. Eine von allen getragene Übereinkunft, sich an die Uhrzeit zu halten, dient zum Beispiel dazu, den Verkehr zu regeln. Die Khasi und Nuer können der Herrschaft der Uhr entgehen, weil die Ansprüche an ihre Zeit relativ eindeutig und unkompliziert sind.

Doch wir müssen gar nicht in die Dritte Welt gehen, um Gruppen zu finden, die nach der Ereigniszeit leben. Selbst in uhrzeitbeherrschten Kulturen gibt es Menschen, deren zeitliche Ansprüche eher denen asiatischer Dorfbewohner ähneln. In diesen Subkulturen läuft das Leben nach der Ereigniszeit ab.

Alex Gonzalez, ein Sozialpsychologe und Kollege von mir, der in einem mexikanisch geprägten Stadtviertel von Los Angeles aufgewachsen ist, hat beschrieben, welche Einstellung zur Zeit seine Jugendfreunde, die in ihrem alten Stadtviertel geblieben sind, heute haben. Viele dieser Menschen sind arbeitslos, haben kaum Aussicht auf einen Job und, wie er beobachtet hat, eigentlich keine Zukunftsperspektive. Sein altes Viertel ist voller Menschen, die sich unverabredet jeden Tag treffen und auf etwas warten, das ihr Interesse auf sich ziehen könnte. Ihr Problem besteht nicht darin, Zeit für ihre Aktivitäten zu finden, sondern eher darin, Aktivitäten zu finden, die ihre Zeit füllen könnten. Sie nehmen an einem Ereignis Anteil, bis sie in stillschweigender Übereinkunft das Gefühl haben, es sei Zeit, weiterzuziehen. Die Zeit ist uninteressant. Uhren werden als Schmuck und Statussymbol getragen, kaum aber, um die Zeit anzuzeigen.[15]

Wie würden diese Menschen reagieren, wenn man ihnen einen Tagesplaner in die Hand drücken würde? Wahrscheinlich wie Jonathan Swifts Liliputaner, als sie Gulliver begegneten, der immer auf seine Uhr schaute, bevor er irgend etwas tat. Er nannte sie sein Orakel. Die Liliputaner, die er auf seinen Reisen traf, glaubten, Gullivers Uhr müsse sein Gott sein. Mit anderen Worten, sie glaubten, er sei verrückt.

## Die Vorteile eines flexiblen Umgangs mit der Zeit

Uhrzeitkulturen sind meist weniger flexibel in der Planung ihrer Aktivitäten. Sie kommen dem Personentyp nahe, den der Anthropologe Edward Hall als monochronen oder M-Zeit-Planer beschrieben hat: Menschen, die sich lieber auf jeweils eine Aktivität zu einem Zeitpunkt konzentrieren. Ereigniszeitmenschen dagegen ziehen meist eine polychrone oder P-Zeit-Planung vor: Sie tun gern viele Dinge gleichzeitig.[16] M-Zeit-Menschen arbeiten lieber von Anfang bis Ende in einer linearen Abfolge: Die erste Aufgabe wird begonnen und abgeschlossen, bevor man sich einer anderen zuwendet. In der polychronen Zeit dagegen widmet man sich einem Projekt, bis eine Neigung oder Anregung auftaucht, sich einem anderen zuzuwenden, das wiederum zu einer Idee für ein weiteres führen kann. Dann kehrt man vielleicht zum ersten zurück, mit eingeschobenen und unvorhersagbaren Pausen und Wiederaufnahmen der einen oder anderen Aufgabe. In der P-Zeit machen alle Aufgaben jeweils nur kleine Fortschritte.

P-Zeit-Kulturen sind durch eine starke Beziehung zu den Mitmenschen gekennzeichnet. Ihre Mitglieder legen mehr Wert darauf, ihr Gegenüber völlig zufriedenzustellen, als irgendwelche Zeitpläne einzuhalten. Zwei in eine Diskussion vertiefte Menschen in Burundi entscheiden sich im Normalfall eher dafür, zu spät zu ihrer nächsten Verabredung zu kommen, als daß sie ihren Gesprächsfluß unterbrechen. Beide wären sogar beleidigt, wenn ihr Gesprächspartner die Unterhaltung abrupt beenden würde. »Wenn man Menschen schätzt,« erklärt Hall in bezug auf diese Empfindsamkeit der P-Zeit-Kulturen, »dann muß man sie bis zum Schluß anhören und kann ihnen nicht einfach das Wort abschneiden, nur weil man einen Termin hat.«

P-Zeit und M-Zeit vertragen sich nicht gut miteinander. Allen Bluedorn, ein Management-Professor an der University of Missouri, und seine Mitarbeiter haben herausgefunden, daß M-Zeit-Individuen in M-Zeit-Organisationen glücklicher und produktiver sind, während polychrone Menschen sich in polychroner Umgebung wohler fühlen und mehr leisten. Diese Ergebnisse sind nicht nur auf fremde Kulturen anwendbar, sondern auch auf unterschiedliche Organisationskulturen in den Industrieländern.[17]

M-Zeit- wie auch Uhrzeitdenken sind in leistungsorientierten, industrialisierten Staaten besonders stark vertreten, während P-Zeit und Ereigniszeit vor allem in Dritte-Welt-Staaten zu finden sind. Im allgemeinen sind Menschen, die polychron arbeiten, zumindest nach westlichen Standards weniger produktiv als M-Zeit-Menschen. Doch es gibt Situationen, in denen Polychronizität nicht nur stärker am Menschen orientiert sondern auch produktiver ist. Starre

Ausrichtung an Zeitplänen kann dazu führen, daß man Vorgänge abbricht, wenn sie sich gerade zu entwickeln beginnen. Und wie die Erfindung der Textverarbeitung auch die starrsten M-Zeit-Menschen gelehrt hat, kann es sowohl befreiend als auch produktiv sein, wenn man einmal nicht linear vorgeht, sondern seine Aufmerksamkeit spontan einem anderen Teil des Projekts zuwendet oder Verbindungen von vorn nach hinten und andersherum knüpft.

Am fruchtbarsten allerdings ist es, wenn man flexibel zwischen den Welten der P-Zeit und der M-Zeit, der Ereigniszeit und der Uhrzeit, hin- und herspringt, wie es die Situation gerade erfordert. Einige neuere Mitglieder im Club der Industriegesellschaften haben wirtschaftlichen Erfolg, ohne ihre traditionellen sozialen Verpflichtungen völlig zu opfern. Auch hier liefert Japan mit seiner Mischung aus traditionellen östlichen und modernen westlichen Elementen ein bemerkenswertes Beispiel.

Vor ein paar Jahren bekam ich einen Brief von Kiyoshi Yoneda, einem Geschäftsmann aus Tokio, der mehr als fünf Jahre im Westen gelebt hatte. Gerade hatte die internationale Presse über meine Forschungen in bezug auf die Unterschiede im Lebenstempo zwischen den einzelnen Staaten berichtet, bei denen ich festgestellt hatte, daß Japan den schnellsten Lebenstakt überhaupt habe. Herr Yoneda schrieb mir, weil ihn mein oberflächliches Verständnis der japanischen Einstellung zur Zeit beunruhigte (mit gutem Grund, wie ich hinzufügen darf). Er wollte mir klarmachen, daß die Japaner vielleicht schnell sind, daß das aber nicht heißt, daß sie der Uhr mit derselben blinden Verehrung entgegentreten wie die Menschen im Westen.

Treffen beginnen in Japan weniger pünktlich und enden sehr viel »schleppender« als in den Vereinigten Staaten. »In der japanischen Firma, für die ich arbeite,« so schrieb Herr Yoneda, »dauern Konferenzen so lange, bis eine Übereinkunft erzielt wurde oder alle erschöpft sind; das Ende ist nicht von einem festen Zeitplan vorgegeben. Die Übereinkunft wird oft nicht klar herausgestellt. Vielleicht, weil das Ende eines solchen Treffens so schwer voraussagbar ist, macht es nichts, wenn man früher geht. Es ist auch völlig in Ordnung, wenn man während der Konferenz schläft. Wenn man zum Beispiel Ingenieur ist und sich nicht für die wirtschaftliche Seite des Projekts interessiert, erwartet niemand, daß man den Diskussionen über die finanziellen Einzelheiten mit voller Aufmerksamkeit folgt. Man kann ein Nickerchen machen, lesen oder schreiben oder einfach gehen und sich einen Kaffee oder Tee holen.«

Monochrone wie polychrone Organisationen haben ihre Schwächen. Monochrone Systeme neigen dazu, die menschlichen Bedürfnisse ihrer Mitglieder zu unterschätzen. Polychrone dagegen versinken oft in einem unproduktiven Chaos. Die gesündeste Annäherung an die P- und M-Zeit wäre es sicher, Fähigkeiten im Umgang mit beiden zu entwickeln und eine jeweils der Situation angemessene Mischung einzusetzen. Der japanische Ansatz bietet ein interessantes Beispiel dafür, wie die Menschen ihre Zeit kontrollieren können, statt von ihr kontrolliert zu werden.

## Weitere Zeitkriege

Weil die kulturellen Normen der sie umgebenden Gesellschaft allgemein anerkannt werden, vergessen die Menschen oft, daß ihre Regeln willkürlich gesetzt sind. Leicht verwechselt man kulturelle Normalität mit ethnozentrischer Überlegenheit. Wenn Menschen aus verschiedenen Kulturen interagieren, können auf vielen Ebenen Mißverständnisse entstehen. So stehen Mitglieder arabischer oder lateinamerikanischer Kulturen im Gespräch normalerweise sehr viel enger beieinander, als wir es gewohnt sind. Die »aufdringliche« Nähe interpretieren wir oft fälschlicherweise als Aggression oder mangelnden Respekt. In ähnlicher Weise verstehen wir auch die Absichten von Menschen mit anderen Zeitgewohnheiten oft falsch. Das gehört zu den Schwierigkeiten einer Kommunikation in den stummen Sprachen der Kultur.

Beinahe jeder Reisende ist schon in solche Fettnäpfchen getappt, sei es, daß er selbst Verhaltensweisen in der ihn umgebenden Kultur mißverstand, sei es, daß andere seine Verhaltensweisen falsch interpretierten. Eine besonders häufige Fehlerquelle bilden Zusammenstöße von Uhrzeit und Ereigniszeit. Glücklicherweise führen diese Fehltritte meist nur zu unerfreulichen Mißverständnissen. Wenn sie allerdings auf höheren Ebenen auftauchen, können sie ziemlich ernste Folgen haben.

Ein Beispiel dafür war eine Flugzeugentführung im Jahr 1985, als eine Gruppe schiitischer Terroristen einen TWA-Jet mit 40 Amerikanern an Bord in ihre Gewalt brachte und die Freilassung 746 libanesischer Schiiten forderte, die in Israel im Gefängnis saßen. Kurze Zeit später übergaben die Terroristen die amerikanischen Geiseln Anführern der schiitischen Moslems, die allen Seiten versicherten, daß nichts passieren würde, wenn die Israelis ihren Forderungen nachgäben.

An einem Punkt der schwierigen Verhandlungen verkündete Ghassan Sablini, der dritte Mann an der Spitze der schiitischen Amal-Miliz (die die Rolle einer Militärregierung übernommen hatte), daß er die Geiseln innerhalb von zwei Tagen den Flugzeugentführern zurückgeben werde, wenn sich in bezug auf die Freilassung der schiitischen Gefangenen kein Einlenken Israels abzeichne. Es entstand eine sehr gefährliche Situation. Die amerikanischen Unterhändler wußten, daß weder sie noch die Israelis sich den Forderungen der Terroristen beugen konnten. Sie brauchten eine Kompromißlösung, um ihr Gesicht zu wahren. Indem die schiitischen Führer ein Ultimatum von »zwei Tagen« setzten, machten sie einen Kompromiß beinahe unmöglich und heizten die Krise weiter an. Die Welt hielt den Atem an. Erst in letzter Minute merkte Sablini, daß seine Aussage mißverstanden worden war. Zur Erleichterung aller erklärte er: »Wir meinten ein paar Tage, aber nicht unbedingt 48 Stunden.«[18]

Beinahe hätten vierzig Menschen ein Mißverständnis mit ihrem Leben bezahlt, von einem möglichen Krieg gar nicht zu reden. Für die amerikanischen Unterhändler bezog sich das Wort »Tag« auf einen technischen Aspekt der Zeit: 24 Stunden. Für den Moslemführer war »ein Tag« nur eine Redefigur mit der Bedeutung »eine Weile«. Die Amerikaner orientierten sich in ihrem Denken an der Uhrzeit, Sablini dagegen an der Ereigniszeit.

# 5
# Zeit und Macht

## Die Regeln des Wartespiels

Es ist seltsam, daß die Menschen, die auf dich warten, weitaus weniger deutlich hervorragen als die Menschen, auf die du wartest.

JEAN GIRAUDOUX, *Kein Krieg um Troja*, Akt 1

»Mach schnell, damit du Zeit zum Warten hast« – der klassische Refrain der Kundendiensttechniker ist zur Binsenweisheit unserer Zeit geworden. Wir warten auf Busse und Aufzüge, in Läden und im Verkehr, auf Kellner und Schalterbeamte. Wir stellen uns an, um Fahrkarten für Züge zu kaufen, die verspätet abfahren, und telefonieren uns die Finger wund, um einen Termin bei einem Arzt zu bekommen, bei dem wir uns dann die Beine in den Bauch stehen.

Warten ist unangenehm. »Die halbe Qual des Lebens ist Warten«, so empfand es der Schriftsteller Alexander Rose. Und obwohl die Psychologen sich schwer tun, den durch Warten hervorgerufenen Schmerz genau zu quantifizieren, haben wir doch mehr als genug Belege dafür, daß die Wirkung oft gesundheitsschädlich ist. In Studien sind Reaktionen von einer leichten Niedergeschlagenheit über Magengeschwüre bis zu erhöhtem Risiko, an Herzkreislaufkrankheiten zu sterben, belegt worden. Der Wissenschaftler Edgar Osuna hat sogar eine direkte mathematische Beziehung zwischen Wartezeit auf der einen und Streß und Beklemmung auf der anderen Seite aufzustellen versucht.[1]

Wenn man daran glaubt, daß Zeit Geld ist, kommt auch das Warten teuer. Viele Forscher sind der Überzeugung, daß die Zeitverschwendung eines der Grundleiden war, die schließlich zum Zusammenbruch der Sowjetunion führten. Der Wirtschaftswissenschaftler Y. Orlov hat zum Beispiel geschätzt, daß über 30 Milliarden Stunden pro Jahr allein durch das Warten beim Einkaufen verloren gingen. Das entspricht der Jahresarbeitsleistung von 15 Millionen Menschen. Allein in Moskau wurden nach Schätzungen einer anderen Studie nur beim Schlangestehen für die Ausbezahlung der Renten und die Bezahlung der Wasser- und Stromrechnungen mehr als 20 Millionen Stunden verschwendet.[2]

In den Vereinigten Staaten führten Forscher im Auftrag der Beratungsfirma Priority Management Pittsburgh Inc. 1988 eine Reihe von Feldstudien durch. Dabei stellte sich heraus, daß der Durchschnittsamerikaner fünf Lebensjahre mit Schlangestehen, sechs Monate mit Warten vor roten Ampeln und zwei Jahre mit dem Versuch, Telefonanrufe zu beantworten, verbringt.[3] Obwohl das Warten in den Vereinigten Staaten kein nationaler Volkssport wie in den früheren Sowjetrepubliken sein mag, empfinden wir den Verlust aufgrund unseres ausgeprägten Zeitbewußtseins als eine genauso große Verschwendung.

In Anbetracht unserer rapide wachsenden Bevölkerung ist es nicht überraschend, daß die Schlangen länger und die Probleme ernster werden. Doch das Warten verursacht nicht nur Frustrationen und Kosten. Für Sozialwissenschaftler ebenso wichtig ist die Dynamik des Wartespiels, das uns eine seltene Gelegenheit bietet, Einblick in die fundamentalen Arbeitsweisen der Kultur zu gewinnen. Die Regeln und Prinzipien des Wartens – wer wartet ganz offen, wer wartet, ohne daß man es merkt, und wer wartet gar nicht – liefern wertvolle Informationen. Diese Regeln sind Teil der stummen Sprache der Kultur. Sie sind nirgendwo aufgeschrieben, doch die Botschaften, die sie vermitteln, sind oft klarer zu verstehen als Worte.[4]

*Zeit ist Geld*

In den meisten Teilen der Welt ist dies die Grundregel, von der sich alle anderen ableiten. Arbeiter werden nach Stunden bezahlt, Rechtsanwälte rechnen nach Minuten ab, und Werbezeit wird nach Sekunden verkauft. Durch eine seltsame Anstrengung des Intellekts hat der zivilisierte Verstand die Zeit – das obskurste und abstrakteste aller immateriellen Güter – auf die objektivste Größe überhaupt reduziert – Geld. So findet man Zeit und Konsumgüter jetzt auf derselben Werteskala und kann ausrechnen, wie viele Arbeitsstunden dem Preis eines Farbfernsehers entsprechen.

Wir verkaufen nicht nur unsere Zeit für Geld, sondern kaufen sie auch noch zurück. »Der heißeste neue Haushaltsartikel heißt ›Freizeit‹«, erklärt Heloise, die in mehreren Zeitungen Kolumnen mit Haushaltstips veröffentlicht. Sie sieht ihre Rolle so: »Wenn ich ihnen 20 Minuten mehr Freizeit geben kann, auch wenn es sie 4$ in der Reinigung kostet, habe ich Erfolg gehabt.«[5]

In Meinungsumfragen werden heute routinemäßig »überarbeitete« Amerikaner gefragt, wieviel Geld sie es sich kosten lassen würden, wenn sie dafür mehr Zeit für sich hätten. In der 1991 von der Hilton Hotel Corporation durchgeführten landesweiten Umfrage zum Wert der Zeit gaben zwei Drittel aller Befragten an, sie würden Gehaltskürzungen hinnehmen, wenn sie dafür mehr Zeit hätten. Die Bereitschaft, Geld für Zeit einzutauschen, war überall gleich groß, unabhängig vom Geschlecht, der Altersgruppe, dem Bildungshintergrund, dem wirtschaftlichen Status und der Zahl der Kinder.[6] »Zeit oder Geld?« lautet heute mehr und mehr die Frage, als ob es zwei austauschbare Formen desselben Elements seien, wie Wasser und Eis oder Bargeld und Schecks.

Ganz anders ist die Situation in Kulturen, die nicht nach der Zeit-ist-Geld-Regel spielen. Einmal mußte ich von Katmandu aus dringend zu Hause in den Vereinigten Staaten anrufen. Nepal ist ein Land, in dem man seine Uhr genau zehn Minuten vorstellen muß, wenn man von Indien aus über die Grenze kommt. Aus irgendeinem unerfindlichen Grund gilt in Katmandu eine Zeit, die exakt fünf Stunden und fünfzig Minuten früher liegt als die Greenwich-Zeit. Ich war also auf das Schlimmste gefaßt.

Um dem Massenansturm zu entgehen, betrat ich die Telefonzentrale der Stadt morgens um 7.30 Uhr. Am internationalen Schalter wartete ich zehn Minuten, bis endlich ein Angestellter kam. Er sagte, es werde ein paar Minuten dauern, zu einem internationalen Operator durchzukommen. Ich setzte mich, zog ein Buch aus der Tasche und wartete.

Und wartete. Um 9.30 Uhr hatte ich noch keinen Namen ausrufen hören. Auch den Angestellten, mit dem ich gesprochen hatte, sah ich nirgends. Um noch einmal nachzufragen, ging ich zurück zum Schalter, vor dem sich jetzt eine lange Schlange gebildet hatte. Ich wartete 25 Minuten. Als ich an der Reihe war, erklärte mir ein anderer Angestellter, daß alle Leitungen besetzt seien und ich Geduld haben müsse.

Um 12 Uhr war mein Name immer noch nicht aufgerufen worden. Der zweite Angestellte war ebenfalls verschwunden. Ich ging wieder zum Schalter. Nach erneutem 45-minütigem Warten – der Mittagsansturm – hatte der neue Angestellte Probleme, meine Anfrage wiederzufinden. Nach mehreren Minuten fand er sie auf dem Stapel mit den »ruhenden« Aufträgen. Es stellte sich heraus, daß der Anrufer (ich) aufgegeben hatte und gegangen war.

Ich setzte mich wieder und kaufte ein Mittagessen von einem Verkäufer, der gerade durch die Wartehalle ging. Irgendwie stärkte der Anblick eines Mannes, der seinen Lebensunterhalt damit verdiente, vollständige Mahlzeiten an Menschen zu verkaufen, die darauf warteten, einen Telefonanruf zu tätigen, mein Vertrauen in die Telefongesellschaft nicht gerade. Ich las mein Buch zu Ende. Schließlich, es war fast 3 Uhr, verkündete der Angestellte, daß die Überseeleitungen tot seien. Ob wir bitte morgen wiederkommen würden?

Am nächsten Morgen wurde nach fast zwei Stunden mein Name aufgerufen. Ich rannte zum Schalter. »Ich wollte nur die Nummer bestätigt haben, die Sie anrufen möchten«, sagte der Angestellte. Ich bestätigte, daß er die richtigen Zahlen aufgeschrieben hatte.

»Bitte setzen Sie sich und warten«, sagte er. »Ich rufe Sie auf, wenn ich den Operator erreicht habe.«

Aus irgendeinem Grund machte mich dieses Gespräch nicht wütend. Verrückterweise hatte ich tatsächlich das Gefühl, einen großen Schritt vorangekommen zu sein. Vor dieser kleinen Episode fühlte ich mich fast wie der Protagonist in Kafkas *Der Prozeß*, der nicht weiß, weshalb er angeklagt ist, warum er hier ist, worauf er wartet oder wie lange er warten muß. Ich ging in die Wartezone zurück mit dem Gefühl, etwas höher zu stehen als meine Leidensgenossen, die ihre Stühle noch immer nicht verlassen hatten. Ein paar wollten wissen, was am Schalter abgelaufen sei. Widerstrebend enthüllte ich die Details meiner persönlichen Audienz mit dem Angestellten. Ich war ein wichtiger Mann.

Ich setzte mich und wartete wieder. Und kurz darauf hörte ich es. Vielleicht klang es für diejenigen, die seine Bedeutung nicht kannten, wie ein Flüstern. Aber in meinen Augen war es eine königliche Verkündigung: »Looween, Ihr Anruf wartet in Zelle Nr. 2 auf Sie«, rief der Angestellte.

Von den Blicken der weniger glücklichen Wartenden begleitet, ging ich langsam zum Schalter und versuchte die Würde auszustrahlen, die man von einem Mann in meiner Position erwarten konnte – einem Mann, dessen Name zweimal innerhalb einer Stunde von einem Angestellten der Telefongesellschaft in Katmandu ausgerufen worden war. Ich dachte daran, wie ich bald eine Botschaft an die anderen Wartenden richten und ihnen von der langen, einsamen Reise zur Zelle Nr. 2 erzählen würde; wie ich die Hoffnung nie aufgegeben hatte, und daß auch sie selbst sicher bald diesen triumphalen Weg antreten würden.

Ich betrat die Zelle. Der Angestellte fragte mich, ob ich bereit sei. Dann hörte ich die liebliche Stimme einer internationalen Operatorin. In perfektem Englisch fragte sie: »Sind Sie Mr. Lou Green?« Ich improvisierte.

»Ja, hier ist Mr. Green«, antwortete ich.

»Sprechen Sie bitte. Ihre Verbindung ist in der Leitung.«

»Hallo, Beverley«, rief ich. »Hier ist Bob. Bob Le Green. Ich bin in Nepal. In Telefonzelle Nr. 2.« Auf der anderen Seite hörte ich Lärm, etwa wie das Jaulen, das mein Hund ausstößt, wenn man ihm auf den Schwanz tritt. Dann Stille. Ich schrie nach dem Angestellten. Er sagte, es müsse da ein Problem mit der Verbindung geben. Er müsse den Operator noch einmal anrufen. »Setzen Sie sich doch. Es wird ein paar Minuten dauern.«

Ich blickte zur Wartezone hin. Immer noch die gleichen Gesichter. Es ist schwer zu beschreiben, wie abschreckend der Gedanke war, wieder unter meinen demütigen Leidensgenossen Platz zu nehmen. Ich verließ das Gebäude. Zurück zum Basislager, eine Nacht Schlaf und ein neuer Tag.

Am nächsten Morgen lief es gnädiger ab. Ich wartete vielleicht 20 Minuten, als der Angestellte (es war der zweite vom ersten Tag) uns allen verkündete, daß es heute keine internationalen Anrufe geben werde. »Der König hat alle Leitungen besetzt.« Das war, wie ein Ausländer neben mir kommentierte, »wirklich eine verdammt gute Entschuldigung«.

Erst am vierten Tag kam ich endlich mit meinem Anruf durch. Doch noch mehr als über die Verzögerung wunderte ich mich über die Geduld, mit der die anderen Wartenden mein Leid teilten. Warten ist, so scheint es, im Leben der meisten Nepalesen so tief verwurzelt, daß die Tatsache, daß man Tage darauf warten muß, ein Ferngespräch zu führen, weder unerwartet noch besonders belastend erscheint.

Doch die Angestellten der nepalesischen Telefongesellschaft sollten sich darüber im klaren sein, daß man die Zeit-ist-Geld-Regel nicht bis ins Unendliche strapazieren kann. Sie sollten sich daran erinnern, was ihren Kollegen auf der anderen Seite der Grenze in Indien passiert ist.

Der Telefondienst in Indien ist so langsam, daß einige Firmen einen Jungen bezahlen, der nichts anderes zu tun hat, als darauf zu warten, daß die Leitung frei ist und man anrufen kann. Wenn die Verbindung zu der gewünschten Nummer hergestellt ist, hält er sie aufrecht, falls sie später am Tag jemand brauchen sollte. Vor ein paar Jahren hatte die Telefongesellschaft das Spiel zu weit getrieben. Nachdem P. C. Sethi, ein Parlamentsmitglied, beinahe den ganzen Tag lang versucht hatte, Bombay telefonisch zu erreichen, griff er zur Waffe und stürmte mit einer bewaffneten Eskorte die Telefonzentrale. Die indischen Zeitungen titelten am nächsten Tag mit Schlagzeilen wie:»P. C. Sethi wird zum Berserker«. Monopol hin oder her, Sethi war der Meinung, daß die Telefongesellschaft die Regeln gebrochen hatte, indem sie einen so bedeutenden Mann wie ihn so lange hatte warten lassen.

Ein bewaffneter Überfall ist zugegebenermaßen eine sehr extreme Reaktion auf Frustration, stieß allerdings in diesem Fall auf rege Sympathie. Der Manager einer indischen Firma erklärte:»Dieses [Telefon-]System arbeitet nur, wenn man ihm die Pistole auf die Brust setzt. Ich finde [Sethis] Vorgehen richtig. Ich werde ihm einen Brief schreiben, um ihm zu sagen, daß ich völlig mit ihm übereinstimme.«[7]

REGEL ZWEI
*Das Gesetz von Angebot und Nachfrage*
*regelt die Länge der Schlange*

Wo Zeit Geld ist, unterliegt sie den normalen wirtschaftlichen Gesetzen. Wir warten auf das, was wir schätzen. Je größer die Nachfrage und je knapper das Angebot, desto länger die Warteschlange. Deshalb warten die Menschen vor dem Kassenhäuschen, um bekannte Sänger zu hören, im Verkehrsstau, um beliebte Strände zu erreichen, oder in Büros, um angesehene Rechtsanwälte zu konsultieren. Wenn die Nachfrage weit über das Angebot hinausgeht, kann die Wartezeit den ursprünglichen Wert des Produktes übersteigen. In diesen Fällen wird die Wartezeit buchstäblich zum Preis des Produkts. Im kommunistischen Polen beobachtete ich einmal Menschen, die mehr als zwei Stunden auf das Privileg warteten, ein Paar Schuhe kaufen zu dürfen (und dann hieß es noch:

»Keine Zeit zum Anprobieren, bitte.«). Sobald sie den Laden verlassen hatten, verkauften viele der glücklichen Kunden ihren Einkauf gleich wieder zu Schwarzmarktpreisen. Der Weiterverkaufspreis, so erfuhr ich, wurde einfach danach errechnet, wie lange der ursprüngliche Käufer in der Schlange warten mußte. Die Qualität der Schuhe war in einer Stadt, in der es keine Auswahl gab, von nebensächlicher Bedeutung. Und jeder, der einmal Karten für eine völlig ausverkaufte Veranstaltung auf dem Schwarzmarkt kaufen wollte, weiß, daß nicht nur die Osteuropäer Wartezeit mit einem Wert gleichsetzen.

Manchmal taxieren die Menschen den Wert der Zeit wie auf dem Aktienmarkt. In einer Titelgeschichte des *Time Magazine* zum Thema »Wie Amerika seine Zeit verloren hat« schrieb Nancy Gibbs:

> Es gab einmal eine Zeit, als Zeit Geld war. Beides konnte verschwendet und beides gut angelegt werden, doch letztendlich machte man mit Gold mehr Gewinn. Wie bei beinahe jedem Gut richtet sich der Preis nach der Verfügbarkeit. Und heute leben wir in den Tagen der Zeitknappheit ... Wenn sich all dies so fortsetzt, könnte die Zeit für die 90er Jahre das werden, was Geld für die 80er gewesen ist. Und tatsächlich ist ja für die unreifen Yuppies an der Wall Street mit ihren großzügigen Gehältern und ihrer beschränkten Freiheit Freizeit das eine Gut, das sie sich nicht kaufen können.

Louis Harris, der bei seinen Umfragen in Amerika eine Abnahme der Freizeit um 37 Prozent in den vergangenen zwanzig Jahren festgestellt hat, betont, daß »die Zeit das vielleicht wertvollste Gut des Landes geworden ist«.[8]

Wenn der Preis der Zeit steigt, gewinnen die Regeln, nach denen sie verteilt wird, an Bedeutung. Dann geht es im Wartespiel um ziemlich hohe Einsätze.

*Wir schätzen das, worauf wir warten*

Laß sie lachen, laß sie weinen, aber vor allem, laß sie warten.

BILL SMETHURST, SEIFENOPERNPRODUZENT

Das ist eine psychologische Folgerung, die hilft, die Wunden des Wartens rational zu erklären. Seltsamerweise *glauben* wir wirklich, daß die Schuhe wertvoller sind, wenn die Schlangen lang sind. Dafür gibt es mindestens zwei Gründe.

Erstens spüren wir das psychologische Bedürfnis, unsere Ausgabe zu rechtfertigen – in diesem Falle unsere Zeit. Das ist in der Sozialpsychologie als Gesetz der kognitiven Dissonanz bekannt: Wir sind motiviert, eine Erklärung für Verhaltensweisen zu finden – oder zu erfinden, falls notwendig –, bei denen wir sonst das Gefühl hätten, dumm dazustehen. Mit der Alternative konfrontiert, entweder zu denken:»Was für ein Idiot war ich, meine wertvolle Zeit für so ein blödes Paar Schuhe zu verschwenden«, oder:»Diese Schätze waren das Warten sicher wert«, entscheiden sich die meisten psychisch gesunden Menschen für das letztere.

Wenn etwas zu leicht verfügbar ist, wollen die Menschen es oft nicht. Wer ißt schon gern in einem leeren Restaurant. Wir reden uns selbst ein, daß wir das Restaurant mit der langen Warteschlange wählen, weil dort wahrscheinlich das bessere Essen serviert wird. Doch das Warten selbst ist ein wichtiger Teil der Anziehung. Irgendwie wirkt eine Mahlzeit ohne Gesellschaft nicht ganz so lecker.

Zweitens gibt es ein menschliches Motiv dafür, daß man das besonders schätzt, was am knappsten ist. Der Sozialpsychologe Robert Cialdini verbrachte drei Jahre in verschiedenen Organisationen und beobachtete die Techniken von professionellen»Beeinflussern« – Menschen, die ihren Lebensunterhalt damit verdienen, daß sie andere dazu bringen, nach ihren Wünschen zu handeln. Eine besonders effektive Technik, so lernte er, nutzt das Knappheitsprinzip aus: Je weniger verfügbar ein Angebot scheint, desto wertvoller wirkt es. Ein kluger Beeinflusser beutet zögernde Käufer aus, indem er sie glauben macht, daß sie lange warten müssen, wenn sie sich nicht sofort entscheiden. Cialdini erinnert sich:

Diese Taktik wurde in einem Geschäft für Haushaltsgeräte, das ich untersuchte, zur Perfektion getrieben. Dort waren regelmäßig 30 bis 50 Prozent der Waren als Sonderangebote ausgezeichnet. Angenommen, ein Paar im Laden schien aus der Entfernung auch nur mäßig interessiert an einem gewissen Artikel ... Ein Verkäufer erschien und sagte: »Ich sehe, Sie sind an diesem Modell interessiert, und ich kann auch verstehen warum; es ist eine Supermaschine zu einem Superpreis. Aber leider habe ich es vor nicht mehr als 20 Minuten an ein anderes Paar verkauft. Und wenn ich mich nicht irre, war es das letzte, das wir hatten.«
Fast immer zeigen sich die Kunden enttäuscht. Weil das Gerät nicht mehr verfügbar ist, wird es plötzlich viel attraktiver. Häufig fragt dann einer der beiden nach, ob es nicht vielleicht doch die Möglichkeit gäbe, daß ein unverkauftes Modell noch hinten im Laden, im Lager oder in einer anderen Filiale aufzutreiben sei. »Na ja«, sagt der Verkäufer, »möglich ist alles, und ich werde nachschauen. Aber verstehe ich Sie richtig, daß Sie dieses Modell haben wollen und daß sie es nehmen, wenn ich es Ihnen zu diesem Preis beschaffen kann?« Darin liegt die Schönheit dieser Technik. In Übereinstimmung mit dem Prinzip der Knappheit verlangt man von den Kunden, dem Kauf zuzustimmen, wenn das Gerät am wenigsten verfügbar und deshalb besonders wertvoll erscheint. Viele Kunden sagen in diesem Moment, in dem sie so leicht zu manipulieren sind, ja.[9]

Es hat sich auch herausgestellt, daß Kunden, die hören, daß das gewünschte Modell wieder in ausreichender Menge zur Verfügung steht – niemand muß also darauf warten –, es wieder weniger attraktiv finden. Je länger die Wartezeit, desto begehrenswerter wirkt es.

Warten entsteht also aus begrenzten Ressourcen. Aber die Gesetze der Wirtschaft sind nur der Anfang. Die Frage, wie diese Ressourcen verteilt werden, bildet das eigentliche Herz des Wartespiels. Wenn man genauer hinschaut, sieht man, daß Status, Macht und Selbstwertgefühl dahinterstehen.

### REGEL VIER
*Der Status bestimmt, wer wartet*

Je wichtiger wir sind, desto größer ist die Nachfrage nach unserer Zeit. Und da die Zeit begrenzt ist, wächst ihr Wert mit unserer Bedeutung. Wie jedes wertvolle Gut muß die Zeit wichtiger Leute geschützt werden. Dies führt zu zwei notwendigen Schlußfolgerungen aus dieser Regel. Wichtige Menschen trifft man normalerweise nur nach Verabredung; und während die Personen mit dem höheren Status die anderen warten lassen, ist es umgekehrt strengstens verboten. Solange die Spitzenleute etwas von Wert anzubieten haben – sei es eine Ware, eine Dienstleistung, Zugang zu wertvollen Rohstoffen oder einfach das Vergnügen des Kontakts –, sind diese Regeln allgemein akzeptiert.

Der jeweilige Status wird im Wartespiel manchmal mit bemerkenswerter Präzision beurteilt. An Universitäten wie meiner eigenen zum Beispiel gab es das ungeschriebene Gesetz, daß Studenten 10 Minuten auf einen Assistenten warten mußten, der zu spät zum Seminar erschien, 20 Minuten auf einen Privatdozenten und 30 Minuten auf einen ordentlichen Professor. Andersherum sieht die Sache schon ganz anders aus. Für eine Studie der Psychologen James Halpern und Kathryn Isaacs wurden Studenten- und Professorengruppen gefragt, wie lange sie auf einen Studenten bzw. auf einen Professor warten würden, der zu spät zu einem Treffen komme. Alle Befragten antworteten, sie würden bedeutend länger auf einen Professor als auf einen Studenten warten. Und die Studenten gaben generell an, sie würden im Vergleich zu den Professoren sehr viel länger auf einen Gesprächspartner warten – sei es ein Student oder ein Professor.[10] Diese Standards verkünden unseren relativen Wert: Ich habe das Recht, die Zeit meiner Studenten zu verschwenden, ohne daß sie dafür eine Rechtfertigung bekommen, aber sie dürfen meine Zeit nicht über Gebühr in Anspruch nehmen.

Diese Beziehung führt manchmal zu fast schon paradoxen Situationen. Erfahrene Lehrer sind sich schmerzlich der Tatsache bewußt, daß das Lieblingsseminar beinahe aller Studenten überhaupt kein Seminar ist. Wenn ich ganz schuldbewußt verkünde, daß leider ein Seminartermin ausfallen muß, schallen mir *immer* fröhliche Rufe der Zustimmung, Klatschen und sogar eine Art Siegesgeheul entgegen – Töne, die ich auch nach meinen besten Vorlesungen noch nie gehört habe. Und das von Studenten, die mich mögen.

Das Bemerkenswerte daran ist, daß diese Studenten mein Gehalt bezahlen. Vom finanziellen Standpunkt aus gesehen gehört ihnen meine Zeit, und nicht andersherum. Doch durch meine Professur habe ich Einfluß auf die Abschlüsse, die zu einem gewissen Grad ihre Zukunft bestimmen. Unsere Warteregeln machen auch hier ganz deutlich, wer mehr zu sagen hat.

In einigen Ländern gehört das Wartenlassen zu den Grundfesten des Status. Bei einer Umfrage in Brasilien baten meine Mitarbeiter und ich die Menschen, anzugeben, wie eng ihrer Meinung nach die Beziehung zwischen Pünktlichkeit bei Verabredungen und Erfolg sei. Zu meiner Überraschung hielten die Brasilianer die Personen, die zu spät zu allen Treffen erschienen, für besonders erfolgreich und die pünktlichen Menschen für völlig erfolglos. Unsere Daten zeigten auch, daß die Brasilianer eine Person, die immer zu spät zu Verabredungen erschien, als entspannter, fröhlicher und angenehmer empfanden – Charakterzüge, die oft mit dem Erfolg verbunden werden.[11]

Diese Antworten verblüfften mich zunächst. Selbst in einem Land mit scheinbar unendlicher Toleranz in Zeitdingen wirkte dieses Ergebnis ein wenig übertrieben. Es ist eine Sache, flexibel zu sein, aber eine andere, zu glauben, daß es sich schließlich auszahlt, wenn man nie pünktlich kommt. Hier hatte ich gehofft, das einfache *amanhã*-Stereotyp durchbrechen zu können, statt dessen war ich mitten in einem alten Carmen-Miranda-Film gelandet. Ich hatte das Wesentliche noch nicht begriffen.

Die Brasilianer halten unpünktliche Menschen für besonders erfolgreich, weil das den Tatsachen entspricht. Wichtige Leute lassen ihre Untergebenen warten. Die Unpünktlichkeit ist nicht der Grund für den Erfolg sondern ein Ergebnis. Das Wartenlassen ist Merkmal der Leistung. Es ist Teil des Erscheinungsbilds wie blankgeputzte Schuhe. In den Vereinigten Staaten nehmen wir es übel, wenn mächtige Menschen, etwa Ärzte, uns warten lassen. Aber die Brasilianer, die wir befragten, ärgerten sich nicht über das Warten, nicht mehr als darüber, daß sie weniger Geld als ihre Vorgesetzten verdienten. Sie betrachteten es mit Neid. Irgendwann einmal, so hofften sie, würden sie auch erfolgreich genug sein, um ein schönes Haus und ein teures Auto zu besitzen und andere warten zu lassen.

In vielen arabischen Kulturen geschieht es immer wieder, daß junge Frauen, die mit einem Mann, mit dem sie nicht verheiratet sind, in flagranti ertappt werden, von ihren Brüdern umgebracht werden. Für den westlichen Betrachter ist das ein unzivilisiertes Verhalten. Doch der Bruder ist verpflichtet, die Rolle einer wichtigen Institution – der Familie – in den sozialen Strukturen zu schützen. Dafür ist er verantwortlich. Die Schwester ist eine heilige, unverletzliche Verbindung zwischen zwei Familien, und es ist unabdingbar für das Überleben der sozialen Ordnung, daß sie über jeden Tadel erhaben ist. Der Umgang mit der Zeit bei den wichtigen Brasilianern muß in gleicher Weise als Teil größerer Strukturen betrachtet werden. Die Regel besagt, daß man auf den warten muß, der die Schlüssel hat. Und zumindest in Brasilien darf man sich darüber nicht beschweren.

Manchmal kann diese Statusregel zu amüsanten Machtkämpfen führen, wie der Schriftsteller E. B. White vor vielen Jahren in seiner Beschreibung einer »Sackgasse in der Geschäftswelt« beobachtet hat: Während wir im Vorzimmer einer Firma warteten, um unser

Glück dort zu versuchen, hörten wir durch eine dünne Trennwand mit, wie ein Brigadegeneral der Industrie versuchte, ein Telefongespräch mit einem anderen Brigadegeneral zu führen, und sie, diese beiden Männer, in eine echte Sackgasse gerieten, wie wir fanden. Das Telefon klingelte in Mr. Auchincloss' Büro, und wir hörten, wie Mr. Auchincloss' Sekretärin den Anruf entgegennahm. Es war Mr. Birsteins Sekretärin, die sagte, daß Mr. Birstein Mr. Auchincloss zu sprechen wünsche. »Gut, verbinden sie ihn, und ich werde ihn zu Mr. Auchincloss durchstellen«, sagte Mr. Auchincloss' gut instruierte Sekretärin. »Nein«, antwortete die Dame am anderen Ende offensichtlich, »Sie verbinden Mr. Auchincloss, und ich werde ihn zu Mr. Birstein durchstellen.« »Auf keinen Fall«, konterte die Dame hinter der Trennwand. »Nicht im Traum würde ich Mr. Auchincloss warten lassen.«

Dieser Kampf der Titanen, ausgefochten von ihren Adjutanten, um festzulegen, wessen Zeit kostbarer war, wogte fünf oder zehn Minuten hin und her, während derer die Titanen selbst wahrscheinlich herumsaßen und in ihren Zähnen stocherten. Schließlich gab eine der Damen nach oder wurde überwältigt. Aber es hätte leicht unentschieden ausgehen können. Während wir dort im Vorzimmer saßen und »reiften«, erschien uns diese kurzfristige Paralyse der Wirtschaft als eine Verheißung besserer Tage – Tage, in denen wirkliche Gleichberechtigung in das Geschäftsleben Einzug halten wird und niemand mit irgend jemandem sprechen kann, weil alle gleichermaßen beschäftigt sind.[12]

*Je länger die Menschen auf dich warten, desto höher ist dein Status*

> Versuche, die Sache vor allem in ihrer Einfachheit zu sehen, das
> Warten, das Nichtwissen warum, oder wo, oder wann oder auf
> was.
>
> SAMUEL BECKETT

Die Umkehrung der Regel Vier – daß der Status festlegt, wer warten
muß – ist ebenso wahr: Die Position eines Menschen in der
Wartehierarchie bestimmt oft seine Bedeutung. Das sieht man auch
am Beispiel des Wiederverkaufspreises der polnischen Schuhe: Eine
lange Schlange macht sie in den Augen der Menschen wichtiger und
teurer. Der Wert von Finanzberatern, Rechtsanwälten oder Künst-
lern steigt durch die einfache Tatsache, daß sie lange im voraus
ausgebucht sind. Dies führt zu einer größeren Nachfrage nach ihrer
Zeit, und so setzt sich der Kreislauf fort.

In großen Firmen spiegeln sich die sozialen Abgrenzungen
manchmal sogar in der architektonischen Organisation des Gebäudes wider. Es ist buchstäblich so, daß man länger warten muß, je
höher man kommt. Barry Schwartz berichtet in seinem Buch *Queuing
and Waiting* von einer solchen Erfahrung:

> Ganz unten auf der Rangliste stehen die Menschen, zu denen man
> einfach hingehen kann. Sie sitzen normalerweise hinter einem
> Tresen im Erdgeschoß oder wenigstens in einem der unteren
> Stockwerke und warten darauf, dem Besucher behilflich zu sein.
> Wenn man in der Hierarchie aufsteigt, findet man Menschen in
> höheren Stockwerken und in Büros: zunächst Großraumbüros,
> dann richtige Büros, dann Büros mit Sekretärin – mit jedem Schritt
> wächst die Unzugänglichkeit und damit die Notwendigkeit von
> Terminen und die Gelegenheit, Leute warten zu lassen. Vor
> kurzem hatte ich zum Beispiel ein solches Erlebnis mit einer
> Kreditkartengesellschaft. Zunächst erklärte ich mein Anliegen
> der Dame am Schalter im Erdgeschoß. Sie konnte mir nicht helfen

und schickte mich in den siebten Stock, um mit jemandem aus einem Großraumbüro zu reden. Nach einer angemessenen Wartezeit kam er heraus, um mein Problem im Empfangszimmer zu besprechen. Ich hatte den Eindruck, daß ich, um die Angelegenheit ins reine zu bringen, das verantwortliche Vorstandsmitglied aufsuchen müsse, das mich aber den Rest des Tages warten lassen würde. Zum Warten hatte ich aber keine Zeit, also versuchte ich es mit besagtem Angestellten, der die Angelegenheit natürlich nicht entscheiden konnte. Ich warte immer noch auf den Nachmittag, den ich damit verschwenden möchte, noch einmal hinzugehen und das zuständige Vorstandsmitglied aufzusuchen, damit mein Konto wieder in Ordnung kommt.[13]

Wenn der Wert eines Menschen durch die kognitive Dissonanz und das Knappheitsprinzip (Regel Drei) psychologisch wächst, steigt ein Mensch, zu dem man nur unter größten Schwierigkeiten Zugang bekommt, manchmal in gottähnliche Höhen auf. Ein extremes Beispiel dafür bietet Samuel Becketts Stück *Warten auf Godot*. Godot leistet nichts. Sein ganzer Wert entsteht aus der Tatsache, daß man auf ihn wartet.

Für Menschen, die warten, gibt es andererseits nichts Besseres als eine lange Wartezeit, um ihnen ihre Position deutlich zu machen.

Besonders drastisch tritt uns das vor Augen, wenn wir gebeten werden, während der Verabredung selbst zu warten – wenn zum Beispiel jemand, den wir nach vielem Hin und Her endlich erreicht haben, uns zu empfangen geruht und dann ein Telefongespräch entgegennimmt, während wir vor ihm sitzen. Wie erniedrigend ist es, wenn er oder sie sich unserer Angelegenheit wieder zuwendet, auf deren Erledigung wir wochenlang gewartet haben, jedoch den Faden völlig verloren hat und uns höflich erklärt, daß diese Sache leider noch ein Weilchen zu warten hat. Warum sagt dieser Mensch uns nicht einfach ins Gesicht:»Sie sind weniger wichtig für mich als die Person, mit der ich gerade gesprochen habe, und alles andere, das vielleicht noch im Lauf dieser Stunde zu erledigen ist.«

*Geld verschafft einen Platz vorn in der Schlange*

Es gibt eine privilegierte Klasse, die nahezu immun gegen das Warten ist. Ihren Mitgliedern werden spezielle Dienstleistungen angeboten, um ihre wertvolle Zeit zu sparen, die sie dann nutzen, um mehr Geld zu verdienen, mit dem sie diese Dienstleistungen bezahlen.

Die Elite kann sich zum Beispiel leisten, in Läden einzukaufen, in denen die Verkäufer die Kunden an der Tür begrüßen, oder sogar jemanden zu schicken, der für sie einkauft. Wenn sie einmal Karten für ein ausverkauftes Konzert brauchen, rufen sie einen Kartenhändler an. Selbst in der Bank warten sie nicht, um ihre finanziellen Angelegenheiten zu regeln. Wenn das Konto prall gefüllt ist, kommt die Bank auch ins Haus.

Ganz anders sieht es für die ganz unten aus. Selbst wenn sie auf dieselben Dienstleistungen warten, ist die Schlange für Menschen ohne finanzielle Ressourcen immer am längsten. In einer Studie von Barry Schwartz[14] wurde zum Beispiel ein landesweiter Querschnitt der amerikanischen Bevölkerung gefragt, wie lange sie normalerweise im Vorzimmer eines Arztes warten müßten. Afroamerikaner – die oft einen niedrigeren sozioökonomischen Status haben – geben dabei längere Wartezeiten an als Weiße. Und je niedriger ihr sozioökonomischer Status, desto länger müssen sie warten: 36 Prozent der Weißen mit hohem Status gaben an, 30 Minuten und länger zu warten, verglichen mit 50 Prozent der Schwarzen mit hohem, 51 Prozent der Weißen mit niedrigem und 69 Prozent der Schwarzen mit niedrigem Status.

In einigen Ländern gibt es Menschen, deren einzige Aufgabe es ist, für die Wohlhabenden Schlange zu stehen – so etwas wie eine Amme für die Zeit ihrer Auftraggeber zu sein. In Mexiko, gegenüber dessen Bürokratie sich die der Vereinigten Staaten wie eine gutgeölte Maschinerie ausnimmt, ist das Leben voller endloser *tramites*, bürokratischer Prozeduren. Die Erneuerung eines Führerscheins zum Beispiel kann einen ganzen Tag Schlangestehen bedeuten. Für

Leute mit Geld allerdings gibt es die sogenannten *gestores* – oder weniger formal *coyotes* – die sich als Ersatzwarter verdingen. Vor Regierungsgebäuden mit Publikumsverkehr finden sich immer zahlreiche *gestores*. Manche haben sogar eigene Büros. Klienten übergeben einfach nur ihre Informationen – ein *gestor* verfügt normalerweise über ein reichhaltiges Angebot der notwendigen Formulare – und machen eine Zeit aus, zu der sie die Papiere wieder abholen.

Der ausgehandelte Preis ergibt sich aus der Zeit, die der Kunde spart. Zu den Pflichten eines effizienten *gestor* gehört es auch, den bürokratischen Prozeß zu beschleunigen, meist indem er den richtigen Leuten Schmiergelder zusteckt. So spart und bezahlt der Klient vielleicht mehr Zeit, als der *gestor* verliert, aber er selber wäre auch nicht so schnell gewesen. Obwohl die Arbeit des *gestor* ohne Bestechung nicht möglich wäre, hat sein Beruf kein negatives Image. *Gestores* werden als nützliche Vermittler betrachtet. Sie bieten einen notwendigen und wichtigen Dienst an.

Für einige *tramites* in Mexiko kann man Menschen mieten, die den eigenen Platz in der Schlange einnehmen. Um ein Visum zu bekommen, muß man sich beispielsweise oft in der Nacht zuvor vor dem Konsulat anstellen, um sich eine aussichtsreiche Position zu sichern, wenn die Türen sich am Morgen öffnen. Vor dem Gebäude stehen allerdings auch viele Menschen, die man als Platzhalter über Nacht mieten kann. Zu einem angemessenen Preis warten ganze Familien statt der eigenen.

In Brasilien findet man besser ausgebildete professionelle Warter, die sogenannten *despachantes*. Sie dienen als Vermittler zwischen den wohlhabenden Bürgern und der gigantischen Bürokratie. Um Ihnen eine Vorstellung vom Papierkrieg in Brasilien zu geben: Während der zwölf Monate, die ich mich im Lande aufhielt, verlangten die Behörden von mir ein Einreisevisum, Besuchsausreisevisa für die vier Mal, als ich Abstecher in benachbarte Länder machte, Besuchs-einreisevisa, damit ich nach diesen vier Reisen wieder ins Land zurück durfte, und ein Ausreisevisum, das mir gestattete, das Land am Ende meines Aufenthalts wieder zu verlassen. Insgesamt brauchte ich fast ein Visum pro Monat.

Dieser absurde Papierkrieg wurde vollends zur Farce, als ich gegen Ende meines Aufenthalts mein endgültiges Ausreisevisum beantragte, das ich, wie man mir gesagt hatte, brauchte, um ein Flugticket nach Hause zu kaufen. Als ich mich der zuständigen Behörde näherte, stand die übliche Gruppe von *despachantes* vor dem Gebäude, meist gut gekleidet und mit professionellen Aktenkoffern ausgestattet. *(Despachantes* genießen oft ein höheres Ansehen bei ihren Klienten als ihre Verwandten, die *gestores.)* Ich fragte einen von ihnen, mit dem ich schon die Beantragung eines anderen Visums arrangiert hatte, wie lange das Ganze dauern würde. Er erklärte, ich würde etwa drei Wochen brauchen, wenn ich es selbst machen würde, denn die Papiere müßten dann über mehrere Schreibtische in drei verschiedenen Gebäuden wandern. Aber ich wollte Brasilien in zwei Wochen verlassen. »Nao ha *problema«,* antwortete er auf Portugiesisch. »Ich kann den Antrag direkt zu jemandem im dritten Gebäude bringen, den ich kenne und der für all die Bearbeiter in den zwei anderen Gebäuden unterschreiben kann, und in zwei Tagen können Sie das Visum abholen.« »Aber wie können Sie die ersten beiden Gebäude umgehen?« fragte ich. »Wozu sind diese Behörden dann überhaupt gut?« »Eigentlich für nichts«, antwortete er. »Es sind einfach Regierungsjobs.«

Als wir meine Antragsunterlagen durchgingen, bat der *despachante* um meine »Carteira de Identidade: Estrangeiro Temporario« (Vorläufiger Ausweis für Ausländer). Dieser Status war nötig, um überhaupt in Brasilien arbeiten zu dürfen – was ich jetzt seit elf Monaten getan hatte – und war eine Voraussetzung für mein ursprüngliches Einreisevisum gewesen. Ich erklärte ihm, daß ich um diesen Status als zeitweilig im Lande lebender Ausländer gebeten und ihn auch zugesprochen bekommen hätte, bevor ich nach Brasilien einreiste, daß ich aber nie den dazugehörigen Ausweis erhalten hätte. Dann, so legte er mir dar, hätte ich technisch gesehen keinen Beweis dafür, daß ich überhaupt rechtmäßig eingereist sei, und könne keine Ausreiseerlaubnis bekommen. Ich bräuchte meine

Einreisepapiere, bevor ich mein Ausreisevisum beantragen könne. Der *despachante* stand dieser neuen Wendung auch ziemlich ratlos gegenüber. »Die Ausländerpapiere müssen über Behörden in mehreren Städten laufen, und das kann beinahe ein Jahr dauern. Das ist auch für mich ein harter Brocken.«

Er sagte, er könne alles in einer Woche erledigen. Ich war nicht gerade überzeugt, daß er es schaffen würde. Doch sechs Tage später, als ich schon daran dachte, einen echten Ganoven zu suchen, der mich über die Grenze schmuggeln würde, stand der *despachante* mit den Papieren vor meiner Tür. Einundfünfzig Wochen nach meiner Ankunft in Brasilien erhielt ich die offizielle Erlaubnis, meinen Besuch zu beginnen, der doch in sieben Tagen enden sollte. Und im gleichen Moment erhielt ich die Ausreiseerlaubnis.

Auch in den Vereinigten Staaten ist das Zeitverkaufen gegenwärtig ein Wachstumsmarkt. In einem typisch amerikanischen Stil zielen die Unternehmer aber auf eine sehr viel breitere Palette von Aktivitäten als die *gestores* und *despachantes*. Ein Beispiel dafür ist die Firma »At Your Service« (Zu Ihren Diensten), die vor ein paar Jahren von Glenn Partin und Richard Rogers in Winter Park, Florida, gegründet wurde. At Your Service übernimmt quasi jede Aufgabe, auf die ihre Kunden ihre Zeit nicht verwenden wollen, vom Schlangestehen über Haushaltsführung bis zum Einkauf und Kurierdiensten. Diese Firma ist typisch für die von der Journalistin Nancy Gibbs beschriebene »wachsende Zahl von Unternehmern, die jede Dienstleistung innerhalb ihres Kompetenzbereichs für 25 bis 50 $ die Stunde anbieten. Was einst eine Heimarbeit für Menschen war, die Haushaltsdienste anboten, ist gegenwärtig ein boomendes Geschäft in allen Städten des Landes. Jedem, der die freie Zeit einer Familie schützen kann, ist der Erfolg sicher.«[15]

Selbst wenn die Reichen das Warten nicht ganz umgehen können, leiden sie weniger darunter als die Habenichtse. Die Umgebung, in der sie warten, wird meist so komfortabel wie nur möglich gestaltet. Milla Alihan rät in seinem Buch *Corporate Etiquette*:

Die Zeit eines Geschäftsmanns zu verschwenden ist ebenso schlimm wie ihm die Brieftasche zu rauben. Ihn warten zu lassen, ist schlechte Geschäftspraxis und schlechtes Benehmen. [Wenn eine Verzögerung unvermeidlich ist], sollte Ihre Sekretärin ihm die Umstände erklären und ihn fragen, ob es ihm etwas ausmacht, kurz zu warten. Vielleicht bittet sie ihn in Ihr Büro, nimmt ihm Hut und Mantel ab und sorgt dafür, daß er sich setzt und es sich bequem macht. Sie sollte ihn fragen, ob er vielleicht eine Zeitschrift haben möchte oder Kaffee oder Tee oder ein Erfrischungsgetränk, während er auf Sie wartet.[16]

Forschungen zeigen, daß diese Vorschläge oft beherzigt werden – aber selektiv. In einer Studie beobachteten Barry Schwartz und seine Mitarbeiter die Behandlung von Klienten im Büro einer Hypothekenbank in einer ostamerikanischen Stadt. Es gab nicht nur einen direkten Bezug zwischen dem Status der Klienten und der Länge ihrer Wartezeit, sondern Klienten mit einem hohen Status bekamen auch mehr als viermal so oft Getränke während ihrer Wartezeit angeboten wie Klienten mit niedrigerem Status (36 zu 8 Prozent). Zudem wurden Klienten mit hohem Status mehr als doppelt so häufig vom Warteraum zu ihrem Gesprächspartner begleitet (75 zu 33 Prozent).[17]

Oft stehen der Elite eigene, nur ihr vorbehaltene Aufenthaltsräume zur Verfügung. Auf Flughäfen haben sie beispielsweise Zugang zu VIP-Lounges, die edle Speisen und Getränke und andere Annehmlichkeiten bieten – von denen die Trennung von der großen Masse der plebejischen Wartenden, die dazu verdammt sind, ihre Zeit in der banalen »Wartezone« oder vor dem »Gate« abzusitzen, sicher nicht die geringste ist. Selbst das Rechtssystem bietet Menschen mit Geld bessere Wartebedingungen. Während sie auf ihren Prozeß warten, können die Reichen fast immer das Geld für ihre Kaution aufbringen, was ihnen gestattet, zu Hause in Freiheit zu warten. Die Armen dagegen müssen oft im Gefängnis warten. Und wenn sie zu Haftstrafen verurteilt werden, sitzen sie ihre Zeit meist in weniger komfortablen Etablissements ab als die Privilegierten.

*Der Mächtigere kontrolliert, wer wartet*

Mit dem Status und dem Vermögen steigt also auch die Chance, die Zeit zu kontrollieren, die eigene ebenso wie die anderer. Und hier kommen wir zum Kern des Wartespiels. Zeit ist Macht. Es gibt kein besseres Herrschaftssymbol, da Zeit der einzige Besitz ist, der auf keine Weise ersetzt werden kann, wenn er einmal verloren ist. Das Machtprinzip ist eigentlich dreigeteilt: Erstens, jemanden warten zu lassen, ist eine Demonstration der Macht. Zweitens, mächtige Menschen haben die Möglichkeit, andere warten zu lassen. Und drittens, durch die Bereitschaft zu warten, erkennt man diese Macht an und legitimiert sie.

Echte Machtmenschen, die sich dieser Regel sehr wohl bewußt sind, wagen oft direkte Übergriffe auf die persönliche Zeit. Eine Frau, die im früheren religiösen Reich des Bhagwan Shree Rajneesh zu höchsten Positionen aufgestiegen war, erzählte mir:»Das Ziel des Bhagwan war absolute Unterordnung. Während der Einführungswochenenden in den Vereinigten Staaten begannen wir diesen Prozeß immer, indem wir die neuen Mitglieder um eine Geste der Verpflichtung baten. Unsere erste Forderung war, daß sie ihre Uhren abgeben sollten, dann ihr Geld und ihre Kleider. Bhagwan wußte, sobald er ihre Zeit hatte – zuerst symbolisch, dann tatsächlich – hatte er auch *sie selbst.*«

Manchmal lassen Mächtige die anderen warten, um ihre Macht zu demonstrieren, um ihren Untertanen zu zeigen, wer wirklich das Sagen hat. Der mittelalterliche Papst Gregor VII. soll solche Demonstrationen genossen haben. Bekanntlich zwang er Heinrich IV., Kaiser des Heiligen Römischen Reiches, der zuvor seine Autorität in Zweifel gestellt hatte, drei Tage und Nächte lang barfuß in Schnee und Eis zu stehen, bevor er ihm eine Audienz gewährte.

Die Russen, für die das Warten im täglichen Leben eine so wichtige Rolle spielt, sind auch vom Wartenlassen als Waffe besonders fasziniert. Alexander Solschenizyn schrieb zum Beispiel in seinem Roman *Krebsstation:*

Noch wirksamer war es, wenn man jemanden traf (oder anrief oder sogar zu sich bestellt hatte), um ihm zu sagen:»Kommen Sie doch bitte morgen vormittag um zehn zu mir.«–»Haben Sie denn jetzt keine Zeit für mich?« wird der andere bestimmt fragen, weil er so schnell wie möglich erfahren möchte, warum man ihn bestellte, und versuchen, das Gespräch so schnell wie möglich hinter sich zu bringen.»Nein, jetzt geht es nicht«, sagt Rusanow dann freundlich, aber entschieden. Er wird nicht sagen, daß er etwas anderes zu tun habe oder eine Versammlung besuchen müsse, nein, um nichts in der Welt würde er einen einfachen, einleuchtenden Grund angeben, um den anderen zu beruhigen (das eben ist ja die Methode), er spricht sein»Es geht nicht« so aus, daß es viele ernste Bedeutungen haben kann, und nicht nur angenehme.»Aber worum handelt es sich denn?« fragt der andere vielleicht noch aus Tollkühnheit oder grenzenloser Unerfahrenheit.»Morgen werden Sie es schon hören«, übergeht Rusanow sammetpfotig diese undiplomatische Frage. Aber wie lange ist es noch bis morgen früh um zehn Uhr ...[18]

Militärstrategen verstehen es manchmal besonders gut, die Zeit als Angriffswaffe zu benutzen. Wenn sie das Spiel gut spielen, können sie auch gegen besser bewaffnete Feinde die Oberhand gewinnen. Zu Beginn seiner Amtszeit als Präsident erhielt Lyndon Johnson ein Memo von Nicholas Katzenbach, indem dieser (erfolglos) auf einen Stopp der amerikanischen Bombenangriffe und einen schrittweisen Abzug der Truppen aus Vietnam drängte. Clark Clifford, der im innersten Stab um Präsident Johnson arbeitete, nannte das Memo »treffend und prophetisch«:

Hanoi benutzt die Zeit so, wie die Russen das Gelände bei Napoleons Vorrücken auf Moskau nutzten; sie sind immer auf dem Rückzug, verlieren jede Schlacht, schaffen aber schließlich Bedingungen, unter denen der Feind seine Kampfkraft nicht länger aufrechterhalten kann. Bei Napoleon waren dies seine langen Nachschublinien und der kalte russische Winter; Hanoi hofft, daß es für uns die wachsende Uneinigkeit, Ungeduld und Frustration sein werden, die ein sich hinziehender Krieg ohne klare Fronten und andere sichtbare Zeichen des Erfolgs hervorruft... Zeit ist das wichtigste Element auf dieser Stufe unserer Einmischung in Vietnam. Können die langsamen Fortschritte in Vietnam ihren Vorsprung vor den rasant wachsenden Meinungsverschiedenheiten zu Hause wahren?[19]

Mein eigener Favorit für den Titel »Versiertester Spieler des machtpolitischen Wartespieles in diesem Jahrhundert« ist Iraks Führer Saddam Hussein. Bei jedem militärischen Kräftemessen haben die Vereinigten Staaten und ihre Verbündeten Saddam eine gnadenlose Niederlage beigebracht. Bagdad hat schonungslose Bombenangriffe und ein fast vollständiges Handelsembargo fast ohne jeden militärischen Gegenangriff hingenommen. Saddams einzige Verteidigung – und letztlich seine Offensive – waren seine Untätigkeit und Geduld. Nach jeder Drohung wartet Washington auf seine Antwort, und jedesmal bestimmt Bagdad das Tempo.

Als die Vereinigten Staaten 1990 ihren Einfluß geltend machten, um ein fast vollständiges Handelsembargo gegen den Irak zu verhängen, war die Schlagzeile von *USA Today* schon ein Hinweis auf das, was noch kommen sollte: »Jetzt beginnt ein Wartespiel.« Als Saddam charakteristischerweise nicht reagierte, waren die Vereinigten Staaten gezwungen, ihre militärischen Drohungen zu verstärken. Der Nahost-Experte Ahmad Khalidi erklärte der *New York Times:* »Mit jedem Tag, der vergeht, wird klarer, daß die Unterstützung für den Irak wächst, je länger Saddam Hussein durchhält.«[20] Ein Fachmann des amerikanischen Militärgeheimdienstes kommentierte:»Es beunruhigt mich, daß Saddam wieder einmal das Tempo des Krieges kontrolliert, ohne dabei selbst viel zu riskieren.«[21] Selbst nach seiner Aufgabe behielt Saddam diese Kontrolle über die Zeit bei. Wann würde er seine Truppen zurückziehen? Wann würde er seine Waffen zerstören? Wann den Inspekteuren Zutritt gewähren? Immer setzten seine Feinde die Ultimaten, und immer warteten sie auf Saddams Antwort.

Im Juni 1996 zeichnete T. D. Allman im *New Yorker* ein Profil Saddams. Er schrieb:»Heute weiß jeder, daß Saddam immer noch alle Macht in Händen hat.«Wenn ein Sieg daran gemessen wird, ob jemand an der Macht bleibt, dann, so folgert Allman,»ging Saddam nicht nur siegreich aus seiner ›Niederlage‹ im Golfkrieg hervor, sondern wird von Tag zu Tag stärker.« Tariq Aziz, der Saddams Außenminister und stellvertretender Premierminister gewesen ist, rühmt sich im selben Artikel:»Natürlich waren wir siegreich … wir haben euch besiegt! Der Irak ist nicht völlig heruntergewirtschaftet, und wir kontrollieren das Land immer noch. Bush und Baker sind jetzt nicht mehr an der Macht.« Gefragt, wie lange Saddam und seine Führungsmannschaft an der Regierung bleiben wollen, antwortete Aziz:»Für immer.«[22] Eine solche Macht entsteht, wenn man den Takt des Lebens kontrolliert.

REGEL ACHT
*Warten kann ein wirksames Kontrollinstrument sein*
*(oder: Das Siddhartha-Prinzip)*

Der Fall Saddam zeigt eine spezielle Anwendung der Machtregel: Warten kann an sich ein Akt der Macht sein. Erinnern Sie sich an Hermann Hesses jungen Siddhartha, der glaubte:»Jeder kann zaubern, jeder kann sein Ziel erreichen, wenn er denken, warten und fasten kann.« Mit der richtigen Einstellung ist Warten ein machtvolles Werkzeug gegen die Widernisse des Lebens.

Der Trick dabei ist, daß wir uns von der Uhrzeit weg hin zur Ereigniszeit bewegen müssen; daß wir die Uhrzeit und die Vorstellung, daß Zeit Geld ist, vergessen müssen. Siddhartha war bereit, so viel Zeit wie nötig einzusetzen, um seine Ziele zu erreichen. Er kannte den Wert seiner Zeit, aber der hatte nichts mit einem Stundenlohn zu tun. Von der Uhr der Gesellschaft beherrscht zu werden, war für ihn eine Verschwendung seiner wertvollsten Ressource.

Der Dichter Rainer Maria Rilke hat dies noch prägnanter zusammengefaßt. Über seinen Schreibtisch, so heißt es, habe er ein einziges Wort geschrieben: »WARTE«. Rilke wußte, daß Warten letztendlich einfach die Verbindung zwischen Gegenwart und Zukunft ist. Augustinus nannte es »die Gegenwart der Zukunft«.

Das Siddhartha-Prinzip kann unglaublich wirksam sein, besonders für Menschen, die kaum andere Möglichkeiten haben. Wie das Beispiel Saddams zeigt, ist es allerdings nicht nur auf geistige Ziele beschränkt. Manchmal nimmt es geradezu abstoßende Formen an. Walter Winchell galt allgemein als der mächtigste Journalist seiner Zeit, sicher aber als der meistgefürchtete. Winchell lief immer auf Hochtouren; einmal schrieb er über sich selbst: »Ich lebe in einem tödlichen Tempo.« Aber seine größte Macht erlangte er durch Warten. In seiner Autobiographie schrieb Winchell über all die »Undankbaren«, die ihn im Stich gelassen hatten:

Ich habe vergeben, aber ich kann nicht vergessen. Ich bin kein Kämpfer, ich bin ein »Warter«. Ich warte, bis ich einen Undankbaren mit offenem Hosenstall erwische, und dann mache ich ein Foto.

Wenn irgendein Scheißkerl mich mit Schmutz bewirft (nachdem ich ihm oder ihr geholfen habe), gebe ich das eines Tages mit besten Grüßen zurück. In der Zeitung, im Radio, oder mit einer Flasche Ketchup über den Schädel. Ich erfinde keine schmutzigen Geschichten. Ich warte, bis sie wegen Drogenkonsum oder Zuhälterei im Gefängnis sitzen, und dann mache ich das publik.[23]

Winchell war nicht Siddhartha, aber er hatte die Lehren des Meisters über die Zeit gut verstanden.

Die Möglichkeiten des Siddhartha-Prinzips kann man nicht leugnen. Doch nicht überall kann man diese einfache und machtvolle Karte spielen. Das Problem ist, daß ihre Anwendung oft eine Neuinterpretierung von Regel Eins (Zeit ist Geld) erfordert, die für viele Leute weniger akzeptabel ist als für Saddam Hussein. Die Situation vieler Siddharthas des 20. Jahrhunderts ist, so fürchte ich, in Mary Montgomery Singletons Gedicht treffend beschrieben:

Ah, »all things come to those who wait,«
(I say these things to make me glad),
But something answers, soft and sad,
»They come, but often come too late.«

*Zeit kann als Geschenk gegeben werden*

Warten kann als ein selbstauferlegter Akt der Großzügigkeit eingesetzt werden. Meist sind diese Gaben direkt und persönlich: Man
wartet auf die Heilung eines Menschen, man sorgt an seinem
Totenbett für ihn. Aber man kann auch ohne direkten Kontakt Zeit
verschenken. Die vielleicht seltsamste Variante des Wartens ist,
wenn Menschen sich dazu entschließen, öffentlich ihre Zeit als ein
Zeichen des Respekts einzusetzen.

Nach der Ermordung John F. Kennedys warteten zum Beispiel
fast eine Viertelmillion Menschen bis zu zehn Stunden lang in der
Kälte vor dem Kapitol, wo sein Körper in der Rotunde aufgebahrt
lag. Kein Vorgesetzter zwang sie dazu. Sie konnten keine Dankbar-
keit dafür erwarten. Diese Menschen hatten sich einfach dazu
entschlossen, ihrem geliebten Präsidenten ihre Zeit darzubringen, so
wie ein Buddhist vielleicht Früchte zu Füßen einer Gottheit nieder-
legt. Ein Teilnehmer erklärte es so: »Wir wollten es im Fernsehen in
unserem Zimmer im ›Y.‹ ansehen. Doch je länger wir zuschauten,
desto drängender wurde das Gefühl, etwas tun zu müssen – irgend
etwas.«[24] In einer Gesellschaft, in der Zeit Geld ist, wird freiwilliges
Warten tatsächlich zu einer wertvollen Opfergabe.

Eine solche Opfergabe ist eine besondere Form, Zeit als Zeichen
des Respekts einzusetzen. Selbstauferlegtes Warten drückt Hochachtung für eine andere Person aus. In Emily Posts Empfehlungen in
bezug auf die Etikette des Weißen Hauses heißt es zum Beispiel:

Wenn Sie im Weißen Haus eingeladen sind, müssen Sie wenigstens einige Minuten vor der angegebenen Zeit eintreffen. Es gibt

keinen unverzeihlicheren Bruch der Etikette, als nicht im Empfangszimmer zu stehen, wenn der Präsident eintritt.[25]

Durch diese Struktur der Ehrbezeugungen ist oft auch festgelegt, daß man darauf warten muß, daß der Vorgesetzte als erster geht. Millicent Fenwicks Benimmbuch befiehlt: »Die beiden Kardinalpunkte der Etikette des Weißen Hauses bestehen darin, daß kein Gast zu spät kommt und daß kein Gast die Veranstaltung verläßt, bevor nicht der Präsident und seine Frau nach oben gegangen sind.«[26]

Das »Opfern« von Zeit ist bemerkenswert, weil es nicht mit den Strukturen von Angebot und Nachfrage erklärt werden kann, mit denen unsere Analyse begonnen hat. Der einzige Zweck ist eine soziale Botschaft. Dies ist die reinste Form der stummen Sprache, die spricht, wenn Worte nicht ausreichen.

REGEL ZEHN
*Wenn man sich in eine Schlange drängelt, sollte man es hinten tun*

Im allgemeinen muß man sich, wenn man sich in eine Schlange drängelt, einen Platz relativ weit hinten aussuchen, um Ärger zu vermeiden. Jedes Jahr im August stellen sich beispielsweise Tausende von australischen Fußballfans über Nacht vor dem Melbourne Cricket Ground an, in der Hoffnung, einen der wenigen übriggebliebenen Plätze für ein wichtiges Fußballturnier zu ergattern. Als der Psychologe Leon Mann und seine Mitarbeiter diese Schlangen in den sechziger Jahren untersuchten, stellten sie überrascht fest, daß das Vordrängeln vor allem im hinteren Teil der Schlangen stattfand, obwohl dort die Wahrscheinlichkeit, noch eine Karte zu bekommen, am geringsten war. Ein Grund dafür war, wie sich herausstellte, daß der hintere Teil der Schlange relativ unorganisiert war. Die später Angekommenen waren erst kürzere Zeit zusammen und noch nicht miteinander vertraut und konnten Eindringlinge deshalb nicht so gut erkennen und zurechtweisen.[27]

Außerdem beschweren sich hinten in einer Schlange weniger Leute, wenn sich jemand vordrängelt. Stanley Milgram und seine Mitarbeiter testeten die Reaktionen der Wartenden, wenn sie sich vor Fahrkartenschaltern, in Wettbüros und anderen Örtlichkeiten in New York City vordrängelten.[28] 73 Prozent aller Beschwerden kamen von Personen, die hinter dem Punkt standen, an dem sich die Tester hineindrängten – von den Menschen also, deren Chancen durch den Drängler beeinträchtigt wurden. Je weiter hinten dieser Punkt liegt, mit desto weniger Beschwerden muß sich der Eindringling also auseinandersetzen. Wenn wir diese Schlangendynamik auf die Gesellschaftsordnung im großen übertragen, bestätigt sich noch einmal die Feststellung, daß die Menschen ganz unten immer die Verlierer im Wartespiel sind.

## Das internationale Wartespiel

Auch wenn die Menschen die Regeln in ihrem eigenen Land beherrschen, ist es sehr schwierig, dieses komplizierte Spiel in einer fremden Kultur zu spielen. Die Regeln sind oft so verschieden wie die Länder selbst.

Die Briten beispielsweise sind sehr stolz auf die Ordnung, die in ihren Schlangen herrscht. Die Israelis dagegen weigern sich hartnäckig, richtige Schlangen zu bilden. Doch als Leon Mann Israelis an Bushaltestellen beobachtete, stellte er fest, daß sie versteckte Regeln entwickelt hatten, so daß die Fahrgäste den Bus fast immer genau in der Reihenfolge ihres Eintreffens an der Haltestelle bestiegen. Dieses System, so folgerte er, spiegelt die ruhige, egalitäre Natur der israelischen Gesellschaft wider, die Unabhängigkeit und Hilfestellung je nach Notwendigkeit schätzt, aber jede Reglementierung ablehnt.[29]

Auch die Reaktionen auf das Warten sind von Kultur zu Kultur verschieden. Bei einer Studie ergab sich zum Beispiel, daß die

Atmosphäre in italienischen Schlangen eher von leichter Unterhaltung und einer allgemeinen Freundlichkeit bestimmt ist, während in amerikanischen Schlangen Gereiztheit und Ungeduld herrschen. In einer anderen Untersuchung stellte man fest, daß Katholiken in Amerika meist nicht so geduldig warten wie Protestanten.[30]

Weil die Warteregeln normalerweise nicht offengelegt werden, verstehen Außenstehende die Botschaft oft falsch. Das führt unweigerlich zu Konflikten. König Hassan von Marokko zum Beispiel ist ein notorischer Zuspätkommer, dessen Unpünktlichkeit schließlich sogar den außenpolitischen Beziehungen seines Landes Schaden zufügte. Als die englische Königin ihm 1981 einen Besuch abstattete, ließ der König eine Viertelstunde auf sich warten. Die Königin fand das gar nicht lustig.

Bei einer anderen Gelegenheit war Hassan eines der wenigen einflußreichen Mitglieder eines Königshauses, die bei der Hochzeit von Charles und Diana fehlten. Wegen seiner herausragenden Stellung mußte man ihn natürlich einladen. Aber die Einladung war umrahmt von Hinweisen auf den großen Wert, den die Angelsachsen auf Pünktlichkeit legen, und drückte die Hoffnung aus, daß Seine Majestät es einrichten könne, pünktlich zur Feier zu erscheinen. Der König antwortete zur gegebenen Zeit, daß gewisse dringende Angelegenheiten ihn leider davon abhielten, selbst zu kommen, und schickte den Kronprinzen an seiner Stelle.

Die Marokkaner verstehen immer noch nicht, warum die Briten sich so über die Unpünktlichkeit des Königs ärgerten. »Es kann gar nicht sein, daß der König jemals die Königin oder jemand anderen hat warten lassen,« sagte einer von ihnen später, »denn der König kann nicht zu spät kommen.«[31]

Hören Sie genau hin, und Sie verstehen die stumme Sprache.

# TEIL II

# Schnell, langsam und die Qualität des Lebens

# 6

# Wo ist das Lebenstempo
# am höchsten?

Dawia behauptete, daß die Europäer von Allah so bevorzugt
würden, weil Allah Autos liebte und hoffte, daß die Europäer
ihre Autos mit in den Himmel bringen würden. Omar entgeg-
nete jedoch, daß Allah die Europäer liebte, weil sie ihre
Verabredungen immer pünktlich einhielten.

JANE KRAMER, *Honor to the Bride*

Wenn sich ein Mensch in fremden Kulturen umsieht, entsteht in ihm
unwillkürlich der Drang, zu vergleichen – eine Kultur mit der
anderen und das eigene Leben mit dem jeweiligen fremden. In
meinem Fall drehen sich die Vergleiche wie von selbst immer wieder
um die Zeit. In den letzten zehn Jahren liefen meine beiden
Hauptbeschäftigungen – das Reisen und die Sozialpsychologie – in
zwei zentralen Fragen zusammen: In welchen Kulturen ist das
Tempo besonders schnell oder besonders langsam? Und wie beeinflußt dieses kulturelle Tempo die Lebensqualität der Menschen?
Erwacht ist mein Interesse an diesen Fragen durch Reisen in andere
Kulturkreise, aber auf der Suche nach Antworten habe ich die
systematischen Methoden der Sozialwissenschaften genutzt.

Das Wesen verschiedener Kulturen zu vergleichen, ist eine heikle
Sache. Schon Individuen in Schubladen zu sortieren, ist schwierig
genug; wie kann sich ein Wissenschaftler anmaßen, ganze Gruppen
von Menschen zu klassifizieren? Will man das Lebenstempo mit
einem Minimum an systematischer Objektivität messen, kann man
sich selbstverständlich nicht mit anekdotischen Schilderungen
begnügen. Man muß von Situationen ausgehen, die nicht nur
Aufschluß über zeitliche Erfahrungen geben, sondern auch in

verschiedenen Kulturen dieselbe psychologische Bedeutung haben. Solche vergleichbaren Situationen zu finden war schwieriger, als ich gedacht hatte. Beispielsweise suchte ich einen Situationstyp, der als Indikator für die Arbeitsgeschwindigkeit dienen konnte. Ich mußte ein spontan auftretendes Arbeitsverhalten finden, das man zeitlich messen und leicht beobachten kann und das quer durch verschiedene Kulturen die gleiche Bedeutung hat. Außerdem mußte gewährleistet sein, daß die Menschen, die wir bei der Arbeit testeten, jeweils Einheimische waren. Eine Zeitlang mündete diese Suche immer wieder in einer Sackgasse. Eine Möglichkeit, die wir wieder verwarfen, war beispielsweise, Angestellte von Fluggesellschaften beim Verkauf von Tickets zu beobachten. Doch bald mußte ich feststellen, daß diese Angestellten häufig gar nicht aus den Städten oder sogar Ländern kamen, in denen sie arbeiteten. Daher konnte man nicht recht wissen, ob ihr Arbeitstempo die Normen ihres Herkunftslandes widerspiegelte oder die ihres Gastlandes oder einfach die Kultur der Luftfahrtgesellschaft.

Als Fehlschlag erwies sich auch die Idee, das Tempo von Tankwarten zu messen. Tankstellen haben, wie ich bald erkannte, keineswegs in allen Ländern eine vergleichbare Funktion. Tankstellen bedienen einen sehr unterschiedlichen Kundenkreis und ziehen in Ländern wie Indonesien und Brasilien eine ganz andere Art von Arbeitskräften an als in den Vereinigten Staaten und Japan. Sogar in entwickelten Ländern sind Tankstellen manchmal schwer zu vergleichen. Als der Journalist Edwin Reingold aus dem Fernen Osten in die Vereinigten Staaten zurückgekehrt war, klagte er in einem Artikel: »An einer sogenannten *service-station* [in den USA] sitzt der Tankwart hinter kugelsicherem Glas und kann einem Anfänger nicht einmal helfen, den ihm neuen, schmierigen, stinkenden Vorgang des Selbsttankens zu erlernen. Erinnerungen an die typische Tankstelle in Tokio kommen mir in den Sinn, wo eine ganze Schar sauberer, höflicher und erfahrener Tankwarte sich um das Auto kümmert; sie füllen den Tank, waschen das Auto und prüfen den Reifendruck. Dann ziehen sie die Mütze, bedanken sich laut und freundlich und halten den Verkehr an, damit der Kunde wegfahren kann.«[1] Ganz offensichtlich würde die Messung der Arbeitsgeschwindigkeit von Tankwarten zwar sehr viel über die zeitlichen Normen einer Kultur aufzeigen, aber vielleicht nicht gerade das, was wir wissen wollten.

Schließlich entwickelten wir drei Indikatoren für das Lebenstempo: Erstens die Gehgeschwindigkeit – die Geschwindigkeit, mit der Fußgänger im Bereich der Innenstadt eine Strecke von 20 Metern zurücklegen; zweitens die Arbeitsgeschwindigkeit – wie lange Postangestellte brauchen, um jemandem eine Standardbriefmarke zu verkaufen, und drittens die Genauigkeit öffentlicher Uhren. (Diese Experimente wurden ausführlich in Kapitel 1 geschildert.) Meine Studenten und ich haben diese Beobachtungen in allen Ländern angestellt, in denen es uns persönlich möglich war. In einigen wenigen Ländern habe ich die Versuche selbst durchgeführt, meist aber wurden die Daten von interessierten Studenten meiner Universität gesammelt, die entweder in fremde Länder reisten oder in den Sommerferien in ihre Heimatstädte oder -länder zurückkehrten. Insgesamt haben wir in mindestens einer großen Stadt in 31 Ländern der Welt Daten erhoben.

## Das Lebenstempo in 31 Ländern

Die Zahlen in der Tabelle repräsentieren den Rang eines jeden Landes bei den drei gemessenen Indikatoren. Niedrigere Zahlen bedeuten rascheres Gehen, schnellere Bedienung auf der Post und genauere öffentliche Uhren. Der Gesamtwert für das Lebenstempo ergab sich aus dem statistischen Mittel der gemessenen Zeiten für jedes Land.[2]

| Land | Gesamt-tempo | Gehge-schwindig-keit | Bedienungs-zeit bei der Post | Genauigkeit der Uhren |
|---|---|---|---|---|
| Schweiz | 1 | 3 | 2 | 1 |
| Irland | 2 | 1 | 3 | 11 |
| Deutschland | 3 | 5 | 1 | 8 |
| Japan | 4 | 7 | 4 | 6 |
| Italien | 5 | 10 | 12 | 2 |
| England | 6 | 4 | 9 | 13 |
| Schweden | 7 | 13 | 5 | 7 |
| Österreich | 8 | 23 | 8 | 3 |
| Niederlande | 9 | 2 | 14 | 25 |
| Hongkong | 10 | 14 | 6 | 14 |
| Frankreich | 11 | 8 | 18 | 10 |
| Polen | 12 | 12 | 15 | 8 |
| Costa Rica | 13 | 16 | 10 | 15 |
| Taiwan | 14 | 18 | 7 | 21 |
| Singapur | 15 | 25 | 11 | 4 |
| USA | 16 | 6 | 23 | 20 |
| Kanada | 17 | 11 | 21 | 22 |
| Südkorea | 18 | 20 | 20 | 16 |
| Ungarn | 19 | 19 | 19 | 18 |
| Tschechien | 20 | 21 | 17 | 23 |
| Griechenland | 21 | 14 | 13 | 29 |
| Kenia | 22 | 9 | 30 | 24 |
| China | 23 | 24 | 25 | 12 |
| Bulgarien | 24 | 27 | 22 | 17 |
| Rumänien | 25 | 30 | 29 | 5 |
| Jordanien | 26 | 28 | 27 | 19 |
| Syrien | 27 | 29 | 28 | 27 |
| El Salvador | 28 | 22 | 16 | 31 |
| Brasilien | 29 | 31 | 24 | 28 |
| Indonesien | 30 | 26 | 26 | 30 |
| Mexiko | 31 | 17 | 31 | 26 |

# 31 Länder im Vergleich

Japan und die westeuropäischen Länder wiesen insgesamt die kürzesten Zeiten auf. Acht der neun schnellsten Länder sind in Westeuropa zu finden,[3] Japan ist der einzige Eindringling in dieser geschlossenen Gesellschaft.

Der Schweiz wurde die Ehre des ersten Platzes zuteil, weil sie in allen Bereichen auf hohen Rängen landete: Die Gehgeschwindigkeit dort kam auf Platz drei, die Bedienungszeit bei der Post auf Platz zwei und die Genauigkeit der Uhren – die ein höllisch gutes Resultat lieferten, das muß ich schon sagen – auf Platz eins; die Uhren an den Schweizer Bankgebäuden wichen im Durchschnitt ganze 19 Sekunden von der Telefonansage ab. Irland kam auf Platz zwei und wies die höchste Gehgeschwindigkeit aller 31 Länder auf. (Als ich dieses Ergebnis einem überraschten schwedischen Kollegen zeigte, schüttelte er zuerst den Kopf und fragte:»Das kleine Dublin ist am schnellsten?« Gleich darauf schmunzelte er und sagte:»Ja natürlich. Die verdammte Kälte hält die Leute in Trab.«) Deutschland kam in der Gesamtwertung auf den dritten Platz.

Japan folgte dicht dahinter auf Platz vier. Die drei Länder, die vor ihm liegen, hatten nur einen ganz knappen Vorsprung – ein paar Sekunden hier und dort, und die Japaner wären auf Platz eins gekommen. Tatsächlich gibt es zahlreiche Anhaltspunkte dafür, daß Japan das schnellste Land überhaupt ist. Bei der Bedienungszeit auf der Post beispielsweise mußte sich Japan mit dem vierten Platz begnügen, aber wo außer in Japan hätte unser Mitarbeiter auf Postangestellte treffen können, die manchmal die Briefmarken einwickelten und als kleines Päckchen überreichten oder die gelegentlich, ohne darum gebeten oder dazu aufgefordert zu werden, eine Quittung ausstellten? Wir bemühten uns, bei unseren Berechnungen die dafür zusätzlich benötigten Sekunden abzuziehen, aber kann man damit wirklich Postangestellten gerecht werden, die fast mit Höchstgeschwindigkeit arbeiten und dabei einen luxuriösen Service bieten? Die Angestellten in Frankfurt schnitten vielleicht ein paar Sekunden besser ab, aber man kann sich nur schwer vorstellen, daß Kunden dort das Postamt mit dem Gefühl verlassen, sie hätten gerade einen Einkauf bei Tiffany getätigt. Und wie erst steht es bei einem Vergleich mit China, wo mehrere Postangestellte über unseren Tester lachten und ihn offenbar für verrückt hielten, weil er mit Hilfe einer Notiz kommunizierte? Und mit Indien, wo wir unsere Versuche abbrechen mußten, weil die meisten Postangestellten es nicht für nötig hielten, Wechselgeld bereitzuhalten?

Und wie sah es in New York aus? Im Hauptpostamt (das sich stolz mit der Postleitzahl 10001 schmücken kann), hielt eine Angestellte meine Notiz hoch über ihren Kopf und begann dann, sehr langsam und sehr laut der Schlange hinter mir und einem guten Teil des übrigen Zentrums von Manhattan mitzuteilen: »SIE ... WOLLEN ... MIR ... DOCH ... NICHT ... SAGEN ... DASS ... SIE ... EINE ... EINZIGE ... LAUSIGE ... BRIEFMARKE ... WOLLEN ... UND ... DAFÜR .... MIT ... EINEM ... [hier wurde sie noch langsamer und lauter, und ihr Rhythmus klang allmählich wie der Partitur des *Bolero* entnommen] ... FÜNF- ... DOLLAR- ... SCHEIN ... BEZAHLEN?« Nach einer kurzen Pause und nachdem sie sowohl mich als auch meinen Schein ein paarmal ungläubig angeschaut hatte, steigerte sie die Lautstärke noch um ein paar Dezibel und rief aus: »GOTT, WIE ICH DIESE STADT HASSE!« Das war nicht nur mein peinlichstes Erlebnis als Versuchsleiter, sondern die Rede dieser Dame schüchterte mich auch derart ein, daß ich vergaß, ihre Bedienungszeit zu messen. (New York und Budapest waren die einzigen Städte, aus denen unsere Mitarbeiter berichteten, sie seien von den Angestellten beleidigt worden.)

Ob Japan oder die Schweiz die Goldmedaille für Schnelligkeit verdient, bleibt umstritten, aber zweifellos war das erstaunlichste Ergebnis am oberen Ende der Rangliste das durchgängig schnelle Tempo in Westeuropa. Acht der neun getesteten westeuropäischen Länder (die Schweiz, Irland, Deutschland, Italien, England, Schweden, Österreich und die Niederlande) waren, abgesehen von Japan, schneller als alle übrigen Länder. Der einzige Nachzügler in Westeuropa war Frankreich, so daß ihm Hongkong (das in der Kategorie der Arbeitsamen auch nicht gerade durch Laxheit auffällt) eine Nasenlänge voraus war. Und selbst dieser kleine Ausrutscher verdankt sich vielleicht dem Zufall eines seltenen klimatischen Umstandes: Die Tests in Paris wurden in einem der heißesten Sommer durchgeführt, die es in der Stadt je gab.

Vor Beginn der Untersuchung prophezeiten einige meiner Kollegen, daß eine oder mehrere der rasch aufstrebenden asiatischen Wirtschaftsmächte die höchsten Schnelligkeitswerte erzielen würden. Michael Bond, ein renommierter Fachmann für Interkulturelle Psychologie von der Chinesischen Universität in Hongkong, behauptete, die Kultur seiner Heimatstadt würde mit Leichtigkeit den Sieg davontragen. »Das Lebenstempo hier [in Hongkong]«, erklärte er gegenüber einem Journalisten der *Time*, »ist viel schneller als irgendwo sonst auf der Welt.«[4] Mit Hilfe von Bond und seinen Studenten konnten wir in Hongkong mehrere Reihen von zuverlässigen Daten gewinnen. Aber leider landete Hongkong nicht nur bei allen drei Indikatoren hinter Japan, sondern fiel auch hinter praktisch ganz Westeuropa zurück. Hongkong war allerdings ein wenig schneller als die drei anderen Industriestaaten Asiens – Taiwan, Singapur und Südkorea –, die an vierzehnter, fünfzehnter und achtzehnter Stelle folgen.

Die Vereinigten Staaten, die durch das klassisch hektische New York repräsentiert waren, kamen in der Gesamtwertung unerwartet auf den sechzehnten Platz und gehörten damit schon zu den eher langsamen Ländern. Wir waren so überrascht von den relativ niedrigen Werten von New York, daß wir zur Sicherheit einen zweiten Tester ausschickten, der noch einmal einen Satz Daten sammeln sollte. Diese erwiesen sich als nahezu identisch mit den ersten. Die New Yorker erreichten zwar einen respektablen sechsten Platz bei der Gehgeschwindigkeit, kamen aber bei der Arbeitsgeschwindigkeit der Postangestellten auf Platz dreiundzwanzig und bei der Genauigkeit der Uhren auf Platz zwanzig.

Natürlich ist eine simple Geschwindigkeitsmessung vielleicht nicht das einzige angemessene Kriterium, um das Tempo der New Yorker zu beurteilen. Man begegnet auf den Straßen von New York einer Art von Gewandtheit und Selbstsicherheit, die sich nicht unbedingt an einer Stoppuhr ablesen läßt. Während die Fußgänger in Tokio im allgemeinen diszipliniert, ordentlich bis pedantisch und brav sind, stellen die New Yorker den Inbegriff der Anarchie dar. Der Soziologe William Whyte, der in seinem Berufsleben viel Zeit darauf verwendet hat, das Verhalten von Fußgängern in Großstädten zu beobachten, hat auf die Dreistigkeit hingewiesen, mit der die New Yorker einander herausfordern, rote Ampeln mißachten, unverbesserlich chaotisch sind, im Zickzack zwischen Autos hindurchschlüpfen und Fahrzeugen in den Weg treten, als wollten sie sagen: »Mach mir Platz oder bring mich um.« (Betrüblicherweise sind die Autofahrer häufig ebenso draufgängerisch. So wurden beispielsweise 1994 in New York 12 730 Fußgänger von Autos angefahren – das heißt, ungefähr alle 41 Minuten einer. Zweihundertneunundvierzig von ihnen starben.[5]) Was macht es schon aus, wenn die New Yorker ein paar Zehntelsekunden hinter die Einwohner von Tokio zurückfallen? Loyale Liebhaber New Yorks mögen sagen, daß die wahre Geschwindigkeit der New Yorker in den Nuancen liegt. Whyte seinerseits kam zu dem Schluß: »Vielleicht bin ich parteiisch, aber ich denke, daß von allen Fußgängern die von New York die besten sind.«[6] Womöglich unterschätzt unsere Rangliste tatsächlich das Lebenstempo, das die Menschen in den Großstädten der USA erleben. Dazu bald noch mehr.[7]

## Wo das Leben langsam ist

Drunten in Brasilien
Braucht man einen Tag, um eine Meile zu gehen,
Die Zeit steht einfach still.

MICHAEL FRANKS, *Sleeping Gypsy*

Bei den langsamen Ländern gab es wenig Überraschungen. Die letzten acht Ränge wurden alle von nichtindustrialisierten Ländern in Afrika, Asien, dem Nahen Osten und Lateinamerika belegt. Am langsamsten überhaupt waren die Länder, in denen *amanhã*, die »Gummizeit«, und *a mañana* zu Hause sind: Brasilien, gefolgt von Indonesien und, auf dem letzten Platz, Mexiko.

Die Langsamkeit durchdringt in diesen Ländern das tägliche Leben bis ins Mark. Bei unseren Zeituntersuchungen in Brasilien stellten meine Mitarbeiter und ich fest, daß die Brasilianer nicht nur einen lockeren Umgang mit der Zeit pflegen, sondern jeden Anspruch auf Orientierung an der Uhr aufgegeben haben. Als wir beispielsweise fragten, wie lange sie bei der Geburtstagsfeier eines Neffen auf einen Spätankömmling warten würden, erklärten Brasilianer, sie würden im Schnitt etwa 129 Minuten warten. Mehr als zwei Stunden! In meinem Freundeskreis hingegen dauern Geburtstagsfeiern für Kinder oft überhaupt nur zwei Stunden. Bringen die Eltern ihre Kinder 129 Minuten nach der angesetzten Zeit, versäumen sie nicht nur den Anfang der Party, sondern die Eltern kommen 9 Minuten nach der Zeit, zu der sie ihre Sprößlinge schon wieder abholen sollten – das ist schon ein recht gravierender zeitlicher Fauxpas gegenüber den Gastgebern. Ähnlich locker äußerten sich die Brasilianer auch über Gäste, die vor der Zeit eintreffen: Jemand konnte bei der nämlichen Geburtstagsfeier durchschnittlich 44 Minuten vor der angegebenen Uhrzeit erscheinen, ehe es hieß, er sei zu früh gekommen, während unsere Interviewpartner in den Vereinigten Staaten die Grenze bei 26 Minuten zogen.

Bei einer Verabredung zum Mittagessen würden Brasilianer nach eigenen Angaben 62 Minuten warten. Man vergleiche das mit den Vereinigten Staaten, wo die Menschen selten mehr als eine Stunde für das Mittagessen zur Verfügung haben. Zumindest an einem Werktag müßten typische Amerikaner zwei Minuten *vor* dem Zeitpunkt wieder im Büro sein, zu dem die saumseligen Brasilianer allmählich den Beginn der Mahlzeit ins Auge fassen.

Tatsächlich ist in Brasilien das Mittagessen eine sehr geruhsame Angelegenheit. Als ich dort lebte, aß ich beispielsweise häufig bei der Familie eines brasilianischen Freundes zu Mittag, der damals Vizepräsident an meiner Universität war. Bei diesen Gelegenheiten pflegte mein Freund irgendwann zwischen 12 Uhr und 12.30 Uhr zur Tür hereinzustürzen, bekleidet mit Anzug und Krawatte, wie es seine prominente Rolle verlangte. Er ging schnurstracks ins Schlafzimmer weiter und kam gleich darauf in Shorts und T-Shirt wieder zum Vorschein, plötzlich lächelnd und entspannt – wirklich immer lächelnd und entspannt. Dann genossen wir alle zusammen ein sich lange hinziehendes Mahl, tranken Bier oder Wein, plauderten ein wenig, spielten mit den Kindern oder sahen fern, bis wir zu gähnen begannen. Dann zog sich jeder allein in ein Zimmer zurück und gönnte sich einen ausgedehnten Mittagsschlaf. Etwa um 15 Uhr – *mais ou menos*, versteht sich – tauchte mein Freund aus seinem Schlafzimmer auf, wieder im formellen Anzug, wie es sich für einen Vizepräsidenten gehörte, setzte seine Amtsmiene auf und ging fort, um sich noch ein paar Stunden der Leitung der Universität zu widmen. So sieht der Luxus einer brasilianischen *siesta* aus.

In Brasilien tragen weniger Menschen eine Uhr als in den Vereinigten Staaten, und wenn sie eine tragen, geht sie erheblich weniger genau. Das weitgehende Fehlen von Uhren oder ihre Ungenauigkeit ist ebenfalls ein Kennzeichen langsamer Kulturen. Meine Lieblingsentschuldigung zu spät gekommener Brasilianer lautete: »*O relógio causou o meu atraso* [Die Uhr ist an meiner Verspätung schuld]« – was heißen sollte, daß die Ursache ihrer Verspätung eine nachgehende oder falsch gestellte Uhr war.

Selbst ein Mensch mit einer erstklassigen Uhr hat in Brasilien

Mühe, pünktlich zu sein. Nur wenige haben ein eigenes Auto, und die öffentlichen Verkehrsmittel sind, vorsichtig ausgedrückt, unzuverlässig. Ich habe mehr als einmal erlebt, daß der Fahrer meines Omnibusses mitten auf der Strecke anhielt und ausstieg. Einmal kam er nach mehr als zehn Minuten zurück, kaute noch am letzten Bissen seines belegten Brötchens und dankte uns allen für unsere Geduld. Ein anderer Fahrer entschuldigte sich einmal für »*um momento*« und kam nach etwa fünfzehn Minuten mit seinem Lebensmitteleinkauf zurück. In beiden Fällen war ich offensichtlich der einzige, der an seiner Rückkehr zweifelte. »*Calma, Bobby*«, sagten dann meine Begleiter, und das war in vielen Situationen während meines Aufenthaltes in Brasilien nötig. Unter diesen Umständen muß sich einfach jeder Zeit lassen oder verrückt werden, so daß die Langsamkeit zu einer sich selbst erfüllenden Prophezeiung wird.

Viele der von uns getesteten Brasilianer hatten keinerlei Vorstellung von der Uhrzeit. Ein Herr ohne Uhr, den ich nach der Zeit fragte, sah mich an und erklärte stolz – bei Licht besehen sogar ein wenig herablassend –, es sei »genau 14.14 Uhr«. Er lag mehr als drei Stunden daneben. Man vergleiche das mit einem meiner Studenten in Kalifornien, dem ich dieselbe Frage stellte und der auf seine Armbanduhr schaute und dann antwortete: »15.12 Uhr und 18 Sekunden.«

In Mexiko, das auf dem letzten Platz landete, können Menschen, die sich allzu genau nach der Uhr richten, ein ausgesprochenes Ärgernis sein. Mein Kollege Sergio Aguilar-Gaxiola, der einen Doktor der Medizin und einen der Philosophie (in Klinischer Psychologie) besitzt, ist in Mexiko aufgewachsen, arbeitet aber teils in Mexiko, teils in den Vereinigten Staaten. »Wenn man auf eine bestimmte Zeit zu einer Party eingeladen wird,« hat er mir erklärt, »dann versteht es sich von selbst, daß man später kommen soll. Erscheint man zur angegebenen Zeit – *en punto* – ist man wahrscheinlich der Gastgeberin im Weg, die noch damit beschäftigt ist, Vorbereitungen zu treffen oder sich umzuziehen. Diese Regeln in bezug auf die Pünktlichkeit spielen in der mexikanischen Kultur eine große Rolle.«

Die Langsamkeit ist so tief in der mexikanischen Kultur verwurzelt, daß Menschen, die sich nach der Uhr richten, geradezu Beleidigungen herausfordern. »In Mexiko«, berichtet Aguilar, »erwartet man in jedem Fall, daß die Leute zu spät kommen. Wenn eine Konferenz oder eine Versammlung auf 11 Uhr anberaumt ist, dann heißt das nach *hora mexicana*, daß sie um 11.15, 11.30 oder sogar um 12 Uhr beginnt, je nach den Umständen. Wenn man um 11 Uhr kommt, muß man nicht nur damit rechnen, allein dazustehen, sondern empfindet auch eine gewisse Verlegenheit darüber, daß man pünktlich gekommen ist. Spätankömmlinge – oder solche, die zur vorgesehenen Zeit eintreffen, je nachdem, ob man sich nach der *hora mexicana* oder der *hora inglesa* richtet – frotzeln oft über den, der genau um 11 Uhr kommt. Es gibt einen Ausdruck: ›*Llegaste a barrer?*‹, der in etwa bedeutet: ›Bist du zum Putzen gekommen?‹ Den bekommt ein Überpünktlicher häufig in ironischem Ton zu hören, und er ist eine ganz schöne Ohrfeige. Noch heute habe ich in den Vereinigten Staaten Schwierigkeiten, mich bei Verabredungen geistig von der *hora mexicana* auf die *hora inglesa* umzustellen – also *en punto* anzukommen –, weil ich Angst habe, daß mich jemand mit diesem spöttischen ›*Llegaste a barrer?*‹ empfängt.«

Manches, was nicht in den Daten sichtbar wird, sagt sogar noch mehr über die Langsamkeit der Länder am Ende unserer Liste aus. Bei meinem ersten Besuch im großen Hauptpostamt in Jakarta im nahezu langsamsten Indonesien fragte ich beispielsweise nach der Schlange, in der ich um Briefmarken anstehen mußte, und wurde an eine Gruppe von privaten Händlern verwiesen, die vor der Tür saßen. Jeder von ihnen wollte ein Geschäft mit mir machen. »Hey, Mister, hier gibt's gute Marken!« »Die besten Marken gibt es bei mir!« In der kleineren Stadt Solo fand gerade ein Volleyballspiel statt, als ich an einem Freitagnachmittag bei der Hauptpost ankam. Die Öffnungszeit sei bereits vorüber, sagte man mir. Als ich am Montagmorgen wiederkam, war der Postangestellte vor allem daran interessiert, mit mir über seine Verwandten in Amerika zu reden. Ob ich seinen Onkel in Cincinati kennenlernen wolle? Ob mir Kalifornien oder die Vereinigten Staaten besser gefielen? Fünf Leute, die hinter mir anstanden, warteten geduldig. Statt sich zu beschweren, fingen sie zu meiner Überraschung an, sich für unser Gespräch zu interessieren. Wir stellten also nicht nur fest, daß die Indonesier alles sehr gemächlich abwickeln, sondern wir brauchten auch – weil wir aufgrund von Unregelmäßigkeiten mehrere Versuchsdurchgänge machen und uns mit dem Motorrad und dem Fahrradtaxi fortbewegen mußten – erheblich länger als in vielen anderen Ländern, um das herauszufinden.

»Ach, wohin sind die Flaneure von gestern entschwunden?« fragt Milan Kundera in seinem Roman *Die Langsamkeit*. Viele von ihnen sind, das kann man wohl getrost sagen, auf den Straßen von Jakarta, Rio de Janeiro und Mexico City zu finden.

## Wohin ist La Dolce Vita entschwunden?
### Westeuropa, Japan und die Vereinigten Staaten im Vergleich

»Bitte geh doch etwas schneller!« sprach der Weißfisch zu der Schnecke. Hinter uns – dreh dich nicht um – krabbelt zwickzwack eine Zwecke.

LEWIS CARROLL, *Alice im Wunderland*[8]

Vor einigen Jahren stellte der Journalist Alan Riding von der *New York Times* den zwanghaften Arbeitstrieb der Amerikaner und Japaner der Leichtigkeit gegenüber, mit der ein großer Teil der Europäer die Freuden des guten Lebens genießt. Unter der Überschrift »Warum *La Dolce Vita* den Europäern leicht fällt... Wie die Japaner immer härter arbeiten, um sich zu entspannen«, fragte Riding: »Wie kommt es, daß die Europäer den ganzen Tag herumsitzen und Kaffee trinken, lange Abende beim Essen verbringen, sich elegant kleiden, spät aufstehen, lange Ferien machen... Warum leben, kurz gesagt, Europäer so viel besser als Amerikaner?«[9]

Wie lassen sich die Ergebnisse unserer Versuche mit diesem verbreiteten Klischee in Einklang bringen? Sollten wir aus unseren Daten schließen, daß *La Dolce Vita* in Westeuropa ein Traum der Vergangenheit ist – daß die Japaner und die Westeuropäer nun die neuen gestreßten, hektischen Vertreter des Typ A sind, während die Amerikaner endlich gelernt haben, alles ein bißchen locker angehen zu lassen? Um diese Frage beantworten zu können, müssen wir vielleicht über unsere drei Indikatoren für die Geschwindigkeit hinausgehen, die so ausgewählt waren, daß sie Facetten des Tempos im Arbeitsleben beleuchten. Wieviel Freizeit haben die Menschen? Haben sie Urlaub? Wie sieht die Verteilung von harter Arbeit und Muße aus? In diesen Bereichen unterscheidet sich Westeuropa auch heute noch stark von den Vereinigten Staaten und noch mehr von Japan.

Zunächst einmal ist die durchschnittliche Arbeitswoche in den meisten europäischen Ländern kürzer als in den Vereinigten Staaten, wo sie allerdings immer noch kürzer ist als in Japan. Nach einer Schätzung aus jüngerer Zeit belaufen sich die bezahlten Arbeitsstunden auf durchschnittlich 2159 in Japan, auf 1957 in den Vereinigten Staaten, 1646 in Frankreich und auf 1638 im ehemaligen Westdeutschland. Mit anderen Worten arbeiten die Beschäftigten in Japan durchschnittlich 202 Stunden im Jahr länger als ihre Kollegen in den Vereinigten Staaten und 511 Stunden mehr als die Arbeitskräfte in Westdeutschland. Geht man von einer 40-Stunden-Woche aus, bedeuten diese Zahlen, daß der durchschnittliche japanische Firmenangestellte fünf Wochen mehr arbeitet als seine Kollegen in den Vereinigten Staaten und mehr als zwölfeinhalb Wochen – über drei Monate! – mehr als die Beschäftigten in Frankreich und Westdeutschland.[10] Anders betrachtet haben lediglich 27 Prozent der japanischen Arbeitskräfte nur eine Fünftagewoche mit vierzig Arbeitsstunden, in den Vereinigten Staaten hingegen 85,1 Prozent der Beschäftigten und in Frankreich 91,7 Prozent.

Italien, die Wiege von *La Dolce Vita*, ist ein gutes Beispiel. Die römischen Postangestellten kamen auf einen respektablen zwölften Platz in unserer Liste, was mich überraschte. Schließlich hat die Post in diesem Land einen so schlechten Ruf, daß vor gar nicht so langer Zeit Gerüchte in Umlauf kommen konnten, Lastwagen aus Rom hätten ganze Ladungen alter Post auf brachliegende Felder gekippt. Bei näherem Hinsehen gibt es jedoch Anzeichen dafür, daß die Werte der römischen Post bei unserem Test nicht unbedingt Anzeichen dafür sind, daß dort plötzlich eine stramme Arbeitsmoral ausgebrochen ist. Ein kürzlich veröffentlichter Bericht der amtlichen Censis Foundation der italienischen Regierung machte deutlich, daß es auch weiterhin sehr lange Wartezeiten und Verzögerungen bei Institutionen wie der Post gibt. Unsere Daten bezeugen nur, daß die Arbeitsgeschwindigkeit in Italien am Schalter schneller wird, sie sagen nichts darüber aus, wie lange man braucht, um an diesen Schalter zu gelangen. Vielleicht macht diese Kombination von schneller Bedienung und langer Wartezeit Sinn, wenn man bedenkt, daß die Postämter in Italien nur rund fünf Stunden am Tag geöffnet haben.[17]

Es ist bemerkenswert, daß der Unterschied in der Zahl der Arbeitsstunden zwischen Westeuropa und anderen Ländern der industrialisierten Welt wächst. Bis in die vierziger Jahre dieses Jahrhunderts hinein hat die durchschnittliche Länge der Arbeitszeit in Europa und in den Vereinigten Staaten fast hundert Jahre lang parallel abgenommen. In den Vereinigten Staaten war, wie in Europa, eine Verkürzung der Arbeitszeit von Anfang an das zentrale Anliegen der Arbeiterbewegung; die Frage nach den Arbeitsstunden war einst der »Grund der Erweckung« des amerikanischen Arbeiters. »Acht Stunden Arbeit, acht Stunden Schlaf und acht Stunden für das, was wir wollen«, lautete die Kampfparole der Gewerkschafter um die Jahrhundertwende. Viele dramatische und bedeutsame Ereignisse in der Geschichte der amerikanischen Arbeiterbewegung – zum Beispiel die Streiks von 1886, die Haymarket-Unruhen und der Stahlarbeiterstreik von 1919 – drehten sich um die Länge des Arbeitstages. Zuerst traten selbst die Arbeitgeber für kürzere Arbeitszeiten ein – nicht, weil sie von besonderem Idealismus beseelt waren, sondern weil sie überzeugt waren, daß Überarbeitung und Müdigkeit Schaden anrichteten und daß Sicherheit, Gesundheit, Ruhe und ein Minimum an Familienleben sich auf lange Sicht auszahlen würden. Die Folge war ein allmähliches und stetiges Sinken der Arbeitszeiten in den Vereinigten Staaten während der gesamten zweiten Hälfte des 19. Jahrhunderts und eine einschneidende Kürzung – von zehn Stunden auf acht Stunden am Tag – in den ersten beiden Jahrzehnten des 20. Jahrhunderts. Dann wurde die durchschnittliche Arbeitswoche von sechs auf fünf Tage verkürzt, was zur 40-Stunden-Woche führte.[12]

Eine Zeitlang sah es so aus, als würde der Abwärtstrend bei der Arbeitszeit der Amerikaner anhalten. Beispielsweise kündigte 1930 auf dem Höhepunkt der Depression der Wirtschaftsvisionär W. K. Kellogg (der von den Cornflakes) ein revolutionäres Experiment an: Nahezu alle Beschäftigten seines riesigen Unternehmens in Battle Creek sollten ab sofort nur noch sechs Stunden am Tag arbeiten. Die Verringerung der Arbeitsstunden wurde nur von minimalen Lohnkürzungen begleitet, weil Kellogg glaubte, daß eifrige Arbeit den Ausfall der Stunden wettmachen würde. Der Arbeitshistoriker Benjamin Hunnicutt hat in seinem Buch *Kellog's Six-Hour Day* dokumentiert, daß dieses Programm ein sofortiger Erfolg war. Es wurde von den Medien, von Unternehmern und Gewerkschaftsführern und sogar von Präsident Hoover gepriesen. Eine typische Reaktion war etwa die Erklärung eines Wirtschaftsmagazins auf der Titelseite, dies sei »die größte Neuerung in der Industrie seit Fords Fünf-Dollar-pro-Tag-Politik«.[13]

Fast zwanzig Jahre lang funktionierte Kellogs Konzept hervorragend. Die Belegschaft freute sich über die gewonnene Zeit. Vor allem die Frauen berichteten, daß sie die zusätzlichen Stunden für Gartenarbeit, Nähen, Einmachen, Sorge für die Familie und Hilfeleistungen in der Nachbarschaft sehr zu schätzen wußten. Auch Kellogg war mit dem Ergebnis hochzufrieden. Er berichtete, daß als Folge der kurzen Arbeitszeit die »Pauschalkosten um 25 Prozent sanken … die Kosten pro Arbeitsplatz um 10 Prozent sanken … die Arbeitsunfälle um 41 Prozent zurückgingen … (die Ausfalltage wegen eines Unfalls) um 51 Prozent abnahmen … [und] 39 Prozent mehr Arbeitskräfte bei Kellogg beschäftigt waren als 1929.« Kellogg kam zu dem Schluß, daß »sich bei unserem kürzeren Arbeitstag die Effizienz und die Arbeitsmoral unserer Angestellten derart verbessert haben, die Unfallquoten so gesunken sind und Versicherungsleistungen so viel seltener in Anspruch genommen werden, die Produktionskosten pro Arbeitsplatz derart abgenommen haben, daß wir es uns leisten können, für sechs Stunden so viel zu bezahlen wie früher für acht.«[14]

Aber in einer Nation, die immer arbeitssüchtiger wurde, war Kelloggs idyllisches Experiment schließlich zum Scheitern verurteilt. Nach dem Zweiten Weltkrieg schloß sich das Management der Ansicht eines früheren Arbeiters von Kellogg an, der gelassen erklärt hatte: »Nur ein Schwachkopf kann glauben, daß man in weniger Wochenstunden ebenso viel produzieren kann wie in mehr Stunden.« Bald darauf führte das Unternehmen eine neue Politik ein, die höhere Löhne an größere Produktivität knüpfte. Die Arbeiter hofften, aus dem Konsumaufschwung des Landes in der Nachkriegszeit Profit zu ziehen, und forderten einen Achtstundentag. Sogar die Gewerkschaft kämpfte für die Rückkehr zum Achtstundentag. Im Einklang mit der nationalen Stimmungslage gingen die Arbeiter von Kellogg, das Management und die Gewerkschaften dazu über, das Konzept der Muße zu trivialisieren. Freie Zeit war »verschwendet«, »verloren«, »dumm«. Der kürzere Arbeitstag wurde mit Weiblichkeit assoziiert. »Sechs Stunden war etwas für die Frauen«, erklärte ein Arbeiter.[15] Diejenigen, die sich für den alten Sechsstundentag einsetzten, waren »Waschlappen«, »Faulpelze« oder einfach »komische Käuze«. In den fünfziger und sechziger Jahren bewegten sich die Beschäftigten von Kellogg stetig auf einen Achtstundentag zu. 1985 gaben die noch verbliebenen Verfechter der alten Regelung, von denen drei Viertel Frauen waren, auf. Dieses einschneidende Ereignis wurde in den Medien kaum erwähnt.

In den Vereinigten Staaten insgesamt ist die durchschnittliche Arbeitswoche seit mehr als einem halben Jahrhundert unverändert geblieben. Viele Fachleute glauben sogar, daß die Freizeit abgenommen hat. So behauptet die Historikerin Juliet Schor in ihrem vielgelesenen Buch *The Overworked American: The Unexpected Decline of Leisure* überzeugend, daß der durchschnittliche Amerikaner heute weniger Zeit für sich hat als vor zwanzig Jahren. Dieser Verlust an Freizeit ist kein Zufall. Juliet Schor legt Beweise dafür vor, daß die Gewerkschaften in den Vereinigten Staaten wenig Gewicht auf die Frage nach den Arbeitsstunden gelegt und ihre Energien statt dessen auf das Einkommen und die Sicherheit des Arbeitsplatzes konzentriert haben. In Europa hingegen hat der Abwärtstrend bei den Arbeitsstunden stetig angehalten. Im Gegensatz zu den Vereinigten Staaten hat die organisierte Arbeiterbewegung in Europa das Thema der Arbeitszeitverkürzung in der gesamten Nachkriegszeit an die erste Stelle ihrer Wunschliste gesetzt. Auch in Wirtschaftskrisen haben sich die Arbeiter dem Druck, länger zu arbeiten, widersetzt. In Deutschland beispielsweise haben einige zäh durchgehaltene Streiks in den achtziger Jahren den Mitgliedern der großen Gewerkschaft IG Metall eine vertraglich festgesetzte 35-Stunden-Woche eingebracht. Man rechnet damit, daß sich diese Regelung für die gesamte Arbeiterschaft Deutschlands durchsetzt.

Die Arbeiter in Frankreich – wo die Arbeit manchmal als lästige, wenn auch notwendige Unterbrechung des Lebens angesehen wird – kämpfen sogar für noch weitergehende Zugeständnisse. Nachdem 1996 die französischen Lastwagenfahrer das Land mit hartnäckigen Streiks ins Chaos gestürzt hatten, erklärte sich die Regierung bereit, sie bereits mit 55 Jahren in den Ruhestand zu schicken. (Für Berufsgruppen wie Tänzer und Musiker an Opernhäusern ist das Rentenalter in Frankreich jetzt auf 45 Jahre herabgesetzt.) Nachdem dieses Ziel erreicht ist, fassen die Gewerkschaften jetzt die Verkürzung der Arbeitswoche ins Auge. Während ich diesen Satz im Januar 1997 zu Papier bringe, haben sechs Transportgewerkschaften einen neuen Streik ausgerufen, um eine 32-Stunden-Woche ohne Lohneinbußen durchzusetzen.[16] So kommt es, daß die Arbeitswoche in den Vereinigten Staaten, nachdem sie nahezu hundert Jahre lang simultan zu Europa gekürzt wurde, in den letzten fünfzig Jahren gleich geblieben oder vielleicht sogar länger geworden ist, während in Europa ihre willkommene Verkürzung weitergeht.[17]

Westeuropa führt auch vor den Vereinigten Staaten und erst recht vor Japan mit längeren Urlaubszeiten. In Frankreich stehen den Beschäftigten beispielsweise gesetzlich mindestens fünf Wochen bezahlter Urlaub zu, in manchen Fällen sogar sechs. Auch in allen anderen Ländern Europas gibt es Tarifvereinbarungen, die ein Minimum an bezahltem Urlaub garantieren, und zwar zwischen vier und fünfeinhalb Wochen. Meist sind es bis zu sechs Wochen, in Schweden sogar acht Wochen. Großzügige Fristen gibt es auch bei anderen Anlässen. So gilt in Frankreich offiziell die nationale Regelung, daß Frauen 22 Wochen bezahlten Mutterschaftsurlaub bekommen und zusätzlich ein Jahr unbezahlten Urlaub.[18] Die sozialen Wohlfahrtsstaaten in Skandinavien, in denen die Verbesserung der psychischen Lebensqualität schon lange ein Schwerpunkt für Regierungen und Bevölkerung gleichermaßen ist, gehen sogar noch weiter. So haben in Schweden die Eltern eines Neugeborenen Anspruch auf eine Kombination von zwölf Monaten Urlaub bei nahezu vollen Bezügen und weiteren drei Monaten bei reduziertem Gehalt. Schwedische Eltern haben auch einen Anspruch darauf, an 60 Tagen im Jahr (in manchen Fällen sogar 120 Tagen) ein krankes Kind zu versorgen und dabei 80 Prozent ihres Lohns zu beziehen.[19]

In den Vereinigten Staaten hingegen bleibt die Urlaubszeit für die meisten Arbeitskräfte auf die traditionellen zwei Wochen beschränkt – vorausgesetzt, es ist ihnen gelungen, nicht mit Saisonverträgen abgespeist zu werden, denn dann bekommen sie wahrscheinlich überhaupt keinen bezahlten Urlaub. Harris-Umfragen haben ergeben, daß die Amerikaner im Laufe der letzten zwanzig Jahre 37 Prozent ihrer Freizeit eingebüßt haben.[20]

Selbst die Trauerzeit ist in Amerika in den letzten hundert Jahren geschrumpft. 1927 gab Emily Post als angemessene offizielle Trauerzeit für eine Witwe drei Jahre an. 1950 war die Frist bereits auf sechs Monate zurückgegangen. 1972 riet Amy Vanderbilt Hinterbliebenen, sie sollten nach dem Todesfall »innerhalb einer Woche etwa ihr normales soziales Leben wieder aufnehmen, oder es versuchen«.[21] Die Soziologin Lois Pratt hat bei einer Untersuchung über den Umgang mit Trauerfällen in amerikanischen Unternehmen festgestellt, daß die Mehrheit der Firmen inzwischen die offizielle Beurlaubung wegen eines Todesfalles auf 72 Stunden begrenzt. Von den Beschäftigten wird erwartet, daß sie in diesen drei Tagen ihre Trauer verarbeiten und dann wieder uneingeschränkt zur Verfügung stehen.[22] Die Richtlinien für angemessene Trauerzeiten fallen manchmal außerordentlich spezifisch aus. So hat die American Management Association für einen Todesfall am Wochenende die folgende Regelung getroffen: »Im allgemeinen wird erwartet, daß Angestellte bei einem Todesfall an einem Samstag am darauffolgenden Dienstag wieder an ihren Arbeitsplatz zurückkehren, nach der für die Beisetzung üblichen Zeit.«[23]

In Japan ist die Urlaubszeit sogar noch kürzer als in den Vereinigten Staaten. Zwar liegt die durchschnittliche Anzahl bezahlter Urlaubstage, die in Japan angeboten werden, ungefähr bei respektablen drei Wochen, aber das japanische Arbeitsministerium berichtet, daß nur etwa die Hälfte dieser Zeit auch tatsächlich beansprucht wird. So wurden 1990 durchschnittlich 15,5 Urlaubstage bewilligt, aber nur 8,2 davon genommen.[24]

Die Zahlen einer Eurobarometer-Umfrage bestätigen den Eindruck, daß die Europäer besser mit ihrer Zeit zurechtkommen. Im Rahmen dieser Umfrage wurden Personen aus jedem der damals zwölf Länder der Europäischen Gemeinschaft befragt, ob sie das Gefühl hätten, daß ihnen für die Dinge, die sie erledigen müßten, genügend Zeit zur Verfügung stehe. Quer durch alle zwölf Länder hindurch gaben 83,4 Prozent aller Befragten an, sie hätten ein »sehr gutes« oder »recht gutes« Gefühl in bezug auf die verfügbare Zeit.[25] Wohin ist *La Dolce Vita* entschwunden? Offenbar dorthin, wo es herkommt – nach Westeuropa. Dort haben die Beschäftigten nicht nur die Kunst erlernt, schnell und produktiv zu arbeiten, sondern sie verstehen es auch, die Früchte ihrer Arbeit zu genießen und in ihren Mußestunden zumindest einen Rest des süßen Lebens zu bewahren.

Die Ergebnisse ähnlicher Umfragen in Japan und den Vereinigten Staaten ergeben ein ganz anderes Bild. In den Vereinigten Staaten hat 1992 eine Umfrage der National Recreation and Park Association ergeben, daß ein Drittel aller Amerikaner (38 Prozent) darüber klagt, sich »ständig gehetzt zu fühlen«. Dieser Prozentsatz von Menschen, die sich chronisch unter Zeitdruck fühlen, ist steil angestiegen gegenüber 22 Prozent im Jahr 1971 und leicht gestiegen gegenüber 32 Prozent im Jahr 1985, wie aus Umfragen hervorgeht, die John Robinson im Rahmen eines Projektes über die Zeitnutzung der Amerikaner durchgeführt hat.[26] Andere Studien machen deutlich, wie sehr sich die meisten amerikanischen Arbeitskräfte freie Zeit wünschen. 1991 führte die Hilton Hotel Corporation im ganzen Land eine Umfrage über Wertvorstellungen und Zeit durch, und zwei Drittel aller Befragten sagten, sie würden Lohnkürzungen in Kauf nehmen, wenn sie dafür mehr Freizeit bekämen. Dieser Prozentsatz von zwei Dritteln war relativ gleichmäßig über Geschlecht, Alter, Bildung, wirtschaftlichen Status und Anzahl der Kinder verteilt. Die jüngsten Umfrageergebnisse weisen darauf hin, daß das Gefühl der Amerikaner, ständig in Zeitnot zu sein, endlich langsam zurückgeht.[27] Dennoch ist es klar, daß die Arbeitskräfte in den Vereinigten Staaten das Gefühl haben, daß sie mehr als genug arbeiten, andererseits werfen die Ergebnisse unserer Versuche zur Geschwindigkeit die Frage auf, wie viel in der langen Arbeitszeit geleistet wird.[28]

Die Japaner sind mit dem Umfang ihrer verfügbaren Zeit sogar noch unzufriedener. Als die Zeitung *Mainichi Shimbun* 1991 eine Umfrage durchführte, bei der die Menschen gefragt wurden »In welchem Maße fühlen Sie sich im Alltag unter Zeitdruck?« antworteten 70 Prozent der Befragten, sie fühlten sich »mäßig« (44 Prozent) oder »stark« (26 Prozent) unter Zeitdruck. Diese Zahlen waren bei Männern und Frauen nahezu identisch.[29] Bei einer 1989 von der Zeitung *Yomiuri Shimbun* durchgeführten Befragung sagten lediglich 12 Prozent aller Japaner, sie seien mit ihrer Freizeit mindestens recht zufrieden. Bei derselben Umfrage erklärten andererseits lediglich 24 Prozent, daß Freizeit eine besonders wichtige Rolle für ihre Zufriedenheit mit dem Leben insgesamt spiele. Darauf komme ich später noch einmal zurück.[30]

# Das Lebenstempo in 36 amerikanischen Städten

Am deutlichsten treten kulturelle Unterschiede oft bei einem Vergleich mehrerer Länder zutage. Aber auch Städte und Regionen innerhalb von Ländern können sich stark unterscheiden. Jedenfalls gilt das für die Vereinigten Staaten. Auf den ersten Blick erscheinen die verschiedenen Gebiete der Vereinigten Staaten relativ homogen, die meisten Menschen sprechen dieselbe Sprache und fast alle haben Teil an den großen Kommunikationssystemen. Aber der gebürtige New Yorker, den es in den tiefen Süden verschlägt, oder jemand aus dem Mittleren Westen, der nach Los Angeles zieht, tut gut daran, sich auf einen hochgradigen Kulturschock einzustellen.

Sogar auf kleinere Entfernungen kann der Unterschied beträchtlich sein. Als die Schriftstellerin Jan Morris von Oklahoma nach Texas zog, fühlte sie sich, wie sie später schrieb,

... etwa so, als sei ich aus der Schweiz nach Frankreich gezogen. In dem Augenblick, in dem ich den Red River überquerte und damit Oklahoma verließ, hatte mich der Nationalcharakter von Texas im Griff, nahezu fremdenfeindlich, und es war, als gelangte ich in den Bereich einer anderen Art von Sensibilität, einer anderen historischen Wirklichkeit und einer anderen Wertordnung.[31]

Gibt es signifikante Unterschiede im Lebenstempo verschiedener Städte der Vereinigten Staaten? Werden die New Yorker ihrem Ruf gerecht, daß sie im Eiltempo leben? Sind die Kalifornier wirklich geruhsamer als die Menschen in anderen Teilen des Landes? Wo vollzieht sich das Leben am schnellsten und wo am langsamsten?

Um diese Fragen beantworten zu können, haben meine Studenten und ich vier Kriterien in 36 Städten der Vereinigten Staaten gemessen.[32] Wir haben diese speziellen Städte ausgewählt, um einen repräsentativen Querschnitt der Großstädte des Landes zu erhalten. In jeder der vier behördlich definierten Regionen der Vereinigten Staaten – dem Nordosten, dem Mittleren Westen, dem Süden und dem Westen – untersuchten wir drei Metropolen (mehr als 1 800 000 Einwohner), drei Großstädte mittlerer Größe (850 000 bis 1 300 000 Einwohner) und drei kleinere Städte (350 000 bis 560 000 Einwohner).[33] Die Kriterien für das Lebenstempo waren von denjenigen abgeleitet, die wir für die Untersuchung der 31 Länder verwendet hatten. Erstens maßen wir wieder die Gehgeschwindigkeit von Fußgängern über eine Entfernung von zwanzig Metern, die im Innenstadtbereich während der Geschäftszeiten allein unterwegs waren. Zweitens prüften wir als Indikator für die Arbeitsgeschwindigkeit, wie lange Bankangestellte brauchten, um uns für zwei 20-Dollar-Scheine Kleingeld in festgelegter Stückelung zu geben oder uns für Kleingeld zwei 20-Dollar-Scheine zu geben. (Die Bitte um Scheine oder Kleingeld wurde einfach aus praktischen Gründen abwechselnd vorgebracht, damit die am Versuch Beteiligten nicht mit dicken Taschen voller Münzen herumlaufen mußten.)[34] Drittens zählten wir, um die Bedeutung der Uhrzeit für die Menschen festzustellen, wie viele von einer Zufallsauswahl von Männern und Frauen in der Innenstadt während der Geschäftszeiten eine Armbanduhr trugen. In den meisten Fällen trugen die Versuchspersonen kurzärmelige Kleidung, so daß wir leicht sehen konnten, ob sie eine Uhr am Arm hatten. Als vierten Indikator für das Lebenstempo fügten wir noch die Sprechgeschwindigkeit hinzu. In allen Städten nahmen wir die Antworten von Postangestellten auf eine Standardfrage auf Tonband auf – wir baten um eine Erklärung der Unterschiede zwischen einem normalen Brief, einem eingeschriebenen Brief und einem versicherten Brief. Später spielten Hilfskräfte die Bänder ab und berechneten die »Artikulationsraten« der Sprecher, indem sie die Anzahl der gesprochenen Silben durch die Gesamtdauer der Antwort teilten.

# Schnelle und langsame Städte in den Vereinigten Staaten

Niedere Zahlen bedeuten eine höhere Geschwindigkeit[35] und mehr Armbanduhren.

| Stadt | Gesamt-tempo | Gehge-schwin-digkeit | Wechsel-geschwin-digkeit bei den Banken | Sprech-geschwin-digkeit | Anzahl der Arm-band-uhren |
|---|---|---|---|---|---|
| Boston, MA | 1 | 2 | 6 | 6 | 2 |
| Buffalo, NY | 2 | 5 | 7 | 15 | 4 |
| New York, NY | 3 | 11 | 11 | 28 | 1 |
| Salt Lake City, UT | 4 | 4 | 16 | 12 | 11 |
| Columbus, OH | 5 | 22 | 17 | 1 | 19 |
| Worcester, MA | 6 | 9 | 22 | 6 | 6 |
| Providence, RI | 7 | 7 | 9 | 9 | 19 |
| Springfield, MA | 8 | 1 | 15 | 20 | 22 |
| Rochester, NY | 9 | 20 | 2 | 26 | 7 |
| Kansas City, MO | 10 | 6 | 3 | 15 | 32 |
| St. Louis, MO | 11 | 15 | 20 | 9 | 15 |
| Houston, TX | 12 | 10 | 8 | 21 | 19 |
| Paterson, NJ | 13 | 17 | 4 | 11 | 31 |
| Bakersfield, CA | 14 | 28 | 13 | 5 | 17 |
| Atlanta, GA | 15 | 3 | 27 | 2 | 36 |
| Detroit, MI | 16 | 21 | 12 | 34 | 2 |
| Youngstown, OH | 17 | 13 | 18 | 3 | 30 |
| Indianapolis, IN | 18 | 18 | 23 | 8 | 24 |
| Chicago, Il | 19 | 12 | 31 | 3 | 27 |
| Philadelphia, PA | 20 | 30 | 5 | 22 | 11 |
| Louisville, KY | 21 | 16 | 21 | 29 | 15 |
| Canton, OH | 22 | 23 | 14 | 26 | 15 |
| Knoxville, TN | 23 | 25 | 24 | 30 | 11 |
| San Francisco, CA | 24 | 19 | 35 | 26 | 5 |
| Chattanooga, TN | 25 | 35 | 1 | 32 | 24 |

| Stadt | Gesamt-tempo | Gehge-schwin-digkeit | Wechsel-geschwin-digkeit bei den Banken | Sprech-geschwin-digkeit | Anzahl der Arm-band-uhren |
|---|---|---|---|---|---|
| Dallas, TX | 26 | 26 | 28 | 15 | 28 |
| Oxnard, CA | 27 | 30 | 30 | 23 | 7 |
| Nashville, TN | 28 | 8 | 26 | 24 | 33 |
| San Diego, CA | 29 | 27 | 34 | 18 | 9 |
| East Lansing, MI | 30 | 14 | 33 | 12 | 34 |
| Fresno,CA | 31 | 36 | 25 | 17 | 19 |
| Memphis, TN | 32 | 34 | 10 | 19 | 34 |
| San Jose, CA | 33 | 29 | 29 | 30 | 22 |
| Shreverport, LA | 34 | 32 | 19 | 33 | 28 |
| Sacramento, CA | 35 | 33 | 32 | 36 | 26 |
| Los Angeles, CA | 36 | 24 | 36 | 35 | 13 |

## Der schnelle Nordosten

Im großen und ganzen bestätigen unsere Ergebnisse den generellen Eindruck, daß im Nordosten der Vereinigten Staaten ein schnelles Tempo vorherrscht, während im Westen (genauer gesagt in Kalifornien, wo acht der neun westlichen Städte liegen) das Leben gemächlicher ist. Die drei Städte mit dem höchsten Tempo sowie sieben der neun schnellsten liegen im Nordosten. Die Menschen dort gehen im allgemeinen schneller, wechseln das Geld schneller, sprechen schneller und tragen mit größerer Wahrscheinlichkeit Armbanduhren als die Menschen in anderen Städten der Vereinigten Staaten.

Boston schlug Buffalo nur knapp und landete auf Platz eins. New York, das vor der Untersuchung als Hauptkandidat für den ersten Platz galt, folgte mit kurzem Abstand auf Platz drei. Aber vielleicht muß man New York ein paar Zehntelsekunden als Ausgleich für das

Stadtfest einräumen, das während der Datenerhebung stattfand. Walter Murphy, der die Gehgeschwindigkeit in New York maß, berichtete, daß er seine Datenerhebung wegen eines improvisierten Konzertes abbrechen mußte, das unvermittelt begann, als er gerade das Tempo seiner Fußgänger stoppte. Als Murphy sich an einer anderen Stelle postiert hatte, wurde er Zeuge eines versuchten Taschendiebstahls und dann eines vereitelten Straßenraubes. All das geschah in einem Zeitraum von eineinhalb Stunden. Die Fußgänger von New York schlängelten sich mit ihrer sprichwörtlichen Selbstsicherheit durch all das hindurch und legten dabei eine zirkusreife Geschicklichkeit an den Tag, die in den Endwerten nicht zum Ausdruck kam.

In den kalifornischen Städten ist das Tempo insgesamt am langsamsten, was sich vor allem gemächlichen Fußgängern und langsamen Bankangestellten verdankt. Die längsten Zeiten hat Amerikas Symbol für Sonne, Spaß und lockeres Leben aufzuweisen: Los Angeles. Seine Einwohner landeten bei der Gehgeschwindigkeit auf Platz vierundzwanzig, bei der Sprechgeschwindigkeit auf dem vorletzten Platz und beim Tempo der Schalterbeamten der Bank weit, weit hinter jeder anderen untersuchten Stadt. Ihr einziges Zugeständnis an die Uhr war, daß sie eine am Arm trugen – in dieser Hinsicht landete die Stadt auf Platz dreizehn. Die lockere Einstellung der Kalifornier zur Zeit zeigte sich auch auf andere Weise. Um die genaue Tageszeit zu erfahren, wählt man in den meisten kalifornischen Städten die Telefonnummer, deren den Ziffern zugeordnete Buchstaben das Wort »P-O-P-C-O-R-N« ergeben. In Boston hingegen, das auf unserer Liste den ersten Platz innehat, erhält man dieselbe Information, wenn man die Buchstaben des Wortes »N-E-R-V-O-U-S« wählt.

Das größte Problem für unsere Mitarbeiter war in zahlreichen Städten an der Westküste – gerade auch in Los Angeles und meiner eigenen Stadt Fresno – die Aufgabe, die Gehgeschwindigkeit zu messen. Wir hatten größte Mühe, überhaupt Fußgänger zu finden. Fußgänger gab es in diesen Städten mit Vorortcharakter eigentlich nur auf Parkplätzen und in Einkaufszentren, und beides ist nicht mit den Hauptgeschäftsstraßen der Innenstädte zu vergleichen, die wir in anderen Städten untersuchten. Und häufig waren die Menschen, die in diesen Städten tatsächlich volle zwanzig Meter zu Fuß zurücklegten, nicht eben repräsentativ für die Gesamtbevölkerung (wie ich doch zuversichtlich hoffe): Es waren Obdachlose, Arbeitslose und Straßenmädchen. Wir sahen Jogger, Radfahrer, Inlineskater und sogar ein paar altmodische Skateboardfahrer, aber die meisten Fußgänger, die wir beobachteten, gingen nicht weiter als bis zu ihren geparkten Autos. Der wahre Schauplatz des öffentlichen Verkehrs in den meisten dieser Orte ist der Highway. Joan Didion hatte wahrscheinlich gar nicht so unrecht, als sie sagte, das Fahren auf den Schnellstraßen sei in Los Angeles die einzige Form säkularer Gemeinschaft. Mit erheblichem Zeitaufwand gelang es uns schließlich, ein Minimum an geeigneten Fußgängern in der Innenstadt aufzutreiben, aber ich muß gestehen, daß ich mehrmals in Versuchung war, einfach in das nächste Fitneß-Center zu gehen und die Geschwindigkeit der Leute auf ihren Laufbändern zu messen.

Wie groß ist der Unterschied zwischen den Städten? Von einem Rang zum nächsten oft nicht sehr groß. Aber am Anfang und Ende der Liste marschieren die Menschen doch nach einem sehr unterschiedlichen Trommelschlag. Bei der Gehgeschwindigkeit legten beispielsweise die schnellsten Fußgänger – in Springfield (11,1 Sekunden) und Boston (11,3 Sekunden) – die zwanzig Meter Entfernung durchschnittlich 3,5 Sekunden schneller zurück als die in Chattanooga (14,6 Sekunden) und Fresno (14,7 Sekunden). Ließe man, mit anderen Worten, eine Gruppe aus Massachusetts und eine aus Kalifornien einen Fußballplatz überqueren, dann würde die erste Gruppe ans Ziel kommen, wenn die zweite noch rund acht Meter davon entfernt wäre.

Die Unterschiede in der Sprechgeschwindigkeit waren sogar noch größer. Die Postangestellten, die am schnellsten sprachen – in Columbus, Ohio (3,9 Silben pro Sekunde) –, sprudelten nahezu 40 Prozent mehr Silben pro Sekunde hervor als ihre Kollegen in Sacramento (2,9 Silben pro Sekunde) und Los Angeles (2,8 Silben pro Sekunde). Müßten sie die 18-Uhr-Nachrichten verlesen, bräuchten die kalifornischen Angestellten bis beinahe 19.25 Uhr, um dasselbe zu berichten, was die Angestellten aus Ohio bereits um 19 Uhr abgeschlossen hätten.

Nach Regionen betrachtet waren die kürzesten Gesamtzeiten im Nordosten zu verzeichnen, gefolgt vom Mittleren Westen, Süden und Westen. Das entsprach den Vorhersagen. Gewiß bestätigt der Unterschied zwischen dem Osten und dem Westen ein verbreitetes Klischee. Als Horace Greeley jungen Männern riet, nach Westen zu gehen, dachte er an Abenteuer und wirtschaftliche Möglichkeiten. Aber die meisten mir bekannten Bewohner des Ostens, die in den Westen gezogen sind, waren auf der Suche nach einer weniger hektischen, angenehmeren Lebensweise. Es macht mir Spaß, die Reaktionen von New Yorkern zu beobachten, die mich in Fresno besuchen. Manche sind beeindruckt von dem herrlichen Leben, das ich jetzt führen kann, andere hingegen meinen, ich sollte einmal einen Neurologen aufsuchen. Die Bewunderer meiner Wahlheimat empfinden sie im allgemeinen als entspannend; von ihnen höre ich häufig, daß ihnen der Tag in Fresno viel länger erscheint. Die Unzufriedenen fragen mich ständig, was denn die Leute in dieser Stadt tun, um sich zu amüsieren. (Später werde ich etwas über das Thema des Einklangs von Menschen und ihrer Umgebung sagen.) In beiden Fällen ist das geruhsamere Tempo in Fresno für meine Gäste nicht nur unübersehbar, sondern sie sehen darin den entscheidenden Unterschied zwischen ihrer und meiner Heimatstadt.

## Die Hupsekunde

Natürlich gibt es viele Kriterien, nach denen man das Lebenstempo beurteilen kann. Andere Versuche könnten zu Ergebnissen führen, die nicht mit meinen übereinstimmen, wie mir meine Kritiker ohne Scheu vorgehalten haben. Besonders gute Vorschläge für alternative Kriterien kamen von einem Journalisten aus Los Angeles:

Wie wäre es, wenn Sie messen würden, wie viele Autofahrer ganz unvermittelt vor Ihnen nach links abbiegen? Oder wie schnell ein Polizist Ihnen einen Strafzettel für chaotisches Fußgängerverhalten ausstellt? Oder wie schnell ein automatischer Bankschalter auf »geschlossen« umstellt, wenn Sie gerade Ihre Scheckkarte einführen wollen? Oder den Prozentsatz von Männern und Frauen, die einen Piepser mit sich herumtragen? ... Wenn wir die Indikatoren selbst aussuchen dürften, würden wir eine Wette darauf abschließen, daß Los Angeles als schnellste Stadt im ganzen Land dastehen würde.[36]

Ein Professor der University of California in Los Angeles hat mir vorgeschlagen, ich solle die »Hupsekunde« messen: die Zeit, die in Los Angeles zwischen dem Umspringen einer Ampel auf Grün und dem Drücken der Hupe durch den Hintermann vergeht. Er meinte: »Die Hupsekunde ist die kleinste Einheit zur Zeitmessung, die der Wissenschaft bekannt ist.«

Unsere experimentellen Messungen haben ihre Schwachstellen. So zeigt sich beispielsweise daran, wie viele Menschen einer Stadt eine Armbanduhr tragen, nicht nur die Bedeutung, die sie der Zeit zumessen, sondern auch ihr Interesse an der Mode[37] und vielleicht auch ihr Wohlstand. Wenn man die Messungen auf Interaktionen mit Post- und Bankangestellten stützt, verleiht das diesen speziellen Populationsgruppen ein übermäßiges Gewicht, und die Geschwindigkeit dieser Angestellten hängt natürlich von ihrem Wissen und ihrer Gewandtheit ebenso ab wie von ihrer generellen Neigung zur Eile oder zum Trödeln. Zusammengenommen beleuchten diese Versuche jedoch ein breites Spektrum von Menschen und Aktivitäten und spiegeln zahlreiche Facetten des Lebenstempos einer Stadt wider.

# 7

# Gesundheit, Reichtum, Glück und soziales Engagement

Ohne Zweifel ist das hervorstechendste Merkmal des Lebens in diesem zweiten Teil des 19. Jahrhunderts die SCHNELLIGKEIT – die Eile, die es erfüllt, die Geschwindigkeit, mit der wir uns bewegen, der hohe Druck, unter dem wir arbeiten –, und es gilt erstens die Frage zu bedenken, ob diese hohe Geschwindigkeit an sich etwas Gutes ist, und zweitens die Frage, ob sie den Preis wert ist, den wir für sie bezahlen – einen Preis, den wir nur schätzen und nur schwer zuverlässig feststellen können.

W. R. GREG, *Life at High Pressure* (1877)

Ich bin immer wieder davon fasziniert, daß es Orte gibt, die schneller sind als andere. Aber wenn Sie – wie ich – ein Mensch sind, der sich gern die Zeit damit vertreibt, verlockende Gefilde ausfindig zu machen, dann ist es mit der Geschwindigkeitsmessung nicht getan, sondern die eigentliche Frage lautet, wo die Menschen besser leben. Wo sind sie gesünder? Glücklicher? Sozial engagierter? Bei der Antwort auf diese Fragen geraten wir leicht in Versuchung, langsam für gesund und schnell für ungesund zu halten – zu glauben, daß die Lebensqualität an Orten, an denen die Menschen schneller und sehr viel arbeiten, schlechter ist als an Orten, an denen es geruhsamer zugeht. Einerseits die Bilder vom hektischen Übereifrigen, der sich zu Tode schuftet, und andererseits vom tanzenden Griechen Alexis Sorbas, der fröhlich jeden Augenblick seines Lebens genießt, – sie ergänzen sich zu einem prächtigen Klischee. Aber kulturelle Werte fallen nur selten in so wohlgeordnete Kategorien von Gut und Böse, besonders, wenn es um so tiefverwurzelte Werte wie die Zeit geht.

Zwar hat das Lebenstempo tatsächlich weitreichende Konsequenzen für die Lebensqualität. Es beeinflußt die körperliche und die seelische Gesundheit der Menschen und das soziale Wohlbefinden von Gemeinschaften. Aber diese Konsequenzen spalten sich häufig in Plus- und Minuspunkte auf. Jedes Tempo hat Vor- und Nachteile.

## Körperliches Wohlbefinden: Die Typ-A-Stadt

> Wer eilt, erreicht als erster das Grab.
>
> SPANISCHES SPRICHWORT

Mitte der fünfziger Jahre dieses Jahrhunderts bemerkten zwei Herzspezialisten in San Francisco, Meyer Friedman und Ray Rosenman, daß die Herzpatienten in ihrem Wartezimmer angespannter wirkten als andere Patienten. Genauer gesagt, hatten Friedman und Rosenman diese Erkenntnis einem Polsterer zu verdanken, der sie auf die merkwürdige Tatsache hinwies, daß die Stühle in ihrem Wartezimmer lediglich vorn an den Kanten der Sitze abgewetzt waren. Einer spontanen Eingebung folgend, leiteten sie ein Untersuchungsprogramm in die Wege, um die bis dahin nahezu unerforschte Möglichkeit zu prüfen, daß seelischer Streß signifikant zur Wahrscheinlichkeit eines Herzinfarkts beitragen könnte. Damals war die vorherrschende Meinung der Schulmedizin, die Behandlung von koronaren Herzerkrankungen sei eine rein mechanische Angelegenheit, »eine Arbeit für den Klempner«, wie ein Herzchirurg einmal trocken sagte.

In einer ihrer ersten Untersuchungen prüften Friedman und Rosenman den Cholesteringehalt im Blut von Steuerbeamten von Januar bis Juni. Deren Eßverhalten und Pensum an Bewegung änderte sich in dieser Zeit nicht. Aber in den ersten beiden Aprilwochen, als der Abgabetermin für die Einkommensteuererklärung – der 15. April – und der damit verbundene Streß näherrückten, stieg ihr durchschnittlicher Cholesterinspiegel sprunghaft an, und die Neigung zu Blutgerinnseln nahm zu. Im Mai und Juni waren die Werte wieder auf ihren normalen Stand gesunken.

Friedman und Rosenman schlossen daraus, daß manche Menschen in einer selbsterzeugten Haltung chronischer innerer Spannung leben. Die streßgeplagten Patienten in ihrem Wartezimmer fühlten sich immer so wie die Steuerbeamten Mitte April. Weitere Forschungsprojekte – vor allem die Western Collaborative Group Study, in der die Verteilung von Gesundheit und Krankheit bei 3500 Männern über einen Zeitraum von achteinhalb Jahren verfolgt wurde – haben diesen Schluß bestätigt. Genauer gesagt: Man hat festgestellt, daß Patienten mit koronaren Herzerkrankungen zu einem Verhalten neigen, dessen treibende Kräfte ein Gefühl von Zeitdruck, Feindseligkeit und Konkurrenzdenken sind. Bei Menschen mit diesem Verhaltensmuster vom sogenannten »Typ A« ist die Wahrscheinlichkeit, daß sie Herzkrankheiten bekommen, siebenmal höher als bei Menschen vom »Typ B« (sich »normal« verhaltende Menschen), und die Gefahr eines Herzinfarkts ist doppelt so hoch.[1]

Ein von Eile geprägtes Lebenstempo gehört zu den Elementen, die den Typ A definieren.[2] Menschen vom Typ A gehen und essen meist schnell, sind stolz darauf, daß sie immer pünktlich sind und sich mehreren Aktivitäten gleichzeitig zuwenden können. Sie haben wenig Geduld mit der »Langsamkeit« anderer und haben beispielsweise die Gewohnheit, Sätze für Sprecher zu vervollständigen, die ihnen zu lange brauchen, um sich zu artikulieren. Und natürlich arbeitet der Typ A auch länger als der Typ B.

Mit diesen Untersuchungen über den Typ A im Hinterkopf erschien uns die Frage logisch, ob das Lebenstempo an verschiedenen Orten zum Auftreten von koronaren Herzerkrankungen in der Bevölkerung in Beziehung steht. Gibt es so etwas wie eine Typ-A-Stadt? Um diese Frage zu beantworten, sahen wir uns die Lebenstempowerte unserer Versuche in verschiedenen Ländern und Städten an und verglichen diese Werte mit der Häufigkeit von Todesfällen infolge koronarer Herzerkrankungen an diesen Orten.[3]

Unsere Daten sprechen sehr dafür, daß auch Städte dem Typ A entsprechen können. An schnellen Orten war die Wahrscheinlichkeit eines Herztodes erheblich höher. Das galt für unsere Untersuchung von 31 Ländern ebenso wie für die von 36 Städten der Vereinigten Staaten. Unsere Ergebnisse zeigten nicht allein eine eindeutige Beziehung zwischen Lebenstempo und Herzerkrankungen, sondern diese Beziehung war auch noch wesentlich stärker ausgeprägt, als üblicherweise zwischen Herzerkrankungen und Typ-A-Persönlichkeitstest auf der individuellen Ebene. Unsere Daten legen also nahe, daß man anhand des Tempos in der Umgebung eines Menschen eine mindestens ebenso gute Vorhersage darüber treffen kann, ob er an einer Herzattacke stirbt, wie anhand seiner Werte bei einem Persönlichkeitstest.[4]

Warum ist die Wahrscheinlichkeit, daß Menschen an koronaren Herzerkrankungen sterben, an schnellen Orten höher? Es ist doch gewiß kaum anzunehmen, daß schnelles Gehen und viel Arbeit zu Herzattacken führen. Wenn das der Fall wäre, müßten die Straßen von keuchenden Fußgängern und zusammengebrochenen Joggern übersät sein. In den Vereinigten Staaten, wo die Menschen teures Geld dafür bezahlen, um sich auf Laufbändern abzuplagen, und dabei ausdrücklich das Ziel verfolgen, ihren Kreislauf in Ordnung zu halten, klingt es jedenfalls nach einem Widerspruch, wenn man anstrengende körperliche Betätigung als Krankheitsursache ansieht.

Der Hauptgrund für die häufigen Herzerkrankungen in Städten mit hohem Tempo ist meiner Meinung nach, daß diese Orte eine hohe Konzentration von Typ-A-Menschen teils anziehen, teils hervorbringen. Schnelle Orte sind reizvoll für schnelle Menschen, und schnelle Menschen erzeugen schnelle Orte. Der Sozialpsychologe Timothy Smith und seine Kollegen haben gezeigt, daß der Typ A eine Umgebung mit hohem Tempo sowohl sucht als auch schafft. Die schnellsten Städte in unserer Untersuchung sind vielleicht schönster Traum und genialste Schöpfung schneller Menschen.[5]

Die Entwicklung einer Stadt mit einem hohen Lebenstempo könnte man daher auf folgende Weise erklären: Zuerst fühlen sich A-Typen zu den schnellen Städten hingezogen, was dazu führt, daß es mehr Einwohner vom Typ A gibt. Diese wiederum tun alles, was in ihren Kräften steht, um das Tempo in ihrer Stadt immer weiter zu steigern. Langsamere Einwohner vom Typ B neigen daher verstärkt dazu, aus diesen schnellen Städten wegzuziehen und sich eine geruhsamere Umgebung zu suchen. Smiths Untersuchungen haben ergeben, daß in schnellen Städten von jedem Schnelligkeit erwartet wird – von Typ A und Typ B gleichermaßen. Die Folge ist, daß B-Typen versuchen, den Anforderungen der A-Typen gerecht zu werden, und daß diese danach streben, das Tempo sogar noch weiter zu beschleunigen – und das alles in einer Umgebung, in der die Muster für Zuzug und Wegzug bereits dafür gesorgt haben, daß für Herzerkrankungen anfällige Personen überrepräsentiert sind.

Typ-A-Städte sind stressige Orte. Der Druck der ständigen Zeitnot kann zu gesundheitsschädlichen Verhaltensweisen führen – zum Rauchen, Trinken, Drogenkonsum, ungesunder Ernährung und einem Mangel an gesunder Bewegung. Unsere Untersuchungen und auch die statistischen Informationen vom Gesundheitsministerium belegen beispielsweise, daß in schnelleren Städten und Ländern mehr geraucht wird. Für die Vereinigten Staaten haben wir festgestellt, daß die Raucherzahlen denselben regionalen Mustern folgen wie unsere Zahlen für koronare Herzerkrankungen und das Lebenstempo: Die Quoten für das Rauchen und die koronaren Herzerkrankungen sind am höchsten, wo auch das Lebenstempo am schnellsten ist: im Nordosten, gefolgt vom Mittleren Westen, dem Süden und dann dem Westen.[6]

Eine Bestätigung der Rolle des Rauchens liefert uns in anekdotischer Form eine Stadt, die sich stark vom Musterbild der Typ-A-Stadt unterscheidet. Salt Lake City, wo die meisten Einwohner Mormonen sind, erwies sich bei unserem Versuch als die viertschnellste amerikanische Stadt, liegt aber bei der Rate koronarer Herzerkrankungen auf Platz einunddreißig (also auf dem sechsten Platz von unten). Das läßt sich weitgehend durch die Tatsache erklären, daß die Religion der Mormonen zwar sehr zu harter Arbeit ermutigt, das Rauchen von Zigaretten jedoch strikt untersagt. Eric Hickey, ein Professor für Kriminologie, der in der

mormonischen Kirche außerordentlich aktiv ist, hat dazu erklärt:
»Die mormonische Religion verlangt ein 24-Stunden-Engagement
an sieben Tagen in der Woche. Wenn wir das mit unserem
Familienleben und unserer Arbeit vereinbaren wollen, ist es nicht
erstaunlich, daß Salt Lake City ein sehr hohes Tempo aufweist.
Gleichzeitig sind die Mormonen aber auch sehr spirituelle Menschen. Wir glauben in bezug auf die meisten Dinge ans Maßhalten,
aber auf körperlich schädigendes Tun – wie den Konsum von
Alkohol, Kaffee, Tabak oder Drogen – verzichten wir völlig.« So
kommt es, daß in Salt Lake City die moralischen Werte der
Mormonen als Puffer dienen, der den Folgen des schnellen Lebenstempos entgegenwirkt; das erfreuliche Resultat ist ein vermindertes
Auftreten von koronaren Herzerkrankungen.

## Seelisches Wohlbefinden:
### Wo sind die Menschen glücklicher?

Man könnte vermuten, daß ein langsameres Lebenstempo auch
dafür sorgt, daß die Menschen glücklicher sind. Bei dieser Vorstellung erscheinen vor unserem inneren Auge traumähnliche Bilder
von glücklichen Eingeborenen – vermutlich von angespannten, aber
wesentlich wohlhabenderen Touristen fotografiert – in verschlafe-
nen Dörfern an zeitlosen, exotischen Gestaden. Tatsächlich aber
haben Untersuchungen gezeigt, daß ein enger Zusammenhang
zwischen wirtschaftlicher Produktivität und dem Wohlbefinden der
Menschen besteht. Und zwar gilt das gleichermaßen für den
materiellen Wohlstand von Individuen wie für den von Ländern:
Im großen und ganzen sind reichere Menschen und Menschen in
reicheren Ländern glücklicher. So haben der Persönlichkeitspsy-
chologe Edward Diener und seine Kollegen an der University of
Illinois in einer kürzlich erstellten Studie herausgefunden, daß die
durchschnittliche Zufriedenheit mit dem Leben in verschiedenen

Ländern in hohem Maße mit einer ganzen Reihe von nationalen Wirtschaftsfaktoren in Beziehung steht, wie etwa dem Bruttosozialprodukt, der Kaufkraft und der Befriedigung von Grundbedürfnissen.[7]

Da unsere eigene Untersuchung eine sehr starke Beziehung zwischen wirtschaftlicher Vitalität und Lebenstempo ergab, stellten wir die Hypothese auf, daß sich daraus auch ein positives Verhältnis zwischen Lebenstempo und Glück ergeben könnte. Und genau das haben wir auch festgestellt: Bei all unseren Untersuchungen zum Lebenstempo bestand bei Menschen an schnelleren Orten eine höhere Wahrscheinlichkeit, daß sie mit ihrem Leben zufrieden waren.[8]

Diese Ergebnisse wirken paradox: Einerseits sind Menschen an schnellen Orten anfälliger für koronare Herzerkrankungen, andererseits sind sie eher mit ihrem Leben zufrieden. Wenn ein schnelles Lebenstempo den Streß erzeugt, der zum Rauchen und zum Herzinfarkt führt, sollte dann dieser Streß nicht auch ein unglückliches Leben nach sich ziehen?

Die Wurzel dieses scheinbaren Widerspruchs liegt meiner Meinung nach in der Wirtschaft und den mit ihr zusammenhängenden kulturellen Werten. Kulturen, in denen Produktivität und Geldverdienen hoch im Kurs stehen, erzeugen typischerweise ein Gefühl von Zeitdruck und ein Wertesystem, das individualistisches Denken fördert; dieser Zeitdruck und der Individualismus sorgen ihrerseits wieder für eine produktive Wirtschaft. Diese Faktoren – ökonomische Stärke, Individualismus und Zeitdruck – haben sowohl positive als auch negative Auswirkungen auf das Wohlbefinden der Menschen. Einerseits erzeugen sie den Streß, der zu koronaren Herzerkrankungen und ungesunden Gewohnheiten wie Tabakkonsum führt. Andererseits sorgen sie für materielle Annehmlichkeiten und einen allgemeinen Lebensstandard, der die Lebensqualität erhöht. Produktivität und Individualismus – die schon an sich sehr schwer voneinander zu trennen sind – haben zweischneidige Konsequenzen.

Die Wirtschaftswissenschaftlerin Juliet Schor schrieb dazu in *The Overworked American*:

> Wir haben für unseren Wohlstand einen hohen Preis bezahlt. Der Kapitalismus hat uns einen sprunghaften Anstieg des Lebensstandards beschert, aber um den Preis eines Arbeitslebens, das uns erheblich mehr abverlangt. Wir essen mehr, aber wir verbrauchen diese Kalorien für die Arbeit. Wir haben Farbfernseher und CD-Player, aber wir brauchen sie, um uns nach einem anstrengenden Tag im Büro zu entspannen. Wir machen Ferien, aber wir arbeiten das ganze Jahr über so schwer, daß sie für unsere Gesundheit unverzichtbar sind. Die allgemeine Ansicht, daß der wirtschaftliche Fortschritt uns mehr Konsumgüter *und* mehr Freizeit gebracht habe, läßt sich nur schwer belegen.[9]

Es sollte uns nicht überraschen, daß diese scheinbar paradoxen Auswirkungen sich auch in anderen Verhaltensweisen zeigen. So haben Diener und seine Kollegen beobachtet, daß zwar einerseits die Scheidungsraten in individualistischen Ländern viel höher sind, andererseits aber auch das eheliche Glück in der (funktionierenden) Ehe größer – wofür die Vereinigten Staaten ein anschauliches Beispiel liefern. Dieners Untersuchungen haben auch ergeben, daß sowohl Selbstmord als auch seelisches Wohlbefinden in individualistischen Kulturen häufiger sind als in kollektiven.[10]

Interessanterweise setzt sich das chinesische Schriftzeichen für »Krise« aus den beiden Zeichen für »Gefahr« und »Gelegenheit« zusammen. Und das Wort »Krise« in unserer eigenen Sprache leitet sich vom griechischen Wort für »Entscheidung« her. Ganz ähnlich schaffen die Früchte von Individualismus und harter Arbeit das Potential für seelisches Wohl und Wehe gleichermaßen.[11] Wie wir unsere Zeit strukturieren, ist letztlich unsere Wahl. Ein schnelles Lebenstempo ist an sich weder besser noch schlechter als ein langsames.

# Soziales Wohlbefinden: Wo helfen die Menschen?

Das Lebenstempo beeinflußt nicht allein das seelische und das körperliche Wohlbefinden, sondern hat unter Umständen auch weitreichende Auswirkungen darauf, wie die Menschen miteinander umgehen. Langsamkeit ist eine soziale Norm und kann, wie andere Normen, einen erheblichen Einfluß darauf haben, welche Verhaltensweisen allgemein akzeptiert werden.

Die Kelantaner auf der Malakka-Halbinsel legen beispielsweise großen Wert auf eine Langsamkeit, die tief in ihren Überzeugungen von richtig und falsch verankert ist. Hast wird als Verstoß gegen die geltenden ethischen Regeln angesehen. Die Kelantaner beurteilen einander nach einem Kodex für angemessenes Verhalten, der *budi bahasa*, »Sprache des Charakters«, genannt wird. Das Herzstück dieser Ethik ist die Bereitschaft, sich Zeit für soziale Verpflichtungen zu nehmen, für Besuche und den Ausdruck von Wertschätzung für Freunde, Verwandte und Nachbarn. Jedes Anzeichen von Eile riecht nach Gier und zuviel Interesse an materiellem Besitz. Aber vor allem zeigt es einen unverantwortlichen Mangel an Respekt gegenüber den sozialen Verpflichtungen der *budi bahasa*. Wer die Regeln verletzt, bedroht die Grundwerte der Dorfgemeinschaft für die zwischenmenschlichen Beziehungen und die Solidarität. Über solche Missetäter wird geklatscht, man hält sie für Flegel (*halus*) und geht oft davon aus, daß sie etwas zu verbergen haben.[12]

Das der *budi bahasa* zugrundeliegende Empfinden – sich Zeit für die Menschen nehmen und in Eile sein schließen einander aus – ist ausgesprochen sympathisch. Und für die Kelantaner ist es auch lebbar. Aber die Kelantaner sind ein nichtindustrialisiertes Volk, und ihre Zeit wird nicht von allzu vielen Dingen in Anspruch genommen. Sie leben in kleinen Dörfern, wo alle Bewohner Nachbarn sind, so daß das soziale Verhalten noch von dem Wissen verstärkt wird: Wie man in den Wald hineinruft, so schallt es heraus. Das wirft die Frage auf, ob die Philosophie der *budi bahasa* auch auf industrialisierte Gesellschaften und Orte mit höherer Bevölkerungszahl anwendbar ist, also auf Umgebungen, in denen die meisten Alltagskontakte mit Fremden stattfinden, die man wahrscheinlich nie mehr wiedersieht. Sind Lebenstempo und soziale Verantwortung auch in einem industrialisierten, städtischen Umfeld miteinander verknüpft?

Die meisten heutigen Vertreter der Stadtsoziologie glauben es. Sie behaupten, daß diese Beziehung zwischen Zeit und Sozialverhalten weniger von ethischen Zusammenhängen motiviert ist, wie bei den Kelantanern, sondern eher von der sozialpsychologischen Wirklichkeit. Der Sozialpsychologe Stanley Milgram glaubte, daß das rasche Lebenstempo in modernen Städten die Menschen mit mehr Sinnesdaten überhäuft, als sie verarbeiten können, so daß ein Zustand eintritt, den Milgram als psychische Überlastung bezeichnet. Je größer die Stadt, desto größer die Überlastung. Um mit dieser Schwierigkeit fertigzuwerden, blendet der überforderte Städter alles aus, was für seine Ziele nicht von Bedeutung ist. Im Grunde konzentriert sich der Stadtbewohner auf seine Ziele und steuert direkt und so schnell wie möglich auf sie zu. Solche Menschen haben weder die Zeit noch die psychische Energie, sich um Leute zu kümmern, die in ihrem Leben nur eine periphere Rolle spielen. Besonders Fremde werden durch diesen Vorgang leicht ausgeblendet und ignoriert; nach Milgram verlangt das schnelle Lebenstempo in Großstädten geradezu, daß man die Bedürfnisse von Fremden übersieht.[13]

Ist die Wahrscheinlichkeit, daß die Menschen sich Zeit nehmen, einem Fremden zu helfen, in schnellen Städten tatsächlich geringer, wie Milgram es vermutet? Im Laufe der letzten Jahre haben meine Studenten und ich eine Reihe von Tests durchgeführt, um diese Behauptung zu überprüfen. In den Vereinigten Staaten griffen wir auf dieselben 36 Städte zurück, die wir auch bei unseren Untersuchungen zum Lebenstempo ausgewählt hatten.[14] Diesmal beobachteten wir in insgesamt sechs Situationen, wie hilfsbereit die Menschen waren:

*Einen verlorenen Stift wiederbekommen.* Der Tester (ein gutgekleideter Mann im College-Alter) ging in mäßigem Tempo die Straße entlang, griff in die Tasche, ließ »aus Versehen«, ohne es offenbar zu bemerken, einen Stift fallen und ging weiter. In jeder Stadt beobachteten wir, wie viele Male ein gerade vorbeikommender Fußgänger dem Tester half, wieder zu seinem Stift zu kommen.

*Verletztes Bein.* Der Tester hinkte stark und trug eine große und deutlich sichtbare Bandage am Bein (die häßlichste, die wir finden konnten). Er hatte einen Stoß Zeitschriften unter dem Arm, ließ sie »aus Versehen« fallen und mühte sich dann vergeblich, sich zu bücken und sie wieder aufzuheben. Wieviel Prozent der vorbeikommenden Fußgänger halfen?

*Ein Blinder überquert die Straße.* Ein Tester mit dunkler Brille und einem weißen Stock schlüpfte in die Rolle eines Blinden, der Hilfe braucht, um die Straße zu überqueren.[15] Wir untersuchten, wie häufig Hilfe angeboten wurde.

*Wechselgeld für einen Vierteldollar.* Mit einem Vierteldollar gut sichtbar in der Hand ging der Tester auf einen Fußgänger zu, der ihm entgegenkam, und fragte höflich, ob er ihn in Kleingeld wechseln könne. Wir beobachteten, wie viele Fußgänger in jeder Stadt stehenblieben, um nachzusehen, ob sie das entsprechende Kleingeld hatten.

*Verlorener Brief.* Ein Zettel mit der säuberlich von Hand geschriebenen Notiz: »Das habe ich neben Ihrem Auto gefunden« wurde auf einen frankierten Umschlag geklebt, der an die Heimatanschrift des Testers adressiert war. Dann wurde der Umschlag unter den Scheibenwischer eines willkürlich ausgewählten Autos geklemmt, das in einem Hauptgeschäftsviertel an einer Parkuhr stand. Wie viele von diesen Briefen würden wohl den Adressaten erreichen?

*Spenden für United Way.* Als Maßstab für die Wohltätigkeit der Menschen untersuchten wir, wieviel jede Stadt pro Kopf auf Spendenaufrufe von United Way hin spendete.[16]

In welchen Städten der Vereinigten Staaten sind die Menschen am ehesten bereit, einem Fremden bei Bedarf zu helfen? Nachdem wir die Werte einer jeden Stadt für die sechs Kriterien statistisch kombiniert hatten, ergab sich die nachstehende Reihenfolge, angefangen bei den sehr hilfsbereiten bis hin zu den wenig hilfsbereiten Städten:[17]

1 Rochester, New York
2 Lansing, Michigan
3 Nashville, Tennessee
4 Memphis, Tennessee
5 Houston, Texas
6 Chattanooga, Tennessee
7 Knoxville, Tennessee
8 Canton, Ohio
9 Kansas City, Missouri
10 Indianapolis, Indiana
11 St. Louis, Missouri
12 Louisville, Kentucky
13 Columbus, Ohio
14 Detroit, Michigan
15 Santa Barbara, Kalifornien
16 Dallas, Texas
17 Worcester, Massachusetts
18 Springfield, Massachusetts
19 San Diego, Kalifornien
20 San Jose, Kalifornien
21 Atlanta, Georgia
22 Bakersfield, Kalifornien
23 Buffalo, New York
24 Salt Lake City, Utah

25 Boston, Massachusetts
26 Shreveport, Louisiana
27 Providence, Rhode Island
28 Philadelphia, Pennsylvania
29 Youngstown, Ohio
30 Chicago, Illinois
31 San Francisco, Kalifornien
32 Sacramento, Kalifornien
33 Fresno, Kalifornien
34 Los Angeles, Kalifornien
35 Paterson, New Jersey
36 New York, New York

Nach Regionen aufgeschlüsselt war die Hilfsbereitschaft am größten im Südosten, gefolgt vom Mittleren Westen, dann von den Großstädten im Nordosten – weitgehend invers zum Lebenstempo in diesen Regionen. Dies entspricht den Vorhersagen Milgrams auf der Grundlage seiner Überlastungstheorie. Aber es gab eine eklatante Ausnahme. Die elf kalifornischen Städte waren zusammengenommen bei den Versuchen zum Lebenstempo am langsamsten, aber gleichzeitig bei den Versuchen zur Hilfsbereitschaft am geizigsten mit ihrer Zeit.[18] Und ihre Pro-Kopf-Beiträge zu United Way betrugen weniger als ein Zehntel der Summe, die in der führenden Stadt Rochester gespendet wurde.

Im Staat New York liegt die Stadt mit der höchsten Hilfsbereitschaft aller 36 Städte (Rochester) und ebenso die mit der geringsten (New York). Harry Reis, der mehr als zwanzig Jahre lang Psychologieprofessor an der University of Rochester war und in New York City aufwuchs, war vom Abschneiden seiner ersten und zweiten Heimat »kein bißchen überrascht«. »Rochester ist eine Stadt, in der das soziale Geflecht nicht so viel Schaden genommen hat wie in anderen Städten. Die Menschen sind selten so beschäftigt, daß sie nicht zu einer Hilfeleistung bereit wären.«

Aber obwohl Städte wie Rochester und New York Milgrams Vorhersagen bestätigen, verdeutlicht das unfreundliche Verhalten, das wir in den meisten kalifornischen Städten beobachteten, wie komplex die Normen einer Kultur in bezug auf soziale Verantwortung tatsächlich sind. Diese Städte im Westen demonstrieren, daß allein die Zeit, die man zum Helfen hat, nicht automatisch aussagt, daß man auch wirklich hilft. Wieviel Zeit man für andere aufwendet und was ein angemessenes Sozialverhalten ist, muß durch einen Moralkodex miteinander verknüpft sein wie bei den Kelantanern, wenn wir die Bereitschaft erwarten, daß Menschen ihre »freie« Zeit für das Wohl anderer einsetzen. Ohne einen solchen Kodex führt ein langsames Lebenstempo vielleicht lediglich zu einem gemütlichen Dasein.

Das sehen wir, wenn wir die Städte im Süden mit denen im Westen vergleichen. Beide Regionen haben ein gemächliches Lebenstempo, aber dennoch leiten sehr unterschiedliche soziale Werte ihre zeitlichen Normen. Wenn man sich im Süden Zeit läßt, dann hängt das mit der Lebensart der feudalen Südstaatengesellschaft zusammen. Sie pflegt eine Kultur der Höflichkeit und der Vornehmheit. Im Westen hingegen heißt das Langsamtun vor allem, daß man es sich leicht macht. Die Norm der Geruhsamkeit hat oft weniger mit noblen sozialen Werten zu tun als einfach mit einem angenehmen Leben.

Diesen Unterschied fängt auch die Popmusik sehr schön ein. Wenn Hank Williams junior singt: »We say grace, we say ma'am«, weiß jeder, daß er nicht Südkalifornien meint. Und als die Beach Boys sangen: »She'll have fun, fun, fun, 'til her Daddy takes the T-Bird away«, dann konnte eindeutig nur von Südkalifornien die Rede sein. Ein Einwohner von Nashville, der unsere Ergebnisse kommentierte, faßte die typischen Klischees treffend zusammen, als er sagte: »Hier sagen wir: ›Wie geht es dir?‹ In Los Angeles sagen sie: ›Wie geht es deinem Auto?‹ Und in New York sagen sie: ›Gib mir dein Auto.‹«

Wenn ein langsames Lebenstempo zu einer größeren Aufmerksamkeit für die Bedürfnisse von Fremden führen soll, muß es von einem Kodex sozialer Verantwortung begleitet sein – wie er bei den Kelantanern mit ihrer *budi bahasa* der Fall ist. Ein gemächliches Tempo allein mag vielleicht als Schutz gegen einen Herzinfarkt dienen, aber es geht nicht zwangsläufig mit einer hehren Moralphilosophie einher. So ist es keine Überraschung, daß fünf der sieben Städte mit der größten Hilfsbereitschaft im Süden liegen, wo es einen solchen Kodex gibt. Wenn wir die Hilfsbereitschaft nur anhand der fünf Kriterien eingestuft hätten, die mit einem direkten Kontakt zu tun hatten (also ohne die Spenden für United Way), hätten die Städte des Südens sogar noch besser abgeschnitten.

Lynnette Zelezny, die heute Psychologieprofessorin an der California State University, Fresno, ist, wuchs an mehreren Orten im Süden auf.»Im Süden«, erklärt sie,»entspricht es der sozialen Norm, sich die Zeit zu nehmen, freundlich zu den Menschen zu sein – zumindest oberflächlich freundlich. Selbst wenn man nicht in die Kirche geht, ist das noch immer die soziale Norm. Wenn ich mich als Kind in der Öffentlichkeit nicht angemessen verhielt – wobei das Entscheidende ›in der Öffentlichkeit‹ ist – ermahnte mich meine Großmutter, ich solle ›lieb‹ sein, und das hieß ›freundlich‹. Es wurde von uns erwartet, daß wir durch unser Verhalten zum Ausdruck brachten, was für eine liebevolle Familie wir waren. Im Süden ist es sehr wichtig, diese Freundlichkeit nach außen hin sichtbar zu machen. Zeig ihnen, daß du freundlich bist. Wenn man hier in Kalifornien im Lebensmittelgeschäft einen Bekannten sieht, sagt man vielleicht nur ›hallo‹. Im Süden wird erwartet, daß man sich die Zeit nimmt, ein wenig zu plaudern, nicht nur mit denen, die ebenfalls warten, sondern auch mit der Frau oder dem Mann an der Kasse.«

Jean Ritter, ebenfalls eine Kollegin an der California State University, Fresno, ist in Little Rock aufgewachsen.»Das Lebenstempo im traditionellen Süden ist langsamer«, bestätigt sie.»Das hängt mit der Etikette zusammen. Es gehört sich nicht, zu drängeln oder andere zu unterbrechen oder die gesellschaftlichen Rituale zu mißachten, ganz gleich, wie zeitraubend sie sein mögen. Wenn man beispielsweise irgendwo Schlange steht, wird erwartet, daß die Menschen Geduld haben und freundlich mit denen plaudern, die in ihrer Nähe stehen. In vielerlei Hinsicht ist die Lebensart dort sanfter. Die Menschen nehmen sich die Zeit, stehenzubleiben und zu lächeln und einander auf der Straße zu grüßen. Wenn man das nicht macht, wird man für unhöflich gehalten. An dem kleinen College, an dem ich die ersten Jahre studierte, wurde erwartet, daß man mit jedem einzelnen sprach, den man unterwegs traf, und wenn man das nicht tat, stimmte etwas mit einem nicht. Es gibt eine Norm, die verlangt, daß man sich Zeit nimmt, freundlich zu sein. In Kalifornien ist das ganz anders.«

Wir stellten auch fest, daß es einen Unterschied zwischen Hilfsbereitschaft und Höflichkeit geben kann. Menschen in schnelleren Städten verhielten sich oft nicht sehr höflich, selbst wenn sie halfen. In New York war das Helfen häufig mit einer gewissen Kantigkeit verbunden. Bei dem Versuch mit dem Stift riefen beispielsweise hilfswillige New Yorker dem Tester oft einfach zu, er habe seinen Stift verloren, und eilten in der Gegenrichtung weiter. Hilfsbereite Menschen in den südöstlichen Städten, die höhere Werte erzielten, gaben hingegen häufiger den Stift persönlich zurück und rannten sogar manchmal, um den Tester einzuholen. Bei dem Experiment mit dem Blinden warteten hilfsbereite New Yorker oft, bis die Ampel auf grün schaltete, erklärten dem Tester dann knapp, es sei jetzt sicher, die Straße zu überqueren, und gingen dann rasch ihrer Wege. Im Südosten war die Wahrscheinlichkeit größer, daß die Helfer den Blinden über die Straße begleiteten, und manchmal fragten sie auch, ob er noch weitere Hilfe benötige.

Ganz allgemein schienen die New Yorker überwiegend nur dann zu Hilfeleistungen bereit, wenn eindeutig klar war, daß daraus kein weiterer Kontakt entstand, so als wollten sie sagen: »Ich erfülle meine soziale Pflicht, aber damit wir uns nicht falsch verstehen: Weiter geht es auf gar keinen Fall.« Welcher Anteil dabei der Angst zugeschrieben werden kann und welcher einfach dem Wunsch, keine Zeit zu verschwenden, ist schwer zu sagen. In Städten mit größerer Hilfsbereitschaft, wie etwa Rochester und viele Orte des Mittleren Westens und Südens, war dagegen allem Anschein nach der menschliche Kontakt geradezu das Motiv für das Helfen. Die Menschen halfen viel öfter mit einem offenen Lächeln und freuten sich über das »Dankeschön«.

Das anschaulichste Beispiel für unhöfliche Formen von Hilfe lieferte der Versuch mit den verlorenen Briefen. Aus vielen Städten erhielt ich Umschläge, die sichtlich geöffnet worden waren. In fast allen diesen Fällen hatten die Finder den Umschlag dann wieder verschlossen oder ihn in einen neuen Umschlag gesteckt und losgeschickt. Manchmal hatten sie eine Notiz angefügt, meist mit der Bitte um Entschuldigung, daß sie unseren Brief geöffnet hatten. Nur aus New York bekam ich einen Umschlag, der an der ganzen Seite aufgerissen und nicht wieder verschlossen worden war. Auf die Rückseite hatte der Finder in spanischer Sprache gekritzelt: »*Hijo de puta iresposable*« – was übersetzt eine sehr häßliche Beleidigung meiner Mutter bedeutet. Darunter war mit aller Deutlichkeit und auf Englisch ein »F... you« angefügt. Es ist interessant, sich diesen zähneknirschenden New Yorker vorzustellen, der vielleicht auf dem ganzen Weg zum Briefkasten meinen Leichtsinn verfluchte und sich aus irgendeinem Grund dennoch verpflichtet fühlte, sich Zeit für die Erfüllung dieser sozialen Pflicht gegenüber einem Fremden zu nehmen, den er bereits haßte. Ironischerweise zählte natürlich dieser mit solchen Grobheiten gespickte Brief als Punkt für die Hilfsbereitschaft der New Yorker.

Man vergleiche das mit einer Notiz, die ich auf der Rückseite eines mir aus Rochester zugeschickten Briefes fand:

Hallo. Ich fand das hier an meiner Windschutzscheibe, wo es jemand mit einer Notiz festgeklemmt hatte, auf der es hieß, er habe es neben meinem Auto gefunden. Ich dachte, es sei ein Strafzettel wegen Falschparkens. Ich werfe es am 19.11. in den Briefkasten. Sagen Sie dem, der es an Sie geschickt hat, es sei an der Brücke gegenüber der Bibliothek und der South-Avenue-Tankstelle gefunden worden, um etwa 17 Uhr am 18. 11.

P.S. Sind sie mit den Levines in New Jersey oder Long Island verwandt?                                              L. L.

Auch bei denen, die nicht halfen, gab es Unterschiede in der Höflichkeit. Dabei schnitten die New Yorker nicht unbedingt am schlechtesten ab. Todd Martinez, der sowohl in New York als auch in Los Angeles Daten zur Hilfsbereitschaft sammelte, stellte eindeutige Unterschiede zwischen den beiden Städten fest. »In Los Angeles habe ich die Versuche gehaßt. Die Leute dort sahen mich an, aber hatten offenbar einfach keine Lust, sich zu kümmern. Einige der Tests mit dem verletzten Bein führte ich auf einem schmalen Gehsteig durch, auf dem eine zweite Person gerade genug Platz hatte, sich an mir vorbeizudrücken. Nachdem ich meine Zeitschriften hatte fallen lassen, kam einmal ein Mann sehr nahe an mich heran, sah sich an, was los war, und ging ohne ein Wort an mir vorbei. Los Angeles war von den zwölf Städten, in denen ich Tests durchführte, die einzige, in der ich mich frustriert fühlte und zornig wurde, als die Menschen mir nicht halfen. In New York habe ich es aus irgendeinem Grund nie persönlich genommen. Die Leute sahen aus, als seien sie zu beschäftigt, um zu helfen. Es war, als sähen sie mich, würden mich aber nicht richtig zur Kenntnis nehmen – und nicht nur mich, sondern alles andere um sie herum auch nicht.«

Wobei natürlich für einen Fremden in Not Gedanken meist weniger wichtig sind als Taten. Unsere Daten zeigen, daß manche Menschen in schnellen Städten ebenso Zeit haben, zu helfen, wie in langsamen. Rochester, wo die Hilfsbereitschaft am größten war, lag bei unserer Untersuchung zum Lebenstempo auf Platz neun von sechsunddreißig, gehörte also eher zu den schnellen Städten. Und das langsamste Tempo wurde in Los Angeles festgestellt – einer der Städte mit sehr geringer Hilfsbereitschaft (Platz vierunddreißig). Unter dem Strich sind die Aussichten auf Hilfe in New York und in Los Angeles gleichermaßen düster.

Auf der internationalen Ebene fanden wir ebenfalls unterschiedliche Beziehungen zwischen dem Lebenstempo und der Hilfsbereitschaft in Städten. Im Laufe der letzten Jahre haben meine Studenten und ich in mehreren Großstädten auf der ganzen Welt Variationen der fünf Versuche ausprobiert, die wir bei den amerikanischen Untersuchungen eingesetzt haben.[19] Ebenso wie in den Vereinigten Staaten stützen die Ergebnisse in manchen ausländischen Städten die Hypothese, daß ein langsames Lebenstempo soziale Verantwortung begünstigt. So haben wir etwa festgestellt, daß die Menschen in Rio de Janeiro, wo das Tempo sehr geruhsam ist, nach unseren Indikatoren außerordentlich hilfsbereit gegenüber Fremden waren. Und die Einwohner von Amsterdam, wo ein relativ schnelles Tempo herrscht, zeigten wenig Hilfsbereitschaft. Aber andere Städte widersprechen der Hypothese eindeutig. Die Bulgaren zum Beispiel sind sehr langsam im Lebenstempo, waren aber bei unseren Tests auch nicht hilfsbereiter als die schnellen New Yorker. Und die Menschen in Kopenhagen gehen rasch und haben generell ein schnelles Lebenstempo, erzielten aber dennoch hohe Punktzahlen für ihre Bereitschaft, einem Fremden Hilfe anzubieten.

Diese Ergebnisse machen deutlich, daß auch Menschen mit einem schnellen Lebenstempo durchaus fähig sind, Zeit für andere aufzuwenden. Und daß ein langsames Lebenstempo keine Garantie dafür ist, daß die Menschen die eingesparte Zeit dazu nutzen, sozialen Idealismus zu praktizieren. In schnellen ebenso wie in langsamen Städten nehmen sich die Menschen entweder Zeit, um zu helfen, oder eben auch nicht.

# 8

# Die Widersprüchlichkeit Japans

Der einzige Weg, über die Arbeit hinauszugelangen, ist die Arbeit. Es ist nicht so, daß die Arbeit an sich wertvoll wäre; wir überwinden die Arbeit durch Arbeit. Der wahre Wert der Arbeit liegt in der Kraft der Selbstverleugnung.

KOBO ABE, *Die Frau in den Dünen*

Die Forschungsarbeit eines ganzen Lebens hat mich davon überzeugt, daß im großen und ganzen ein schnelles Lebenstempo zu Bedingungen führt, die sowohl eine größere Zufriedenheit mit dem Leben als auch eine höhere Anzahl von koronaren Herzerkrankungen mit sich bringen. Aber im Dickicht der Interkulturellen Psychologie sind die Ausnahmen manchmal erbaulicher als die Regel. Was geschieht, wenn ein schnelles Tempo in ein Netz von Werten eingebettet wird, die einen Puffer gegen den Streß bilden? Japan führt uns ein faszinierendes Beispiel dafür vor Augen.

## Arbeitssucht im japanischen Stil

Das Lebenstempo in Japan ist eines der anstrengendsten auf Erden. Wie wir gesehen haben, arbeiten die Japaner nicht nur schnell, sondern sie arbeiten auch viel. Sie meiden Urlaub und fürchten den Ruhestand wie die Pest. Zu den höchsten Belohnungen für einen ungewöhnlich tüchtigen Angestellten zählt denn auch, daß eine Ausnahme gemacht wird und er über das in seiner Firma vorgeschriebene Rentenalter hinaus bleiben darf.

Blaue Montage sind kein Problem für die Arbeitskräfte in Japan. Sie leiden eher unter Ängsten und psychosomatischen Symptomen, die man unter der Bezeichnung »Sonntagskrankheit« (*Nichiyô byô*) und »Urlaubssyndrom« (*Kyûjitsu byô*) zusammenfaßt. Ein Arzt schilderte beispielsweise den Fall eines betroffenen Angestellten so: »Pünktlich jeden Freitag bekommt er starke Schmerzen im Nacken. Er verbringt das gesamte Wochenende im Bett und ist zu müde, um sich zu bewegen. Aber wenn der Montag heranrückt, wird er wundersamerweise wieder gesund.« Das Urlaubssyndrom ist nach Auskunft des Psychiaters Toru Sekiya »eine ausschließlich japanische Krankheit. Diese Männer halten es nicht aus, nicht arbeiten zu dürfen.«¹

Das Bemerkenswerteste dabei ist vielleicht, daß das Urlaubssyndrom nicht unbedingt als pathologisch angesehen wird. Der Psychologe Isao Imai ist bei der Firma Stress Management angestellt, einem japanischen Unternehmen, das Manager in bezug auf Streßprobleme bei ihren Angestellten berät. Imai sagt, daß seine Kunden ihm nahelegen, bei den Gesprächen mit den Angestellten möglichst wenig über »Typ-A-Verhalten« zu sagen. »Diese Manager sehen in der Arbeitssucht eher ein Ziel als ein Problem.«²

Das Ausmaß des japanischen Arbeitseifers ist geradezu verblüffend. Wie groß er ist, kann man unter anderem ermessen, wenn man die Versuche der Regierung betrachtet, die die Menschen dazu bewegen will, weniger zu arbeiten. In einem sicherlich beispiellosen japanischen Projekt bemühen sich Vertreter der Regierungspolitik seit mehreren Jahren, mit Hilfe einer offiziellen Kampagne die Arbeitswut der Beschäftigten zu drosseln. Zufällig arbeitete ich im Sommer 1987 gerade an der Medizinischen Universität von Sapporo, als die Regierung erstmals ihren Feldzug mit dem Motto »Arbeiten Sie weniger, spielen Sie mehr« startete. Beim Kaffee sagte ich eines Morgens zu zwei japanischen Kollegen, die beide medizinische Psychologen waren, sie fänden es doch sicher sehr erfreulich, daß die japanische Regierung endlich den psychischen Preis für die ständige Überarbeitung zur Kenntnis nehme. Die beiden waren fassungslos über diese Naivität eines *gaijin*. Die wahren Motive dieser Aktion seien wirtschaftlicher Natur, so erklärten sie mir. Kurz darauf brachte mir einer der beiden einen Leitartikel der *Asahi Evening*

*News*, einer japanischen Tageszeitung in englischer Sprache, in dem es hieß:»Damit der Binnenmarkt Japans sich erholen kann, was nach Angaben der Regierung dringend nötig ist, müssen die Ausgaben der einheimischen Käufer unbedingt steigen. Aber dafür benötigen Firmenangestellte mehr Freizeit. Daher die Kampagne des Arbeitsministeriums: Arbeiten Sie weniger, spielen Sie mehr.«[3] So viel zum Thema Reduzierung der Arbeitszeit in Japan.

Aber welche Motive die Regierung auch immer hatte, die Kampagne konnte den Arbeitseifer der Japaner nicht bremsen. Zuerst legte die Regierung in ihrem wirtschaftlichen Fünfjahresplan von 1988 das Ziel fest, bis 1992 die Anzahl der jährlichen Arbeitsstunden um 20 Prozent auf 1800 Stunden zu reduzieren. Man verabschiedete ein neues Gesetz, das die Wochenarbeitszeit allmählich von 48 Stunden auf 40 Stunden absenken sollte. Beamte des Arbeitsministeriums unternahmen eine Vortragsreise durch 47 Städte und hielten den Beschäftigten motivierende Ansprachen zu Themen wie »Arbeiten und Leben in einer entspannten Gesellschaft« oder »Die erholsame Woche in unserer Firma«. Alle diese Bemühungen scheiterten jedoch fast vollständig. Nachfolgend erstellte Studien ergaben, daß die Anzahl der Arbeitsstunden kaum gesunken war[4] – und das ist auch jetzt noch so.

Dann beschloß die Regierung, der sprichwörtlichen Abneigung der Japaner gegen Urlaub den Kampf anzusagen. Die japanischen Arbeitskräfte nehmen nur etwa die Hälfte der Urlaubstage in Anspruch, die ihnen zustehen. Ikuro Tagaki, Professor an einer japanischen Frauenuniversität und Fachmann für das Problem der Überarbeitung, erklärt:»Urlaub zu nehmen war beinahe eine Sünde, als Japan noch arm war. Hart zu arbeiten war bis vor ganz kurzem eine universelle Tugend.« Sogar die japanische Sprache unterstützt die Arbeitsethik. Das japanische Wort für Freizeit, *yoka*, heißt wörtlich übersetzt »übrige Zeit«.»Freizeit wird einfach nicht als wertgleich [mit Arbeit] angesehen«, meint Tagaki.[5]

Die Regierung, die sich über die unerschütterliche Bindung der Japaner an ihren Arbeitsplatz völlig im klaren ist, entschloß sich, auf höchst japanische Weise zum Urlaubnehmen zu ermutigen. In flächendeckenden Werbekampagnen verbreitete man überall Slogans wie: »Urlaub machen ist ein Beweis für Ihre Kompetenz.« Und eines Sommers erschienen im ganzen Land Plakate mit einer idyllischen Bergszenerie, in der sich zwei Japaner in Safarianzügen entspannt auf der Erde ausstrecken, dicht neben einem liegenden Leoparden. Auf jedem dieser Plakate stand außerdem der Wahlspruch jenes Sommers »Hotto Week« – der japanische Ausdruck für eine Woche der Entspannung, in Anspielung auf das englische Wort »hot«. Daneben war noch eine direktere Botschaft des Arbeitsministeriums in japanischer Sprache zu lesen, die ungefähr hieß: »Wir befehlen Ihnen, eine Woche Urlaub zu nehmen.« Die japanische Tageszeitung *Asahi* schmückte ihre Mauern mit einem Plakat, auf dem ein grimmig aussehender Chef ins Telefon brüllt: »Wenn Sie zur Arbeit kommen, sind Sie entlassen!«[6] Aber auch hier sieht es so aus, als würde die japanische Arbeitssucht die Schlacht gewinnen. Die Anzahl der genommenen Urlaubstage ist seit dem Beginn der Regierungskampagne kaum gestiegen: von 50 Prozent im Jahr 1986 auf 53 Prozent im Jahr 1992.

Vor vier Jahren gab es in Japan eine neue Kampagne, die eine Arbeitspause nach der Geburt eines Kindes empfahl. Aber die Motive für diese Beurlaubung sind ganz anders gelagert als die für den langen Mutterschaftsurlaub in Frankreich und Schweden. Ganz wie es in Japan Sitte ist, haben die Gründe mehr mit dem Geschäftsleben und der Produktivität zu tun als mit der seelischen Gesundheit von Frauen und ihren Familien. Als Auslöser vermutet man allgemein vor allem die stetig fallende Geburtenrate in Japan. 1991 erreichten die Kinderzahlen mit 1,53 pro Familie einen neuen Tiefstand, und daraufhin bot die Regierung sowohl Männern als auch Frauen eine Babypause nach der Geburt eines Kindes an. »Die Firmen haben plötzlich Angst, daß ihnen irgendwann nicht mehr genügend Arbeitskräfte zur Verfügung stehen«, erklärt Sumiko Iwao, eine Expertin für die Rolle der Frau in Japan. Die männlichen Gesetzgeber »hatten schon fast das Gefühl, die Japaner stünden kurz vor dem Aussterben«.[7]

Schnelligkeit ist in der traditionellen japanischen Kultur eine hochgeachtete Tugend. Man sagt, daß ein Mensch, der sich langsam bewegt, ein Dummkopf sei. Zeitverschwendung wird mißbilligt, selbst wenn es um grundlegende biologische Bedürfnisse geht. Es gibt ein Sprichwort (das allerdings in vornehmen Kreisen nicht unbedingt zitiert wird): »*Hayameshi, hayaguso, geinouchi.*« Das heißt grob übersetzt: »Schnell zu essen und schnell wieder auszuscheiden ist eine Kunst.«

Ein Angestellter, der sich zu langsam bewegt, begeht, ganz gleich ob die aktuelle Aufgabe Schnelligkeit verlangt oder nicht, die schwerste Todsünde, die an einem japanischen Arbeitsplatz möglich ist: Er gibt nicht alles. Garr Reynolds, ein Amerikaner, der in Japan für Sumitomo Electric arbeitet, hat festgestellt, daß die Japaner glauben, »sie sollten im Büro beschäftigt aussehen, ob sie tatsächlich etwas zu tun haben oder nicht. Eine Möglichkeit, beschäftigt zu wirken, besteht darin, alles schnell zu machen, etwa die drei Meter zum Kopierer im Eilschritt zurückzulegen, auf die Tastatur des PC einzuhämmern, wenn man einen Routinebrief schreibt, vom Stuhl aufzuspringen und ›Jawohl!‹ zu sagen, wann immer der Vorgesetzte einen beim Namen ruft. Beschäftigt zu sein oder zu wirken ist in dieser Gesellschaft eine Tugend, und wenn man den Eindruck erweckt, daß man die Dinge rasch und mit einem Schuß Panik erledigt, macht man anderen deutlich, daß man wirklich fleißig und daher ein guter Angestellter ist.«[8]

Die Japaner sind mitunter so sehr auf die Tugenden der Schnelligkeit und der harten Arbeit fixiert, daß daraus ernste Konflikte entstehen können. Einige der bisher schwersten interkulturellen Zusammenstöße waren das Ergebnis von Bemerkungen japanischer Politiker über den Niedergang der Arbeitsethik in den Vereinigten Staaten. Anfang 1992 erklärte Yoshio Sakurauchi, der Sprecher des japanischen Unterhauses, öffentlich: »Die Wurzel der amerikanischen [Handels]probleme ist die mittelmäßige Qualität der amerikanischen Arbeitskräfte.« Noch präziser formulierte es Masao Kunihiro, ein Anthropologe, der auch Mitglied des japanischen Oberhauses ist und etwa um die gleiche Zeit sagte: »Leider ist es in Amerika zu einem Zerfall der puritanischen Arbeitsethik gekommen, dabei hat uns dieses Land so vieles gelehrt.« Als Reaktion auf diese Kritik schwenkten Regierungsvertreter in Washington heftig Statistiken, beriefen sich auf alterprobte Tüchtigkeit und droschen manchmal mit harten Worten auf Japan ein, wobei sie die amerikanischen Arbeitskräfte in Schutz nahmen und meist als unterschätzt und mißverstanden bezeichneten.[9] Aber in den Augen der Japaner lag es offen auf der Hand, daß Leute, die nicht produzierten, sich eben nicht genügend anstrengten. Für sie lautete die Lösung: Arbeitet einfach schneller und mehr.

Die Japaner haben ein ausgeprägtes Bewußtsein dafür, was durch harte Arbeit zu erreichen ist. In den fünfundzwanzig Jahren nach dem Zweiten Weltkrieg sahen sie die Finanzkraft ihres Landes buchstäblich aus der Asche des Zweiten Weltkrieges zu ihrer heutigen hohen Position auf der Weltrangliste emporsteigen. Sie wissen auch, daß ihr »Wirtschaftswunder« nicht viel von einem Wunder an sich hatte. Es war das Ergebnis von Anstrengung und großen persönlichen Opfern. Die Japaner sind der Überzeugung, daß harte Arbeit und Mißerfolg sich gegenseitig ausschließen.

## Wie schützen sich Japaner gegen die koronare Herzerkrankung?

[Die] an der Oberfläche sichtbaren kulturellen Eigenschaften, die uns so wesentlich erscheinen, sind wie der Panzer der Schildkröte: Sie verbergen und schützen das wahre Japan. Commodore Perry hat vielleicht gedacht, er habe Japan für den Westen »geöffnet«, tatsächlich aber war, wie bei allen Kulturen, das an der Oberfläche Enthüllte kaum mehr als ein Trugbild.

EDWARD HALL UND MILDRED HALL, *Hidden Differences*

Arbeitssucht ist die in Japan gängige Lebensart. Sollen wir daraus schließen, daß das japanische Volk sich auf Kollisionskurs mit koronaren Herzerkrankungen befindet? Tun die Japaner das, was der amerikanische Journalist Walter Winchell einmal von sich selbst behauptete, nämlich »in einem tödlichen Tempo leben«? Die Krankheitsstatistiken geben eine klare Antwort: nein. Es trifft sogar eher das Gegenteil zu. Trotz des rasanten Lebenstempos sterben in Japan auffallend wenige Menschen an der koronaren Herzerkrankung. Bei den 26 Ländern, die wir untersucht haben, lag Japan auf dem fünftletzten Platz (für die übrigen fünf Länder gab es keine Statistiken über koronare Herzerkrankungen). Von 27 Industrieländern, die in einem Bericht der Weltgesundheitsorganisation verglichen wurden, hatte Japan sogar die niedrigste Anzahl an Todesfällen durch Herzkrankheiten.[10]

Wie gelingt es in einem so hektisch lebenden Volk vom Typ A der Mehrheit der Arbeitskräfte, koronaren Herzkrankheiten zu entgehen? Ganz gewiß trägt die cholesterinarme Ernährung dazu bei, aber die Daten lassen vermuten, daß das noch nicht die ganze Antwort ist. Die Forscher Michael Marmot und Leonard Syme haben festgestellt, daß japanisch-amerikanische Männer, die keine traditionell japanische Erziehung genossen hatten, 2- bis 2,7 mal häufiger an koronaren Herzerkrankungen litten als solche, die in einem traditionsbewußten Elternhaus aufgewachsen waren. Das traf auch dann noch zu, wenn die üblichen Risikofaktoren für koronare Herzerkrankungen – Ernährung, Rauchen, Cholesterin, Blutdruck, Triglyzeride, Fettleibigkeit, Glucose und Alter – berücksichtigt wurden.[11]

Das Herzstück der kulturellen Werte Japans ist eine tiefe und zwingende Ausrichtung auf das Wohl des Kollektivs. Die Arbeitssucht japanischen Stils unterscheidet sich grundlegend von der in den westlichen Ländern. Das traditionelle japanische Arbeitsethos – »*senyu koraku* [erst die Arbeit dann das Vergnügen]« – ist in ein kollektivistisches Wertesystem eingebettet. Harte Arbeit und Produktivität sind nicht einfach ein Mittel, seine Familie zu ernähren, wie so oft in den individualistischen Ländern, sondern eine Bürgerpflicht zum Wohle des »Stammes«. In den Vereinigten Staaten wurden harte Arbeit und zahlreiche Arbeitsstunden traditionellerweise mit Männlichkeit assoziiert, sie sind Aufgabe und fallen in die

Verantwortung des Ernährers der Familie. In Japan gehören diese Mühen zum Patriotismus.

Japans besondere Art von Kollektivismus betont die Treue zur Gruppe. Für die meisten Beschäftigten ist die bei weitem wichtigste Gruppe ihre Firma. Individualismus ist dem japanischen Arbeiter ein völlig fremder Begriff, denn sein persönlicher Erfolg bemißt sich am Erfolg seines gesamten Unternehmens. Treue und Hingabe an die Gruppe sind in Japan nicht nur eine Möglichkeit sondern eine Gegebenheit. Der Romanautor Yukio Mishima hat in seinem Essay »Sun and Steel« versucht, die Intensität dieser kollektiven Identifizierung einzufangen:

> Die Gruppe hatte mit all jenen Dingen zu tun, die niemals aus Worten hervorgehen konnten – Schweiß und Tränen, Freudenschreie und Schmerz. Wenn man noch weiter in die Tiefe vordrang, hatte sie mit dem Blut zu tun, das Worte niemals zum Fließen bringen konnten … nur durch die Gruppe, so erkannte ich – durch das Miterdulden der Leiden der Gruppe –, konnte der Körper jenen Gipfel der Existenz erreichen, den das Individuum alleine niemals erklimmen konnte.[12]

Die Identifizierung mit der Firma ist überall sichtbar. Die Mitarbeiter eines Unternehmens singen zu Beginn eines jeden Arbeitstages stehend eigene Firmenlieder, in deren Texten es etwa heißt: »Ein fröhliches Herz voll überfließenden Lebens, verbunden mit anderen, Matsushita Electric.« Häufig tragen die Mitarbeiter auch die Farben ihrer Firma, um ihre lebenslange Identifizierung mit ihren Arbeitgebern auszudrücken. Die Japaner arbeiten für den Erfolg ihrer Firma und erleben deren Erfolg als ihren eigenen. »Dein Team kann gewinnen, wo du es nicht kannst« ist ein beliebter Slogan. Suguru Sato, ein früherer Kollege von der Medizinischen Universität in Sapporo, erklärte mir einmal: »Ich habe dieselben Gefühle für meinen Fachbereich wie Sie für Ihre Familie.« Und das meinte Sato nicht nur metaphorisch. Umfrageergebnisse belegen, daß 66 Prozent der japanischen Arbeitskräfte – nach japanischer Sitte überwiegend

Männer – ihre Firmen als mindestens ebenso wichtig einstufen wie ihr Privatleben.[13]

Als Lohn für diese Hingabe konnten die Arbeitskräfte traditionsgemäß der bedingungslosen, dauerhaften Unterstützung und Absicherung durch die Gruppe gewiß sein, der sie dienten. Yoshiya Ariyoshi, ehemaliger Direktor der größten Schiffahrtsgesellschaft Japans, erklärte einmal: »Schon die ersten Lebensjahre sind für Amerikaner ganz anders als für Japaner. Soviel ich weiß, werden in Amerika die Kinder dazu ermutigt, ihre ganz persönliche Identität zu behaupten. Hier in Japan lernt man als erstes, sich harmonisch in die Gruppe einzufügen. Als Gegengabe für diese Konformität behandeln einen die Menschen freundlich und rücksichtsvoll. Es ist nicht nötig, daß Sie um etwas bitten, Ihre Wünsche werden erfüllt, ohne daß Sie darum bitten. Kindlich ausgedrückt heißt das, wenn du artig bist und nicht lautstark Ansprüche stellst, verwöhnen dich die Menschen.«[14]

Für die meisten Japaner – besonders für die Männer – ist die wichtigste stützende Gruppe ihre Firma. Universitätsabsolventen wählen traditionellerweise ihren Arbeitgeber mit ebenso viel Sorgfalt wie ihren Ehepartner. Wie eine Ehe sollte die Beziehung zur Firma ein Leben lang halten. Über die lebenslange finanzielle Sicherheit und die Sicherheit des Arbeitsplatzes, die japanische Arbeitskräfte üblicherweise genießen, ist viel geschrieben worden. Aber vielleicht zählt für sie selbst die emotionale Unterstützung am meisten. Wenn etwa ein Angestellter krank wird, schickt ihm die Firma nicht nur einen Arzt ins Haus, sondern oft stattet ihm auch der Chef einen Besuch ab, um ihn zu trösten. Dieser Geist fand seinen krönenden Ausdruck in einer extremen Geste, als vor einigen Jahren Vertreter der Kyoto Ceramic Company ein Gemeinschaftsgrab für ihre Mitarbeiter und deren Familien erwarben. Sie wollten sicherstellen, daß sich ihre Angestellten nach dem Tod »nicht einsam fühlen«.[15]

Besonders für die Männer bilden Kollegen nicht nur den Hintergrund ihres Arbeitstages, sondern machen nahezu ihre gesamte soziale Welt aus, so daß Einsamkeit für japanische Arbeitskräfte nur selten ein Problem ist. Möglicherweise ist gerade diese emotionale Unterstützung ein weiterer Schlüssel für die niedrige Rate koronarer Herzerkrankungen in Japan. Medizinische Psychologen haben eine ganze Anzahl von Beweisen dafür erbracht, daß ein Gefühl sozialer Unterstützung ein mächtiger Schutz gegen Streß und Krankheit ist. Untersuchungen in mehreren Ländern haben ergeben, daß ein stark stützendes System das Auftreten vieler Krankheiten verringert, die Genesungsdauer verkürzt, wenn sie doch auftreten, und die Wahrscheinlichkeit senkt, daß ein Betroffener an einer schweren Krankheit stirbt. So hat man nachgewiesen, daß Menschen, die viel Unterstützung erfuhren, sich von Nierenerkrankungen, Leukämie im Kindesalter und Schlaganfällen rascher erholten, Diabetes besser unter Kontrolle halten können, bei Arthritis weniger Schmerzen haben und länger leben.[16] Für unsere Untersuchung war das Wichtigste, daß bei solchen Menschen auch die Gefahr einer Herzattacke geringer ist und sie seltener an einem Herzinfarkt sterben. Redford Williams von der Duke University hat in einer großangelegten Studie über Patienten mit fortgeschrittenen koronaren Herzerkrankungen festgestellt, daß 82 Prozent derjenigen, die intensive Unterstützung von mehreren Seiten erfuhren, noch mindestens fünf Jahre lebten, während dasselbe nur für 50 Prozent der sozial sehr isolierten Patienten gilt.[17]

Neben der emotionalen Unterstützung durch die Firma kommt dem japanischen Angestellten auch das Wissen zugute, daß alle Kollegen die anfallende Last gemeinsam tragen. Weil man für die Gruppe und in der Gruppe arbeitet, verteilt sich der Druck auf alle Mitarbeiter. Dadurch scheint den japanischen Arbeitskräften ein Großteil des Stresses erspart zu bleiben, der in den westlichen Ländern typischerweise mit harter Arbeit verbunden ist.

Diese Theorie wird durch kulturvergleichende Untersuchungen gestützt, die das Typ-A-Verhalten zu messen versuchen. Der Jenkins Activity Survey, der gebräuchlichste Test für dieses Verhalten, enthält eine Reihe von Fragen zum Thema »Druck auf sich und andere ausüben« – ob man konkurrenzorientiert, reizbar, ungeduldig ist – und eine weitere Reihe zum Thema »Arbeitsbelastung«. In den Vereinigten Staaten (wo dieser Test entwickelt wurde) gehen hohe Werte der Befragten bei dem einen Fragenblock gewöhnlich mit hohen Werten bei dem anderen einher: Beide gehören zum selben Verhaltensmuster. Aber in Japan, wo die Harmonie mit anderen der soziale Wert ist, der den höchsten Respekt genießt, haben Konkurrenz und Aggression nur wenig Raum. Untersuchungen zeigen, daß bei Japanern, die den Typ-A-Persönlichkeitstest machen, die Antworten auf den Fragenblock zur »Arbeitsbelastung« kaum etwas mit ihren Antworten zum »Druck« zu tun haben. Sie haben in der Regel hohe Werte bei der Arbeitsbelastung, aber niedrige beim Druck.[18]

Sogar die Übersetzung der Fragen zum Thema »Druck auf sich und andere ausüben« ins Japanische ist ein Problem. Ein frustrierter Forscher berichtete, die beste japanische Übersetzung, die er für die Frage: »Mögen Sie Wettbewerb an Ihrem Arbeitsplatz?« gefunden habe, laute »Mögen Sie Unhöflichkeit an Ihrem Arbeitsplatz?«[19] Suguru Sato hat dieses Problem der Übersetzung von Wörtern wie »Konkurrenz«, »Selbstbewußtsein« und »Aggression« ins Japanische einmal folgendermaßen kommentiert: »Das Wort ›Aggression‹ wird im Japanischen durch den Begriff ›kôgeki sei‹ ausgedrückt, und das heißt wörtlich ›Angriff‹. Wenn man einen Menschen als *kôgeki sei* bezeichnet, bedeutet das, daß er feindselig oder sogar bösartig ist. Es hat eine sehr negative Konnotation.« Im Westen kann »aggressiv« auch eine positive Konnotation haben, wie in »Selbstsicherheit«. Aber Selbstsicherheit ist schwer ins Japanische zu übersetzen. Wo man den Kindern in der westlichen Welt beibringt: »Bittet, und es wird euch gegeben werden«, glaubt der gut erzogene Japaner, daß er in den Genuß erwünschter Dinge dann kommt, wenn er still ist.

Konkurrenzbedingte Feindseligkeit und Gereiztheit haben offenbar wenig Raum beim schnellen Tempo und der vielen Arbeit der Japaner. Aber in den Vereinigten Staaten und in anderen westlichen Kulturen, wo unsere Untersuchungen eine enge Beziehung zwischen einem schnellen Lebenstempo und koronaren Herzerkrankungen ergaben, gibt es oft nur eine schmale Trennlinie zwischen

Schnelligkeit und Zeitdruck einerseits und Konkurrenz und Feindseligkeit andererseits.

Das Beispiel Japan legt nahe, daß Zeitdruck keine direkte Ursache koronarer Herzerkrankungen ist. Nur wenn Schnelligkeit und Zeitdruck mit den toxischen Elementen Feindseligkeit und Zorn zusammenkommen, entsteht eine nennenswerte Beziehung zur koronaren Herzerkrankung.[20] Aber Japans niedrige Quoten für Herzerkrankungen beweisen, daß Schnelligkeit und Zeitdruck an sich nicht tödlich sein müssen. Das ist eine erfreuliche Nachricht für arbeitssüchtige Westler, die die Ratschläge ihrer Kardiologen, langsamer zu machen, in den Wind schlagen. Solange man an die Arbeit mit der richtigen Einstellung herangeht – ohne Feindseligkeit und Konkurrenzdenken –, scheint sie nur ein geringes oder gar kein Risiko für Herzkrankheiten zu beinhalten.

## Über sein Giri Bescheid wissen

Die Ausgeglichenheit und zeitliche Flexibilität, die die Arbeitssucht in Japan charakterisieren, haben ihre Wurzeln im Prinzip des *giri* oder der Verpflichtung gegenüber anderen. Die Regeln, die angemessenes Sozialverhalten bestimmen, sind in Japan streng festgelegt. Praktisch jede soziale Beziehung definiert sich über klar umrissene Pflichten: das *giri*. Manchmal gehören die Erwartungen, die man erfüllen soll, in den Bereich des Trivialen; so sprechen die Menschen etwa von »*girichoko*« am Valentinstag – von ihrer »Schokoladenverpflichtung«. In Japan gibt es so viele Arten von *giri*, daß man in Läden für Geschenke aus zweiter Hand die vielen Geschenke, die man bei allen möglichen Anlässen austauscht, wieder in Umlauf bringen kann.

Aber das Konzept des *giri* geht viel tiefer und weit über das Geschenkemachen hinaus. Den Kern der Verpflichtungen bilden genau festgeschriebene Pflichten gegenüber der eigenen Familie, der

Firma und dem Land. Aus dieser Ebene des *giri* erwächst die Gruppenzentriertheit, die die Arbeitssucht japanischen Stils definiert.

Allen Miller, ein Australier, der in Nagoya Englischlehrer war, hat mir von dem Stolz erzählt, den Japaner empfinden, wenn sie erfolgreich ihr *giri* erfüllen. Er wies darauf hin, daß die Japaner gern alles sorgfältig planen. »Die Japaner, die ich kennengelernt habe, werden manchmal geradezu euphorisch, wenn sie begriffen haben, welche Verpflichtungen sie mir gegenüber haben«, erläuterte mir Miller. »Das Entscheidende dabei ist nicht, wie groß die Verpflichtung ist, sondern daß sie genau verstehen, was von ihnen erwartet wird. Dann machen sie sich bereitwillig daran, diese Verpflichtung zu erfüllen.«[21]

Das *giri* hinter ihrer Arbeitsethik hat den Japanern erlaubt, Meister in der Kunst des Umschaltens zwischen verschiedenen zeitlichen Modalitäten zu werden, je nachdem, was die Situation gerade verlangt. Sie stehen hinter niemandem zurück, wenn die Lage eine Beschleunigung erfordert. Aber ihr *giri* am Arbeitsplatz erfordert manchmal auch eine Verlangsamung des Tempos, und der japanische Arbeitssüchtige kann sich darauf oft mit der gleichen Leichtigkeit einstellen.

Die japanische Mischung zeitlicher Modalitäten spiegelt die Grundeinstellung zu Arbeitszeit und Nichtarbeitszeit wider. In den Vereinigten Staaten gibt es eine scharfe Trennung zwischen beidem. Die Verpflichtung gegenüber dem Arbeitgeber beginnt und endet zu festgelegten Zeiten, die oft bis auf die Minute genau geregelt sind. Vom Angestellten wird erwartet, daß er sich innerhalb klar definierter Grenzen ausschließlich auf die Aufgaben des Tages konzentriert. Für den Arbeitgeber ist ebenso klar, daß die Zeit nach Feierabend – falls keine besonderen Vereinbarungen getroffen wurden – für die Firma tabu ist. Für japanische Arbeitskräfte – und wiederum besonders für Männer – gibt es dagegen nur eine unscharfe Grenze zwischen Arbeit und gesellschaftlichem Leben. Für die meisten japanischen Männer sind ihre Arbeitskollegen gleichzeitig ihre Freunde. Die Arbeitszeit japanischer Beschäftigter ist lang, aber ihre Produktivität ist nicht so groß, wie man es in westlichen Ländern erwarten könnte. Sie verbringen viel Zeit im Gespräch mit Kollegen, bei Konferenzen und einfach beim Plaudern. Ihr Arbeitstag ist, mit anderen Worten, nicht rein auf Produktivität ausgerichtet. Suguru Sato, der jüngste Assistent in seinem Fachbereich, hat mir geschildert, daß es ganz offiziell zu den *giri* seiner Arbeit gehört, anwesend zu sein, während seine älteren Kollegen morgens Kaffee trinken, zum Mittagessen gehen oder sogar Brettspiele miteinander machen – selbst wenn er andere Arbeit hat, die erledigt werden muß und die er dann nur in Überstunden zu Ende bringen kann. Soziale Ausfallzeit sei für die Harmonie (*wa*) nötig, so erklärte er, die für ihn und seine Kollegen und die japanische Gesellschaft im allgemeinen so kostbar sei. Daher empfindet er diese Dinge, die ein amerikanischer Professor leicht als Zeitverschwendung ansehen würde, als einen wichtigen Teil seiner Arbeit.»Wenn man von einer Firma für das ganze Leben angestellt wird,« so erläutert er,»wird die Harmonie sehr bedeutsam.«[22]

Da die Japaner so gruppenorientiert sind, haben sie ein wesentlich geringeres Bedürfnis nach privat verfügbarer Zeit als die Menschen in den Vereinigten Staaten. Sogar nach einem langen Arbeitstag bleiben die Mitarbeiter an der Medizinischen Universität von Sapporo oft noch zwei, drei Stunden da, trinken vielleicht ein Bier und schauen sich mit ihren Kollegen ein Ballspiel an. Solche Gewohnheiten tragen dazu bei, die gewünschte Harmonie in den sozialen Beziehungen herzustellen. Und das daraus resultierende *wa* nährt die Gefühle der persönlichen Verantwortung und der intrinsischen Motivation, die zu den Triebfedern der Produktivität japanischer Arbeitskräfte zählen.

Diese Akzeptanz des jeweiligen *giri* und die Bereitwilligkeit, mit der die Menschen dann alles auf sich nehmen, was von ihnen erwartet wird, ganz gleich, wieviel Arbeit oder Zeit es erfordern mag, liegen der japanischen Treue zur Firma zugrunde. Jeder versteht, daß sein *giri* wichtig ist – daß das Glück der Familie, der Erfolg der Firma und die Zukunft Japans davon abhängen, wie jeder einzelne seine Aufgabe erfüllt. Teilweise ist es auch die Folge des japanischen Seniorats-Systems, durch das nahezu jede spätere Führungskraft mit dem niedrigsten Job in der Firma angefangen hat. Der Direktor des Busunternehmens hat als Busfahrer angefangen, der Manager des Restaurants war zuerst Kellner. Jeder Beschäftigte ist am selben Vorgang beteiligt und versteht, daß der einfachste Hilfsdienst für den Erfolg des Ganzen wichtig ist. Allen Miller hat mir berichtet, daß es ihm im Unterricht nicht möglich war, »den Leuten verständlich zu machen, wie es gemeint ist, wenn in den Vereinigten Staaten ein Angestellter anruft, um sich krank zu melden, und sein wohlmeinender Chef darauf antwortet: ›Machen Sie sich keine Sorgen. Ruhen Sie sich einfach aus. Wir kommen gut ohne Sie zurecht.‹ Das war den Studenten unbegreiflich. In Japan müßte die entsprechende Antwort ungefähr lauten: ›Nun, wir werden unser Bestes tun, ohne Sie zurechtzukommen, aber es wird sehr schwierig sein.‹«[23]

Das *giri*-Prinzip erklärt ein Stück weit auch die Fähigkeit der Japaner, viel zu arbeiten, ohne sich dabei umzubringen. Wenn Japaner einen langen Arbeitstag haben, dann fassen sie das als ihr *giri* auf. Alle ihre Verpflichtungen sind wohlgeordnet, und solange diese Verpflichtungen erfüllt werden, wird das Prinzip des Seniorats seinen gerechten Lohn mit sich bringen. Diese Überzeugung – daß das eigene Tun wichtig ist, von den Vorgesetzten geschätzt wird und Teil einer gemeinsamen Anstrengung ist – halten viele Japaner für ihren wirksamsten Schutz gegen Streß.

## Karôshi *oder Tod durch Überarbeitung*

Das heißt jedoch nicht, daß die Arbeitssucht der Japaner nicht ihren Preis hat. Immer mehr Japaner fürchten inzwischen, daß das zwanghafte Pflichtgefühl gegenüber der Firma über das Ziel hinausschießt und nicht mehr zum Besten des Individuums oder des Staates ist. Kritiker bemängeln, daß harte Arbeit zu einer Sucht geworden sei und dem Wohle vieler Menschen und ihrer Familien einen hohen Preis abverlange.

Nur wenige wissen besser über den Preis Bescheid, den die Arbeitssucht der Japaner fordert, als der Rechtsanwalt Hiroshi Kawahito aus Tokio, Chef der Karôshi-Hotline. Das Wort *karôshi* bedeutet Tod durch Überarbeitung, meist aufgrund von koronaren Herzerkrankungen. Diese Hotline ist nicht nur für Angestellte da, die an arbeitsbedingten Krankheiten leiden, sondern auch für Familienmitglieder, die den Verlust ihres Ehemannes oder Vaters aufgrund von Überstunden in der Firma beklagen. Die erste Karôshi-Hotline, die 1988 in Osaka eingerichtet wurde, zählte bereits am ersten Tag 309 Anrufer. Ein gutes Jahr später gab es Karôshi-Hotlines in 28 Präfekturen. Die Zahl der Karôshi-Fälle steigt weiter, so Kawahito: »Zuerst gab es Karôshi-Hotlines an sieben Orten, aber wir erhielten in Tokio manchmal Anrufe von Menschen aus weiter Ferne, etwa aus Okinawa, daher dachten wir, daß wir die Zahl der Hotlines erhöhen sollten. Ich strebe jetzt an, die Karôshi-Hotline-Zentren auf 47 zu erhöhen – so daß jede Präfektur ein eigenes hat.« Wobei anzumerken ist, daß Kawahito selbst zehn Stunden am Tag arbeitet, um die Menschen davon abzuhalten, sich zu Tode zu arbeiten.[24]

Offensichtlich zahlen viele Japaner einen beträchtlichen Preis für ihre Arbeitssucht. Die Karôshi-Hotline ist vielleicht ein Signal dafür, daß die Wärme der Gruppe vielen japanischen Arbeitskräften nicht mehr genügend psychologischen Schutz bietet. Und es gibt guten Grund zu der Befürchtung, daß streßbedingte Probleme in Japan zunehmen werden, da wirtschaftlicher Druck die bisher unantastbaren Pfeiler des Seniorats-Systems und der lebenslangen Sicherheit des Arbeitsplatzes zu bedrohen beginnt.

Insgesamt gesehen gibt es jedoch immer noch viele deutliche Zeichen für die seelische Widerstandskraft der japanischen Arbeitskräfte. Die meisten Japaner fühlen sich offenbar bei ihrem hohen Arbeitspensum relativ wohl – zumindest im Vergleich zu ihren Kollegen im Westen. Oberflächlich betrachtet entsprechen die japanischen Arbeitsnormen ziemlich genau der westlichen Vorstellung von Arbeitssucht. Sollte das zutreffen, ist es jedoch eine ganz andere Art von Arbeitssucht als bei uns.

## Von Japan lernen

Man hat gesagt, Japan sei der ideale Ort für die Beobachtung der übrigen Welt. Der Grund dafür ist leicht erkennbar, denn da es so weit draußen am äußersten Rand von Asien liegt, hat man oft den Eindruck, man betrachte die Welt von außen.

IAN BURUMA, *Behind the Mask*

In Japan, so sagt man, stößt man stets auf Widersprüche. Die Japaner brauchen sich vor keinem Land zu schämen, wenn es um Schnelligkeit geht, aber sie lassen sich nicht unbedingt von der Uhr tyrannisieren. Der Schriftsteller Pico Iyer, der ein Jahr in Kyoto verbracht hat, gelangte zu dem Eindruck, daß die Japaner »Connaisseure« der Zeit seien. Sie »bündeln Zeit und verwandeln dann das holprige Chaos aufeinanderfolgender Augenblicke in eine Elegie, so schön wie ein Kunstwerk«. Sie sind Meister der Langsamkeit ebenso wie der Schnelligkeit. »So vieles in Japan«, schrieb Iyer, »ist als Ort des Rückzugs aus der Zeit angelegt, als Weg, die Zeit anzuhalten, aus ihr herauszutreten.«[25]

Die wichtigste Botschaft Japans ist aber vielleicht die Lehre, die es uns über uns selbst erteilt. Die Menschen im Westen betrachten die Wahl zwischen Eile und geruhsamem Tun häufig als Kompromiß zwischen Vollkommenheit auf der einen Seite und Streß auf der anderen. Ohne Frage fordert harte Arbeit tatsächlich oft einen hohen Tribut von den heutigen Arbeitskräften, aber wie die japanische Erfahrung zeigt, gilt dieser Zusammenhang nicht universell.

Die Forscher, die sich mit dem Typ A beschäftigen, haben in jüngster Zeit behauptet, daß Dinge wie rasche Bewegungen, schnelles Sprechen und Engagement für seine Arbeit nicht zwangsläufig koronare Herzerkrankungen nach sich ziehen, solange man sich und andere nicht zusätzlich durch Konkurrenzdenken und Feindseligkeit unter Druck setzt.[26] Bedenkt man, daß diese Schlüsse vorwiegend auf Material aus den Vereinigten Staaten beruhen, wo die meisten Untersuchungen zum Typ A durchgeführt wurden, so ist es paradox, daß die stärksten Belege für diese These aus Asien kommen. Obwohl die Ergebnisse unserer Untersuchungen zum Lebenstempo zeigen, daß in vielen Ländern, vor allem in den Vereinigten Staaten und in Westeuropa, Zeitdruck häufiger mit koronaren Herzerkrankungen zusammenhängt, als viele derzeitige Forscher glauben, so verweist doch das japanische Beispiel darauf, daß diese Beziehung nicht zwingend ist: Die Notwendigkeit, jede Sekunde zu nutzen, hart zu arbeiten und sich rasch zu bewegen, muß nicht unbedingt der Gesundheit schaden.

Die Nutzung der Zeit ist ein weiteres Beispiel dafür, wie sich die Japaner einige attraktive Eigenschaften der westlichen Kultur angeeignet, auf einer tieferen Ebene jedoch an ihren eigenen, traditionellen Werten festgehalten haben. In den letzten Jahren haben sich westliche Geschäftsleute dazu herabgelassen, vorsichtig zuzugeben, daß jetzt sie an der Reihe sind, in bezug auf Produktionstechniken von den Japanern zu lernen. Ebenso könnten sie bei den Japanern Unterricht über den Umgang mit der Zeit nehmen.

# TEIL III

# Das Tempo verändern

# 9

## Zeitliche Kompetenz

### *Die stumme Sprache lernen*

Wenn man eine Einladung angenommen hat, ist es klug, sich an die Regeln zu halten. Pünktlichkeit ist ein Muß, da meist keine Zeit für Cocktails vorgesehen ist. Wenn die Einladung zum Abendessen für 7 Uhr ausgesprochen wurde, drücken Sie Punkt 7 Uhr auf die Klingel der Wohnung Ihres Gastgebers, und schon nach wenigen Minuten werden Sie am Tisch sitzen. Wenn ein Taxi Sie zu früh an Ihren Bestimmungsort gebracht hat, warten Sie unten. Vielleicht haben sich dort vor Ihrer Ankunft schon andere Gäste versammelt, aber erst wenn die Uhr des nächstgelegenen Kirchturmes 7 Uhr schlägt, läuten Sie.

LILLY LORENZEN, *Of Swedish Ways*

Der Historiker Lewis Mumford erklärte einmal, daß »jede Kultur glaubt, sie *selbst* lebe im wahren Raum und der wahren Zeit, und jedes andere Raum- und Zeitverständnis sei entweder eine Annäherung an die eigene Auffassung oder eine Pervertierung derselben.«[1] In Wahrheit jedoch ist kein Lebenstempo als solches notwendigerweise richtig oder falsch. Es gibt einfach *verschiedene* Lebensweisen, die alle ihre positiven und negativen Seiten haben. Jede Kultur hat somit etwas von der Zeitauffassung der anderen zu lernen.

Wenn man das Zeitverständnis anderer Kulturen erschließen möchte, muß man sich allerdings Mühe geben. Zeitstrukturen liegen an den Schnittpunkten eines riesigen Netzes von kulturellen Eigenheiten, sie prägen die gesamte Persönlichkeit eines Ortes. Wie das Beispiel Japan zeigt, kann man ihre psychologische Bedeutung für Einheimische nicht richtig verstehen, wenn man sie isoliert und ihren weiteren Kontext außer acht läßt. Man muß erst die Grundwerte einer Kultur verstehen, ehe man ihr Zeitgefühl erfassen kann. Kein Wunder, daß Außenstehende in Verwirrung geraten, wenn sie versuchen, diese stumme Sprache zu begreifen.

In vielen Fällen führt die mangelnde Beherrschung der zeitlichen Regeln einfach zu peinlichen und mißlichen Situationen, in anderen Fällen jedoch kann dieser Mangel an Wissen sogar sozial schachmatt setzen – vor allem dann, wenn Menschen, die nicht nach der Uhr leben, ihre Leistungen an die Normen einer Kultur mit schnellem Tempo anpassen müssen. Es gibt ganze Bevölkerungsgruppen in einem ansonsten ökonomisch vitalen Umfeld, die an den Rand gedrängt werden, weil sie unfähig sind, das von der Uhr beherrschte Tempo der kulturellen Mehrheit zu bewältigen. Diese durch ihren Umgang mit der Zeit benachteiligten Gruppen finden sich besonders häufig in Gesellschaften mit großen Bevölkerungsanteilen unterschiedlicher Herkunft und Kultur, vor allem, wenn dort rasche soziale Veränderungen stattfinden. Der Sozialkritiker Jeremy Rifkin behauptet sogar, daß zeitliche Benachteiligung eine intrinsische Eigenschaft aller fortschrittlichen Gesellschaften sei. »In Industriekulturen sind die Armen arm an Zeit ebenso wie materiell arm«, sagt Rifkin. »Zeitnot und materielle Not bedingen einander tatsächlich ... die, die am meisten gegenwartsorientiert sind, [werden] in eine Zukunft mitgerissen, die andere für sie entworfen haben.«[2] Edward Banfield geht in seinem Buch über Armut in den Städten, *The Unheavenly City*, sogar noch weiter: »Extreme Gegenwartsbezogenheit, nicht das Fehlen von Einkommen oder Wohlstand, ist die Hauptursache der Armut im Sinn der ›Kultur der Armut‹.«[3]

Auch einige Gebiete in den Vereinigten Staaten liefern anschauliche Beweise für diese Behauptungen. Dolores Norton, Professorin an der School of Social Service Administration an der University of Chicago, hat die intellektuelle Entwicklung von Kindern aus armen amerikanischen Familien über mehr als zehn Jahre hinweg untersucht. Bei ihren Forschungen konzentrierte sie sich auf die Erfahrungen einer Gruppe mit extrem hohem Armutsrisiko – auf Kinder von schwarzen Müttern im Jugendalter mit niedrigem Einkommen, die in völlig verwahrlosten, armseligen Wohngegenden von Chicago leben. Dolores Norton nahm die sozialen Interaktionen dieser Kinder zu Hause auf Videoband auf und benutzte die darin enthaltenen Informationen, um herauszufinden, welches die höchsten Barrieren sind, die diese Kinder in der Schule zu überwinden haben. Sie hat reichlich Bestätigung für Rifkins und Banfields Theorie einer zeitlichen Benachteiligung gefunden, weil sie wieder und wieder gesehen hat, wie viele große Probleme der Kinder darauf zurückgehen, daß sie kaum auf den Umgang mit der Zeit in der Mehrheitskultur vorbereitet werden.

Zeitkonflikte sind für diese Kinder fast unvermeidlich, weil in ihrem häuslichen Leben Bezüge zur Zeit fast ganz fehlen. Tägliche Routineabläufe wie das Fortgehen der Eltern zur Arbeit oder Mahlzeiten zu festgelegten Zeiten erleben diese Kinder kaum, denn ihre Eltern haben vorwiegend damit zu kämpfen, sich aus der Drogenszene herauszuhalten, sich der Gewalt von Straßengangs zu entziehen und überhaupt etwas zu essen aufzutreiben. Die Eltern dieser Kinder geben selten Anweisungen wie: »Räum dein Zimmer auf, ehe du deine Lieblingsshow im Fernsehen um 11 Uhr anschaust.« Oft fehlen auch einfache Hinweise auf eine Reihenfolge der Dinge, die zu erledigen sind: »Zieh dir zuerst die Socken an und dann die Schuhe.«[4]

Wenn die Kinder in die Schule kommen, sind sie von den dort herrschenden zeitlichen Erwartungen oft verwirrt. Norton schildert, was dann geschieht:

Stellen Sie sich vor, Sie seien ein Kind in einem Klassenzimmer mit Erwachsenen, die Ihre Sprache sprechen, deren Anweisungen Sie aber nicht verstehen können, selbst wenn Sie diesen Erwachsenen gerne gefallen möchten. Wenn Sie aufstehen, um die Wüstenspringmäuse zu sehen, wird Ihnen gesagt, Sie sollten sich hinsetzen, Ihre Zeichnung fertigmachen und die Mäuse später in der Pause anschauen. Wenn Sie sich hinsetzen, um zu malen, wird Ihnen das Blatt weggenommen, ehe Sie fertig sind, weil es 10 Uhr und Zeit für ein Glas Saft ist. Noch ehe Sie mit dem Saft fertig sind, ist es Zeit, zur Toilette zu gehen.[5]

Norton hat festgestellt, daß diese Art von Situation für die Stadt-
kinder, die sie untersucht hat, die Norm ist. Die Kinder erleben, daß
sie ihr Pausenspiel mittendrin abbrechen müssen, weil es jetzt Zeit
für eine Zwischenmahlzeit ist, und die wird ihnen dann weggenommen, ehe sie fertig sind, weil die nächste Unterrichtsstunde
beginnt. Je weniger ihr Zeitbegriff mit demjenigen übereinstimmt,
der im Klassenzimmer herrscht, desto schlechter sind ihre Leistungen. Die Verwirrung und Frustration, die diese Kinder erleben, führt
häufig dazu, daß sie rebellieren oder sich zurückziehen. So werden
sie leicht als Unruhestifter oder lernschwache Schüler abgestempelt.
Damit beginnt die Spirale des Abstiegs.

Die stumme Sprache einer anderen Kultur zu erlernen, ist, wie
Nortons entmutigende Schilderung deutlich macht, eine schwere
und knifflige Aufgabe. Diese Schwierigkeiten, sich auf ein anderes
Zeitgefühl einzustellen, sind natürlich nicht auf wirtschaftlich
benachteiligte Subkulturen beschränkt; in früheren Kapiteln haben
wir gesehen, wie prompt und heftig schon andere, auf dem
internationalen Parkett versierte Menschen, von Politikern und
Königen bis hin zu Spezialisten für Interkulturelle Psychologie, über
die zeitlichen Regeln anderer Gruppen gestolpert sind. Aber es gibt
auch multitemporale Erfolgsgeschichten.

Eine Gruppe, die ihre zeitliche Flexibilität unter Beweis gestellt
hat, sind die Tausende von Mexikanern, die in Tijuana leben, aber
jeden Tag zu ihren Arbeitsplätzen auf der kalifornischen Seite der
Grenze pendeln. Der Psychologe Vicente Lopez, heute Bibliotheks-
leiter und Lehrer im Fachbereich Kommunikation an der University
of Mayab in Merida, Mexiko, hält sich (zumindest was die Zeit
angeht) für einen typischen Vertreter dieser Gruppe. Lopez ist fünf
Jahre lang zwischen Tijuana und San Diego gependelt. Er sagt, er
habe jedesmal, wenn er die Grenze überquerte, das Gefühl gehabt, in
ihm würde jemand auf einen Knopf drücken. Sobald er in die
Vereinigten Staaten kam, fühlte er, wie sein ganzes Wesen sich auf
die schnelle Uhrzeit umstellte: Er ging schneller, fuhr schneller,
sprach schneller und hielt sich an Termine. Wenn er nach Hause

zurückkehrte, entspannte sich sein Körper und ließ sich in die Ereigniszeit sinken, sowie er den mexikanischen Zollbeamten sah. »Es gibt eine große Gruppe von Menschen, die wie ich ständig zwischen zwei Zeiten pendeln«, erläutert Lopez. Er meint, daß viele von ihnen genau wegen dieses langsameren Lebenstempos auf der mexikanischen Seite wohnen bleiben wollen. »In Mexiko sind wir innerhalb der Zeit. Wir kontrollieren sie nicht. Wir leben *mit* der Zeit. Man muß den Amerikanern sagen: ›Bitte verstehen Sie, wie Sie sich nach mexikanischer Zeit verhalten müssen.‹ Und dann muß man den Mexikanern sagen: ›Bitte versteht, daß die Amerikaner eben so sind.‹ Und dann kann man zwischen diesen beiden Zeiten hin- und herspringen.«[6] Lopez behauptet, daß dieses Umschalten vielen Pendlern zwischen Tijuana und San Diego zur zweiten Natur geworden ist – auch ihm.

## Zeit lehren

Vicente Lopez beweist, daß man unvertraute Zeitmuster bewältigen lernen kann. Natürlich würden die meisten Reisenden zwischen zwei Kulturen lieber die fünf Jahre voller Fehler vermeiden, die Lopez durchstehen mußte, ehe er die Fertigkeit erlangt hatte, mit den verschiedenen Zeiten reibungslos zurechtzukommen. Könnte man einen solchen Prozeß vereinfachen, indem man die Grundzüge des Zeitverständnisses einer anderen Kultur formal unterrichtet, ebenso, wie man die dort gesprochene Sprache lehren kann? Genau damit hat Dolores Norton in ihrer Gruppe in Chicago begonnen.

Ihr zeitliches Trainingsprogramm ist nicht einzigartig. In Israel – das heute vielleicht als einziges Land eine ebenso vielfältige Bevölkerung hat wie die Vereinigten Staaten – haben die Psychologen Ephraim Ben-Baruch, Zipora Melitz und ihre Kollegen an der Ben-Gurion-Universität im Negev von Erfolgen mit einem sorgfältig ausgearbeiteten Übungsprogramm zum Thema Zeit berichtet. Sie haben es entwickelt, um Kindern aus Kulturen der Dritten Welt beizubringen, wie sie sich an das Lebenstempo der kulturellen Mehrheit in Israel anpassen können. Ihr Programm besteht aus 29 Aktivitäten sehr unterschiedlicher Art, die acht Grundbegriffe von Zeit vermitteln. Viele der Themen lesen sich wie ein Stützkurs in zeitlicher Entwicklung nach Piaget. So vermittelt beispielsweise eine Gruppe von Aktivitäten die Begriffe »vor und nach«. Diese Lerneinheit umfaßt Dinge vom Ausfüllen einer Anwesenheitskarte bis hin zu einem Verständnis für die Unterscheidung der Begriffe Vergangenheit, Gegenwart und Zukunft, die bei der kulturellen Mehrheit üblich ist. Eine andere Einheit, »Tag und Nacht«, lehrt die gängige Einteilung der Tageszeiten in Morgen, Mittag, Abend und Nacht und die Abfolge möglicher Aktivitäten, die innerhalb dieses Zeitrahmens stattfinden. Eine dritte Einheit lehrt die Wochentage und welche unterschiedlichen Ereignisse man an jedem Tag erwarten kann.

Andere Einheiten betreffen schwerer faßbare zeitliche Konzepte. Bei einer Reihe von Aktivitäten werden die Kinder mit dem Begriff der Dauer vertraut gemacht. Dabei führen sie Alltagshandlungen aus, knöpfen etwa Hemd oder Bluse auf und zu oder binden sich die Schuhe zu und sollen dann schätzen, wie lange das gedauert hat und was länger gedauert hat. Später bekommen sie Aufgaben zu einer größeren Zeitdauer: Wie lange dauert es, bis Samen keimen? Wie lange, eine Leiter zu erklimmen und eine Rutschbahn hinunterzurutschen? Wie lange, bis man erwachsen ist? Nachfolgende Übungen lehren den Begriff der Gleichzeitigkeit – daß manche Ereignisse nacheinander eintreten, andere jedoch zur gleichen Zeit stattfinden können. Die letzten drei Einheiten befassen sich mit den unterschiedlichen Mustern des Zeitflusses: mit zyklischer Zeit, linearer Zeit und der Erkenntnis, daß Zeit etwas Begrenztes ist. Um den Kindern die zyklische Zeit begreiflich zu machen, erklärt man ihnen die zyklische Wiederkehr von Ferien oder natürlichen Abläufen und daß sich diese Ereignisse in der selben Abfolge immer wieder wiederholen. Wenn sie Zeit als zyklisch begreifen, entdecken sie auch, daß nicht alles unwiederbringlich dahin ist: Es wird wieder

Frühling, es wird noch mehr Geburtstagsfeiern geben, morgen ist auch noch ein Tag. Dann versucht man den Kindern den weniger »natürlichen« Begriff der linearen Zeit nahezubringen. Das ist in der Regel schwieriger für sie, da viele eine Erziehung in der Tradition der Beduinen haben oder zumindest in der Wüste oder in einem Dorf großgeworden sind. Um die lineare Zeit zu verstehen, studieren sie, welche Arten von Ereignissen sich in der Regel nicht wiederholen, sondern »nur in eine Richtung fließen«. Sie lernen, daß der lineare Zeitbegriff etwas mit dem Konzept von Anfang, Dauer und Ende zu tun hat. In der letzten Einheit werden die Kinder mit der Vorstellung vertraut gemacht, daß Zeit etwas Begrenztes ist.[7]

Die Lehrprogramme von Norton und von Ben-Baruch bringen den Kindern die manchmal häßliche Tatsache nahe, daß für viele Aufgaben in der dominanten Kultur eine festgesetzte und begrenzte Zeit zur Verfügung steht, in der sie abgewickelt werden müssen. Wenn man die Kinder darauf vorbereitet, mit Vorstellungen wie zeitlicher Begrenzung und dem Wert der Zeit umzugehen, und ihnen die Notwendigkeit von Effizienz nahebringt, verstehen sie leichter, daß in ihrer neuen Kultur jeder, der nicht mit der Uhrzeit zurechtkommt, als Versager abgestempelt werden kann.

## Acht Lektionen

Die von Norton und Ben-Baruch entwickelten Übungsprogramme richten sich an Menschen, die in der Ereigniszeit leben und sich auf eine Begegnung mit schnelleren Kulturen vorbereiten. Aber wenn man sich in der Gegenrichtung bewegt, von schnell nach langsam, kann man ebensoviel oder sogar noch mehr von einem Zeittraining profitieren. Welche Lektionen können wir Angehörigen einer »Zeit-ist-Geld-Kultur« anbieten, wie sie etwa in den Vereinigten Staaten herrscht, um ihnen zu helfen, sich an das Zeitgefühl von Vicente Lopez' Mexiko anzupassen? Oder denen, die zwar vielleicht nicht

die Absicht haben, ihren eigenen Kulturraum zu verlassen, aber
dennoch gern ihr zeitliches Repertoire erweitern und andere Ein-
stellungen zur Zeit kennenlernen möchten, die zu einem befriedi-
genderen Leben führen könnten? Hier sind ein paar Lektionen für
Menschen, die nach der Uhr leben und Appetit haben, die zeitliche
Logik einer langsameren Kultur zu verstehen.[8]

LEKTION EINS

*Pünktlichkeit: Lernen Sie, Verabredungszeiten richtig zu interpretieren.*
Um welche Zeit sollte man tunlichst zu einem Termin bei einem
Professor erscheinen? Bei einem Regierungsbeamten? Auf einer
Party? Wann kann man mit der Ankunft der anderen rechnen, wenn
überhaupt? Wenn eine Unterrichtsstunde um 10 Uhr beginnen soll,
ab wann sollte der Lehrende dann Studenten als verspätet ein-
tragen? Wieviel Bedeutung sollte dem Zuspätkommen zugemessen
werden? Welche Art von Entschuldigungen oder Ausreden sind von
den Spätankömmlingen zu erwarten und gelten als akzeptabel? Wie
pünktlich sollte der Unterricht enden? Steckt eine soziale Botschaft
im Zuspätkommen (ein »Hohes Tier«?) oder in der Pünktlichkeit (ein
Niemand? »Sind Sie zum Putzen gekommen?«, wie man in Mexiko
stichelt)? Müssen wir damit rechnen, daß unsere Gastgeber sich
ärgern, wenn wir zu spät kommen oder wenn wir pünktlich
kommen? Geht man davon aus, daß die Leute Verantwortung für
ihr Zuspätkommen übernehmen?

Viele dieser kulturellen Regeln können gelehrt werden. Als Gast
sollten Sie sich erklären lassen, welche Abstufungen von Pünktlichkeit Sie in den alltäglichen Situationen einhalten sollten. Sie können
lernen, die *hora inglesa* in das Zeitverständnis der *hora mexicana, hora
brasileira, coloured people's time,* indischen Zeit und Gummizeit zu
übersetzen. Sie können sich vorab auf möglicherweise heikle
Situationen vorbereiten, die vielleicht eintreten, wenn Ihre Auffassung von Pünktlichkeit nicht mit der Ihrer Gastgeber übereinstimmt. Nehmen wir an, Sie haben beruflich in Saudi-Arabien zu

tun. Am ersten Arbeitstag kommen Sie voller Erwartung in Ihr Büro. Sehr bald jedoch sind Sie enttäuscht und verstimmt, weil Ihre ersten Gesprächspartner nach einer halben Stunde noch nicht da sind. Hat man Sie versetzt? Sie ersparen sich eine Menge Ärger, wenn Sie in einer solchen Lage nicht ergrimmt Ihre Koffer packen und wieder nach Hause fahren, sondern sich klarmachen können, daß eine halbe Stunde in Saudi-Arabien eine ganz andere Bedeutung hat als in den Vereinigten Staaten. Dort ist die wichtigste Zeiteinheit für die Beurteilung der Pünktlichkeit bei Verabredungen ein Zeitraum von fünf Minuten. Wenn Sie jedoch in einen traditionellen arabischen Kulturraum reisen, sollten Sie wissen, daß die entsprechende Zeiteinheit fünfzehn Minuten umfaßt. Wenn ein Araber nach Ihrer Uhr eine halbe Stunde zu spät kommt, kommt er nach seinem eigenen Verständnis lediglich zehn Minuten zu spät. Sie sollten durchaus eine halbe Stunde oder sogar noch länger auf Ihren Besucher warten, sonst fühlt *er* sich gekränkt.[9]

Man kann auch die kulturellen Regeln für das Treffen und die Einhaltung von Vereinbarungen lernen. Der grundlegende kulturelle Zusammenstoß entsteht dabei oft aus der Frage, was wichtiger ist: Korrekte Informationen und Tatsachen oder die Gefühle der Menschen. Ich persönlich habe diese Lektion nicht besonders gut gelernt, und ich habe dafür bezahlt. Ehe ich etwa meinen Posten in Brasilien annahm, fragte ich meine zukünftige Chefin, ob sie auch eine Stelle für eine Freundin finden könne, die gerne mitkommen wolle.

»*Não tem problema*«, antwortete meine Chefin – eine Antwort, die für mich zu einem vertrauten, aber inhaltsleeren Refrain wurde. Nach unserer Ankunft fragte ich erneut nach der Stelle für meine Freundin. Meine Chefin führte ein Telefongespräch, notierte einen Namen und eine Adresse und bat uns, am nächsten Morgen um 9 Uhr *en punto* vor ihrem Haus zu sein, dann würde ihr Chauffeur uns zum Vorstellungsgespräch fahren. Wir waren sehr beeindruckt. Nur tauchte leider der Chauffeur nicht auf. Dieselbe Szene wiederholte sich am nächsten Tag. Wir waren empört über meine Chefin, umso mehr, als sie sich nicht einmal entschuldigte. Daraufhin beschlossen wir, die Sache selbst in die Hand zu nehmen, und fragten Leute, die uns gute Beziehungen zu haben schienen, ob sie meiner Freundin eine Arbeit verschaffen könnten. In jedem einzelnen Fall versicherte uns der Angesprochene rasch und voller Eifer, er kenne eine Person, die uns ganz sicher weiterhelfen könne. *Não tem problema!* Und jeder versprach uns, sein Chauffeur würde uns hinbringen. Und keiner von diesen Fahrern ist je erschienen. Nach etwa fünf Fehlschlägen dieser Art änderte ich meine Taktik. Als meine Anfrage das nächste Mal wieder mit »Ja« beantwortet wurde und das schon bekannte Angebot eines Chauffeurs gleich nachkam, erklärte ich mit charmanter amerikanischer Direktheit, es sei in Ordnung, wenn mein Gegenüber mir nicht helfen könne, es sei aber wirklich viel netter, gleich ein offenes »Nein« als Antwort zu bekommen, als den ganzen nächsten Morgen vergeblich auf einen Chauffeur warten zu müssen. Mein Kollege sah peinlich berührt und gekränkt aus. »Aber Dr. Levine,« erwiderte er, »ich sage Ihnen doch, daß ich genau die richtige Person kenne, die Ihrer Freundin helfen kann.« Dann schmetterte er sein *Não tem problema* so energisch, wie ich es kaum je gehört hatte. Und dann war alles wie immer: Kein Fahrer, keine Arbeit und keine Entschuldigung.

Als ich einem brasilianischen Freund unsere enttäuschenden Erfahrungen schilderte, erklärte er mir, was *mein* Fehler in dieser Sache war – ein Fehler, den ich noch viele Male wiederholte: Ein »Ja« bedeutet häufig ein »Nein«, und für Brasilianer ist es wichtiger, hilfsbereit und höflich zu wirken, als ihre Versprechen zu halten. Dann tadelte mich mein Freund, weil ich meine Kollegen durch eine Bitte, die sie weder ablehnen noch erfüllen konnten, in Bedrängnis gebracht hatte. Hätten sie meine Bitte abgelehnt, wäre das einerseits unhöflich und andererseits ein Eingeständnis ihrer Machtlosigkeit gewesen. Gar nicht zu einer Verabredung zu erscheinen ist nach brasilianischem Verständnis einfach ein extremer Fall von Verspätung und durchaus akzeptabel. Und in Brasilien sind die Gefühle der Menschen wichtiger als korrekte Informationen.

Richard Brislin hat von einer ähnlichen Erfahrung mit einer japanischen Freundin berichtet: »Oft heißt ein ›Ja‹ einfach: ›Das ist wirklich eine gute Idee.‹ Ich habe eine japanische Kollegin … zu der [ich etwa sage]: ›Arbeitsessen am Freitag um zwölf im Restaurant Maple Garden. Okay?‹ Dann sagt sie: ›Maple Garden, das ist ein sehr gut gewähltes Restaurant.‹ Ist das nun ein ›Ja‹ oder ein ›Nein‹? Aus meiner Perspektive ist es ein ›Ja‹. Aber aus ihrer Perspektive sagt sie mir einfach, was für einen guten Geschmack ich bei der Wahl des Restaurants bewiesen habe. Sie hat sich keineswegs darauf festgelegt, daß sie kommt. Häufig soll ein ›Ja‹, das ein ›Nein‹ bedeutet, oder ein ›Nein‹, das ein ›Ja‹ bedeutet, ein positives Klima in der Beziehung erhalten.«[10]

Ein Mißverstehen der stummen Botschaften anderer führt häufig zu kulturellen Zusammenstößen, wenn wohlgemeinte Verhaltensweisen Charaktermängeln zugeschrieben werden. Westliche Geschäftsleute sind beispielsweise viel zu oft zu dem Schluß gekommen, daß sie ihren japanischen Gesprächspartnern nicht trauen können, daß sie doppelgesichtige, unehrliche und unzuverlässige Leute sind, die am Verhandlungstisch Zusagen machen und sie dann später nicht einhalten. Die Japaner ihrerseits interpretieren die Anklage, daß sie gelogen hätten, häufig als Beweis für den Mangel an sozialer Sensibilität bei ihren westlichen Partnern: Sie sind entweder zu bequem oder zu dumm, um die Bedeutung von ja, nein und dem Schweigen in sozialen Kontexten zu entziffern.

Viele dieser Probleme sind vermeidbar. Menschen, die sich in den Gepflogenheiten der Zielkultur auskennen, können die Normen für Pünktlichkeit und Vereinbarungen in allen möglichen Situationen aufzeigen und auch versuchen, die Logik hinter diesen Regeln zu erklären.

### LEKTION ZWEI

*Versuchen Sie die Trennlinie zwischen Arbeitszeit und sozialer Zeit zu verstehen.* Welche Beziehung besteht zwischen Arbeitszeit und Freizeit? Manche Fragen lassen sich leicht beantworten: Wieviele Arbeitsstunden hat ein Tag? Eine Woche? Folgen fünf Arbeitstage aufeinander, gefolgt von zwei Tagen Pause? Oder sind es sechs Tage Arbeit und ein Tag Ruhe, oder viereinhalb Tage Arbeit und zweieinhalb Tage Ruhe oder gibt es ein anderes Muster? Wieviele Tage sind für Urlaub vorgesehen, und wie sind sie verteilt?

Andere Fragen sind schwerer zu beantworten: Wieviel Zeit widmet man tatsächlich der Arbeit, und wieviel bringt man damit zu, Kontakte zu pflegen, zu plaudern und sich zu vergnügen? Für Amerikaner in den Großstädten liegt die typische Aufteilung ungefähr bei 80:20 – rund 80 Prozent der Arbeitszeit widmet man sich seinen Aufgaben, und etwa 20 Prozent der Zeit unterhält man sich mit Kollegen, erzählt von seinem Privatleben und ähnliches. Aber in vielen Ländern fällt diese Verteilung ganz anders aus. In Ländern wie Indien und Nepal zum Beispiel muß man sich eher auf ein Verhältnis von 50:50 einstellen.[11]

In Japan wiederum kann die Unterscheidung zwischen Arbeitszeit und Freizeit ihren Sinn verlieren. Dort gehört ein beträchtlicher sozialer Anteil zum Arbeitstag, und mit sozialen Aktivitäten verbrachte Zeit ist in hohem Maße Teil der Arbeit. Das entscheidende Ziel, das Vorrang vor beiden Arten von Zeit hat, ist *wa*, die Harmonie in der Arbeitsgruppe. Deshalb sind treuergebene japanische Arbeitskräfte der Überzeugung, daß es ein wesentlicher und produktiver Teil ihrer Arbeit ist, wenn sie mit den Kollegen mitten im Arbeitstag eine Tasse Tee trinken oder am Abend länger bleiben, um zusammen ein Glas Bier zu trinken und ein Spiel anzuschauen. Freie Zeit für sich, die viele Amerikaner als eines ihrer Grundrechte ansehen, ist für die Japaner nicht so wichtig. Der Fremde, der nicht über die Normen einer Kultur bezüglich der Gewichtung von Arbeit und sozialer Zeit Bescheid weiß oder nicht bereit ist, sich auf sie einzustellen, gerät rasch in eine isolierte Position.

LEKTION DREI

*Studieren Sie die Regeln des Wartespiels.* Wenn Sie in einem Land mit einer Ihnen fremden Kultur ankommen, dann versäumen Sie nicht, nach den Einzelheiten der dortigen Version des Wartespiels zu fragen. Beruhen die Regeln auf dem Prinzip, daß Zeit Geld ist? Von wem wird erwartet, daß er auf wen wartet, und wie lange? Gibt es Spieler, die vom Warten ausgenommen sind? Wann und wo bietet das Siddhartha-Prinzip eine gangbare Alternative? Welches Protokoll herrscht beim Warten? Steht man in geordneten Reihen oder ist es wie in Indien so, daß die Menschen sich einfach durch die Menge schieben und die anderen vor sich beiseite stoßen, bis sie irgendwie vorne angekommen sind? Gibt es ein Verfahren, mit dessen Hilfe man sich einen Platz weit vorne kaufen oder die Schlange überhaupt umgehen kann? Welche soziale Botschaft erhält man, wenn man die akzeptierten Regeln bricht? Entweder Sie lernen diese Regeln, oder Sie sind dazu verurteilt, wie ein fremder Wasserbüffel die zeitlichen Landschaften Ihres Gastlandes geduldig zu durchpflügen.

LEKTION VIER

*Lernen Sie, das »Nichtstun« neu zu interpretieren.* Wie geht Ihr Gastgeber mit Pausen, Schweigen und völliger Untätigkeit um? Ist ständiges Beschäftigtsein eine Eigenschaft, die man bewundert oder die man bemitleidet? Ist Nichtstun Zeitverschwendung? Wird fortwährende Aktivität als noch größere Zeitverschwendung angesehen? Gibt es überhaupt ein Wort oder einen Begriff für Zeitverschwendung? Dafür, daß nichts geschieht? Daß man nichts tut? Wie muß es sein, in einem Land wie Brunei zu leben, wo die Menschen ihren Tag mit der Frage beginnen: »Was wird heute nicht geschehen?«

Vielleicht bekommen Sie Gelegenheit, zu entdecken, wie erstaunlich entspannend es sein kann, schweigend zusammenzusitzen, ganz ohne Pläne, und einfach zu warten, was als nächstes geschieht. Allmählich wächst in Ihnen die Gewißheit, daß immer irgend etwas geschieht. Von den Japanern können Sie lernen, daß die Räume zwischen den Ereignissen ebenso bedeutsam sind wie die Ereignisse selbst. Die westlichen Menschen sind meist auf die Anordnung von Gegenständen eingestellt, in Japan steht die Anordnung von Räumen – das *ma* oder der Zwischenraum – im Vordergrund. *Ma* lehrt, daß die Stationen auf dem Weg ebenso bedeutsam sind wie die Ankunft am Ende. Auch der traditionelle japanische Garten ist so angelegt, daß Trittsteine den Betrachter immer wieder dazu veranlassen, stehenzubleiben, nach unten und dann wieder nach oben zu schauen, dadurch eröffnet sich bei jedem Schritt eine neue Perspektive.[12] Eine Betrachtungsweise, die auch in Europa nicht unbekannt ist. Der österreichische Komponist Arthur Schnabel sagte über seine Musik: »Die Pausen zwischen den Noten – ah, darin liegt die wahre Kunst.«[13]

Muß nicht jeder bedeutenden Handlung eine Inkubationszeit vorangehen? Wenn Sie nach China gehen, werden Sie feststellen, daß die Wartezeit nicht einfach nur eine Verzögerung ist, die man in Kauf nehmen muß, bis der rechte Augenblick gekommen ist. Vielmehr wird sie geradezu als Schöpferin dieses rechten Augenblicks angesehen.

LEKTION FÜNF

*Fragen Sie nach der akzeptierten Reihenfolge.* Jede Kultur hat festgelegte Regeln über die Reihenfolge von Ereignissen. Heißt es: Erst die Arbeit, dann das Vergnügen, oder ist es umgekehrt? Holen sich die Menschen ihren gesamten Schlaf in der Nacht, oder halten sie nachmittags eine Siesta? Wird erwartet, daß man zuerst zusammen Kaffee oder Tee trinkt und plaudert, ehe man sich anstehenden Geschäften zuwendet, und wenn ja, wie lange? Es gibt auch Sitten, die eine Reihenfolge über einen längeren Zeitraum hinweg festlegen: Wie lang ist die sozial akzeptierte Periode der Kindheit, wenn es sie überhaupt gibt, und wann ist es Zeit, die Verantwortung eines Erwachsenen zu übernehmen?

Mißverständnisse über die akzeptierte Reihenfolge können einen Fremden in ernsthafte Schwierigkeiten bringen. Besonders heikle und delikate Gebiete sind beispielsweise Liebe und Intimität. Selbst in der eigenen Kultur ist es schwierig, den Intimitätszyklus zu durchlaufen, ohne anzuecken, und wenn man dabei eine kulturelle Grenze überschreitet, ist das Gelände mit Minen gespickt. Wann ist es Zeit, von einem Stadium der romantischen Liebe zum nächsten weiterzugehen? An welcher Stelle geht ein Paar nicht mehr nur miteinander aus, sondern beginnt eine feste Beziehung? Häufig sind die Signale nicht einfach über Grenzen hinweg übersetzbar. Zum Beispiel meinen in den Vereinigten Staaten viele junge Frauen, eine Beziehung werde erst durch körperlichen Kontakt bindend. Dieser Kontakt braucht kein Geschlechtsverkehr zu sein, aber zumindest muß es zu Berührungen, Händchenhalten und langen, leidenschaftlichen Küssen gekommen sein. In vielen anderen Kulturen jedoch – wie etwa Japan, Israel und Taiwan – ist ein körperlicher Kontakt nicht erforderlich. Folglich wird eine junge Amerikanerin, die eine Beziehung ohne Körperkontakt zu einem Mann aus einer dieser Kulturen pflegt, unbeschwert davon ausgehen, daß es sich lediglich um ein nettes platonisches oder kollegiales Verhältnis handelt. Die Überraschung ist groß, wenn ihr dann zu Ohren kommt, daß die ganze Stadt darüber klatscht, daß sie und der Mann etwas miteinander hätten. Nach ihrem Verständnis kann das nicht sein, weil sie keinen körperlichen Kontakt zu ihm hatte. Aber für jemanden aus einer anderen Kultur ist Körperkontakt nicht nötig, damit andere zu der Ansicht gelangen, die Beziehung sei in das Stadium einer engeren Verbindung getreten.[14]

Sollten Sie sich auf eine langfristige intime Beziehung einlassen, dann seien Sie sich bewußt, daß sich daraus Probleme ergeben können. In den Vereinigten Staaten glauben die allermeisten Menschen, daß romantische Liebe – die natürlich die »wahre« Liebe ist – eine wesentliche Voraussetzung für eine Heirat sei. Aber das gilt keineswegs überall auf der Welt. Vor kurzem stellten meine Mitarbeiter und ich bei einer Umfrage in elf Ländern die Frage: »Wenn ein Mann [eine Frau] alle Eigenschaften hätte, die Sie sich wünschen, Sie wären nur nicht in ihn [sie] verliebt, würden Sie ihn [sie] dann trotzdem heiraten?« In den Vereinigten Staaten antworteten 80 Prozent der Befragten, Männer und Frauen gleichermaßen, mit einem glatten »Nein«. In anderen Ländern jedoch war der Prozentsatz der Menschen, die eine Ehe ohne Liebe ausschlossen, erheblich geringer: In Indien lag er beispielsweise bei 24 Prozent, in Thailand bei 34 Prozent und in Pakistan bei 39 Prozent. Bei der Betrachtung der elf Länder insgesamt zeigte sich, daß die Menschen in individualistischen (im Gegensatz zu kollektivistischen) Kulturen viel stärker zu der Auffassung neigten, romantische Liebe sollte einer Heirat vorangehen. Das galt auch für Menschen aus wirtschaftlich gutgestellten Ländern. Es ist vielleicht kein Zufall, daß diese beiden Eigenschaften – Individualismus und wirtschaftliche Stärke – in unserer Untersuchung von 31 Ländern auch mit einem schnelleren Lebenstempo gekoppelt waren.[15]

In den meisten Kulturen glauben die Menschen an irgendeine Art von romantischer Liebe. Dabei gehen sie aber überwiegend davon aus, daß die Liebe sich *nach* einem Eheversprechen einstellt und nicht umgekehrt. Wie kann man schließlich jemanden wirklich lieben, ehe man aus eigener Erfahrung weiß, wie sich das Zusammenleben mit ihm gestaltet? Und ist es nicht ein bißchen lächerlich, eine lebenslange Bindung aufgrund einer emotionalen Reaktion einzugehen? Die Vorstellung, daß die Liebe sich nach der Heirat einstellt, ist vor allem in Ländern verbreitet, in denen die Entscheidung über eine Eheschließung traditionellerweise auf einem wirtschaftlichen Abkommen zwischen Familien beruht, und das gilt für die weitaus meisten Länder der Erde. In einer Untersuchung der Heiratsmuster von 850 verschiedenen Völkern haben die Anthropologinnen Erika Bourguignon und Lenora Greenbaum festgestellt, daß es in mehr als 70 Prozent dieser Gesellschaften irgendeine Form von Brautpreis, Mitgift oder sonstiger finanzieller Regelung gibt.[16] (In vielen Ländern sind diese Arrangements heute noch kostspieliger geworden. In Libyen war es beispielsweise üblich, daß Väter einen Preis von rund 3500 Dollar in bar bezahlten und dann noch ein Kamel, Schafe und ein paar Goldmünzen dazugaben, wenn sie ihre Töchter verheirateten. Aufgrund des Ölbooms in Libyen wartet die Familie des Bräutigams heute nicht selten mit Geschenken im Wert von 35000 Dollar auf, was in manchen Kreisen die Angst weckt, daß viele libysche Frauen auf dem Heiratsmarkt nicht mehr mithalten können.)

Wann ist es Zeit, zu heiraten? Sich zu verlieben? Das hängt davon ab, wo Sie sich befinden. Mit Sicherheit kann man aber sagen, daß ein intelligenter Gast sich am besten erst einmal kundig macht, ehe er sich allzu stark engagiert.

Ehe wir die Lektion zum Thema »Wann ist es an der Zeit ...?« beenden, sollte noch ein weiterer kultureller Stolperstein erwähnt werden: Wie lange dauert es, vom Status des Außenseiters in den eines Insiders zu wechseln? Wie lange müssen Sie damit rechnen, ein Außenseiter zu bleiben? Sie werden vielleicht durchaus freundlich behandelt, sind aber unter Umständen dennoch frustriert, weil Ihre Gastgeber Sie nicht in ihren engen Kreis einbeziehen. Dabei müssen Sie vor allem wissen, daß es in verschiedenen Kulturen unterschiedlich lange dauert, bis jemand zum Insider erklärt wird. In Teilen der Vereinigten Staaten, in denen die Menschen an einen ständigen Wechsel in der Bevölkerung gewöhnt sind, ist die Wartezeit wesentlich kürzer als in einer engmaschigen Kultur wie der japanischen, in der viele Ausländer den Eindruck haben, daß ihr Außenseiterstatus unveränderlich und auf Dauer bestehen bleibt. (Das japanische Wort für Ausländer, *gaijin*, ist auch wörtlich als »Außenseiter« zu übersetzen. Selbst was den rechtlichen Status angeht, war es für Immigranten jeder Art – ausgenommen vielleicht ein paar berühmte Sumo-Ringer – nahezu unmöglich, je japanische Staatsbürger zu werden.) Bereiten Sie sich auf den Zeitrahmen vor, der Sie in dieser Hinsicht erwartet.

### LEKTION SECHS

*Leben die Menschen nach der Uhrzeit oder nach der Ereigniszeit?* Das ist vielleicht die heikelste Lektion von allen. Die ersten fünf Lektionen betreffen Aspekte der Regeln einer Kultur, die sich relativ korrekt übersetzen lassen: Den akzeptierten Spielraum für die Pünktlichkeit bei einem bestimmten Anlaß; den Prozentsatz des Arbeitstages, der auf die Pflege sozialer Kontakte verwendet wird; die Regelung, wer üblicherweise auf wen wartet; die Frage, wie lange ein Schweigen dauern muß, ehe ein »Ja« ein »Nein« bedeutet; die zahlreichen Hinweise, die dem Außenstehenden signalisieren, wann eine Sache an der Zeit ist. Eine Verschiebung von der Uhrzeit zur Ereigniszeit verlangt dagegen eine vollständige Veränderung des Bewußtseins. Sie beinhaltet die Aufhebung der goldenen Zeitregel industrialisierter Gesellschaften: Zeit ist Geld. Von den meisten, die mit dieser Devise großgeworden sind, verlangt diese Verschiebung einen gewaltigen Sprung.

Dennoch können Außenstehende einige der Verhaltensweisen erlernen, die in Kulturen mit Ereigniszeit von ihnen erwartet werden. Richard Brislin schildert beispielsweise eine Situation, mit der Gastprofessoren häufig konfrontiert sind: »Stellen Sie sich vor, Sie hätten um 11.30 Uhr einen Gesprächstermin mit einem sehr fleißigen Studenten vereinbart, der seine Hausarbeiten immer pünktlich abliefert und in Ihrem Kurs durchgängig eifrig mitarbeitet. Er wird in der vorgesehenen Zeit seinen Abschluß machen können. Und dann gibt es noch einen Studenten, der noch kein Thema für seine schriftliche Arbeit eingereicht hat und in seinem Graduiertenkurs jede Menge sehr mäßige Noten hat…Um 11.25 Uhr taucht dieser Student auf und sagt: ›Herr Professor, ich habe eine Idee gehabt, ich habe endlich ein mögliches Thema für die Abschlußarbeit gefunden.‹ Wer hat einen größeren Anspruch auf Ihre Zeit, der Student, der um 11.30 Uhr einen Termin bei Ihnen hat, oder dieser Student, der um 11.25 Uhr erscheint? Wer darf Sie in Anspruch nehmen?«

In einer von der Uhrzeit bestimmten Kultur wie den Vereinigten Staaten hat der Student mit dem Termin eindeutig Priorität. Aber wenn Sie sich in einer Kultur aufhalten, in der die Ereigniszeit gilt, dann müssen Sie sich darauf gefaßt machen, daß der unangekündigte Student erwartet, als erster mit Ihnen sprechen zu dürfen. »Ich arbeite sehr gerne in Kulturen mit Ereigniszeit«, sagt Brislin. »Wichtig ist nur, daß ich jemanden habe, der mir sagt, welche Zeitvorstellung gerade gilt. Das ist alles, was ich mir von den Leuten wünsche.«[17]

Dieselbe Lektion sollten Sie auch beherzigen, wenn Sie von einer monochronen Kultur, wo jeweils eine Aktivität auf eine bestimmte Zeit festgelegt ist, in eine polychrone Kultur wechseln, in der die

Menschen gerne zwischen zwei Aktivitäten hin und herspringen. In einer polychronen Kultur sollten Sie sich nicht gekränkt fühlen, wenn Ihre Gastgeber sich von den Geschäften mit Ihnen ablenken lassen. Es handelt sich dabei einfach um kulturelle Erwartungen. Menschen, die in der polychronen Kultur zu Hause sind, würden es unhöflich finden, ihre Aufmerksamkeit *nicht* zu verlagern, wenn jemand unerwartet erscheint. Außerdem wird auch von Ihnen erwartet, daß Sie polychrone Flexibilität an den Tag legen, und wenn Sie das nicht fertigbringen, werden Sie als ungehobelter Klotz, Spielverderber und berufliche Niete abgestempelt.

### LEKTION SIEBEN

*Übung.* Ein intellektuelles Verständnis für die zeitlichen Normen garantiert noch keine erfolgreiche Übertragung auf die geltenden Verhältnisse. Sie können die Regeln anderer Kulturen in- und auswendig lernen, aber vielleicht dennoch kläglich scheitern, wenn Sie sie tatsächlich anwenden sollen. Ein Reisender, der gut vorbereitet sein will, sollte sich Hausaufgaben stellen, die praktische Übung vor Ort einschließen. Erfinderische Lehrer haben sich schon recht ausgeklügelte Übungssituationen ausgedacht. Der Anthropologe Greg Trifonovich vom East-West Center hat zum Beispiel Freiwillige und Lehrer des Peace Corps auf ihre Arbeitsbedingungen in bäuerlichen Gesellschaften im Pazifik vorbereitet, indem er ein dort typisches Dorf nachbauen ließ. Unter anderem lehrte Trifonovich, wie man ohne Uhr leben kann. Er brachte seinen Studenten bei, wie sie die Zeit durch die Beobachtung der Sonne und der Gezeiten einschätzen konnten.[18] Welche Technik Sie auch anwenden mögen, machen Sie sich klar, daß der Erwerb einer zeitlichen Kompetenz Übung verlangt und Fehler miteinschließt.

Aber Sie können sicher sein, daß die Mühe sich lohnt. Durch ein interkulturelles Training erwirbt man vielfältige nützliche Fähigkeiten. Forschungsarbeiten haben beispielsweise gezeigt, daß Menschen, die auf transkulturelle Begegnungen gut vorbereitet sind, ein besseres Verhältnis zu Menschen mit gemischtkulturellem Hintergrund haben, besser in anderen Kulturen realistische Ziele setzen und verwirklichen können, etwaige Probleme besser verstehen und lösen können und ihre beruflichen Aufgaben in anderen Kulturen erfolgreicher bewältigen. Außerdem berichten sie von angenehmeren Beziehungen zu den Menschen in ihrem Gastland, sowohl bei der Arbeit als auch in der Freizeit, fühlen sich in gemischtkulturellen Kontexten entspannter und haben mehr Freude an ihren Aufgaben im Ausland. Besonders eifrige Studenten interkultureller Phänomene entwickeln zudem oft ein allgemeineres Interesse am Leben und an Ereignissen in verschiedenen Ländern – eine Haltung, die man als »Weltoffenheit« bezeichnet hat.[19]

LEKTION ACHT

*Kritisieren Sie nicht, was Sie nicht verstehen.* Zuletzt noch ein Hinweis auf die Betrachtung fremder Kulturen im allgemeinen: Die Falle, die Lernwillige beim Studieren von Kulturen am schwersten umgehen können, ist das Zuschreiben von Bedeutung. Fast zwangsläufig bedeutet irgendeine kulturell bestimmte Verhaltensweise für einen Angehörigen dieser Kultur etwas anderes als für einen Fremden, der zu Gast ist. Wenn wir die Verspätung eines Brasilianers einem Mangel an Verantwortungsgefühl zuschreiben oder die wandernde Aufmerksamkeit eines Marokkaners einem Mangel an Konzentration, dann sind wir unbedacht und denken engstirnig von unseren eigenen Verhältnissen her. Solche Fehldeutungen sind Beispiele für einen Vorgang, den Sozialpsychologen als fundamentalen Attributionsfehler bezeichnen – das heißt, daß die Menschen bei der Erklärung des Verhaltens *anderer* durchgängig dazu neigen, den Einfluß der Situation zu unterschätzen und dafür die innengeleitete persönliche Disposition anderer zu überschätzen. Wenn ich beispielsweise Zeuge werde, wie Fremde die Beherrschung verlieren und böse werden, dann schließe ich daraus, daß sie aggressive Menschen sind. Wenn ich selbst die Beherrschung verliere, gebe ich der Situation die Schuld – vielleicht hat mich jemand geärgert oder die Situation war frustrierend. Schließlich weiß ich, wie selten ich aus der Haut fahre, also muß die Situation etwas Besonderes an sich gehabt haben, was zum Auslöser wurde.

Ein wichtiger Aspekt bei einem fundamentalen Attributionsfehler ist die Frage, wieviel Information Sie über die Person haben, über die Sie urteilen. Je weniger gut sie einen anderen kennen, desto wahrscheinlicher greifen Sie auf Erklärungen zurück, die mit seinem Charakter zu tun haben. Wenn wir in eine fremde Umgebung gehen, die uns per definitionem unbekannt ist, kommen fundamentale Attributionsfehler ganz besonders leicht vor.

Ein sorgfältiger Beobachter würde gut daran tun, sich an den Rat von Clifford Geertz zu halten: »Eine Kultur analysieren heißt (oder sollte heißen), daß man Bedeutungen zu erraten sucht, seine Vermutungen kritisch begutachtet und aus den Treffern erklärende Schlüsse zieht.« Wenn wir einen kulturellen Kontext nicht vollständig verstehen, mißdeuten wir leicht die Motive der Menschen. Konflikte sind die unausweichliche Folge.

## Wo zwei Zeitgefühle ineinander münden

Wenn man in das Bewußtsein eines anderen Lebenstaktes hinüberwechseln kann, gleichgültig in welche Richtung, dann lohnt sich das immer. Wenn Menschen aus einer Kultur mit Ereigniszeit lernen, ihr Tempo so zu beschleunigen, daß sie in einem von der Uhr geregelten Leben mithalten können, dann öffnen sie sich Türen zu einem ansonsten unerreichbaren Wohlstand und Leistungsvermögen. Und wenn Menschen, die nach der Uhr leben, sich auf eine langsamere Kultur einstellen – nun, was ist denn so schmerzhaft daran, in ein Bewußtsein einzutauchen, in dem persönliche Beziehungen Vorrang vor Leistung haben, in dem Ereignisse ihren natürlichen, spontanen Lauf nehmen dürfen, in dem man der Zeit Zeit läßt? Kontrolle über die Zeit zu übernehmen – lernen, »in der Zeit zu leben« – ist eine stärkende Erfahrung. Die Zeitvorstellungen fremder Kulturen zu meistern, trägt seinen Lohn in sich selbst.

Der New Yorker Psychoanalytiker Neil Altman, der einmal als Freiwilliger des Peace Corps in Südindien war, ist ein schlagender Beweis dafür. Altman schilderte mir die Langsamkeit des Lebens, das Gefühl, die Zeit stünde still, das ihn überkam, sobald er indischen Boden betrat. »Ich stieg auf dem Flughafen von Kalkutta aus dem Flugzeug und ging in ein kleines Gebäude, das sich als Terminal entpuppte und in dem sich niemand rührte. Einige Männer vom Bodenpersonal mit kleinen Besen in der Hand standen herum und schauten uns mit ihren großen schwarzen Augen zu, als wir das Flugzeug verließen und auf den Terminal zugingen. Deckenventilatoren surrten träge in der feuchten Luft. Ich hatte das Gefühl, aus der Zeit herausgetreten zu sein. Es war, als stünde die Zeit einfach still. Erstens schien sich von einem Augenblick zum nächsten nichts zu ändern, und zweitens entstand in mir ein Gefühl der Kontinuität mit anderen Zeiten, hervorgerufen durch das langsamere Tempo und das Fehlen von Maschinen. Es war ein Zeitgefühl, in dem man ins Nichts geht.«

Ein gutes Jahr lang fand Altman das ruhige Lebenstempo sehr schwierig, wie er sich erinnert:

Zuerst löste es eine Menge Streß aus, denn man war in einer unvertrauten Situation, die einem das Gefühl der Unsicherheit vermittelte. Ich brauchte ein ganzes Jahr, um das amerikanische, in meiner Kultur wurzelnde Gefühl abzulegen, ich müßte dafür sorgen, daß etwas geschieht. In meinem ersten Jahr in Indien gehörte ich in die Reihe der »verrückten Hunde und Engländer«, die als einzige in der Mittagssonne im Freien sind, und machte mich mit dem Fahrrad entschlossen auf die Suche nach Arbeit, während alle anderen schliefen. Als Amerikaner, und obendrein relativ zwanghafter Amerikaner, suchte ich meine innere Sicherheit zuerst einmal darin, etwas zustandezubringen, mich wertvoll zu fühlen, indem ich etwas erreichte. Meine Zeit mußte mit

Fortschritten auf dieses Ziel hin gefüllt werden. Aber es löst große Spannung aus, Menschen zu begegnen, die in einer anderen Zeit leben als man selbst. Sie sagen beispielsweise: »Wann kann ich Sie auf Ihrem Feld treffen und mit Ihnen über das Anpflanzen von Gemüse sprechen?« Und der andere sagt: »Um vier Uhr.« Und dann fährt man um vier Uhr dorthin, und es ist niemand da, weil der andere die Verabredung nicht ernstgenommen hat. Und dann geraten Sie unter große Spannung, weil Sie etwas fertigbringen möchten, und die anderen ziehen nicht mit.

Nach seinem ersten Jahr kapitulierte Altman nicht nur vor dem Zeitgefühl seines Gastlandes, sondern begann es sogar zu genießen:

Im zweiten Jahr ließ ich locker und begriff endlich, wie man in einem indischen Dorf leben muß. Da es keine Telefone gab, stand ich oft morgens auf und fuhr mit dem Rad sieben oder acht Kilometer, um einen bestimmten Bauern zu treffen. Wenn ich ankam, stellte ich häufig fest, daß er nicht da war. Manchmal wurde er auch »bald« zurückerwartet, und das konnte gut und gerne bedeuten, daß er erst am nächsten Tag wiederkam. Im zweiten Jahr verspürte ich bei solchen Vorfällen keine Enttäuschung mehr, weil ich im Grunde schon gar nicht mehr damit rechnete, überhaupt irgend etwas zu erreichen. Es war geradezu eine erheiternde Vorstellung geworden, man könne tatsächlich das erledigen, was man hatte erledigen wollen. Statt dessen setzte ich mich einfach in das Teehaus des Ortes, lernte neue Menschen kennen oder betrachtete die Kinder, die Tiere und alles, was gerade vorbeikam. Dann geschah manchmal etwas anderes, was ich eigentlich nicht vorgehabt hatte. Manchmal auch nicht. Jegliche Arbeit, die tatsächlich erledigt werden wollte, kam von selbst auf mich zu. In meinem zweiten Jahr hatte ich die indische Zeit verinnerlicht.

Ironischerweise stellte Altman fest, daß der Bereich seines gegenwärtigen Lebens, in dem sich seine indische Zeiterfahrung am stärksten auswirkte, seine psychoanalytische Arbeit war:

Als Psychoanalytiker habe ich mein internalisiertes indisches Ich häufig gebraucht. Meiner Erfahrung nach hat eine psychoanalytische Sitzung eine eigene Kultur, die an die eines indischen Dorfes erinnert. Man muß mit der Offenheit für das Unerwartete in die Sitzung hineingehen. Die Erwartungen von Patient und Analytiker, das Hinarbeiten auf ein bestimmtes Ergebnis, all das wird in den Prozeß der Sitzung hineingezogen. Wichtig ist, daß man mit dem Fluß der Sitzung mitgehen kann, im »Hier und Jetzt« ist, so wenig wie möglich von dem Wunsch abgelenkt, daß etwas anderes geschehen möge als das, was geschieht. Ich glaube, so etwas Ähnliches hat der Psychoanalytiker Wilfred Bion, der interessanterweise in Indien geboren ist, gemeint, als er sagte, man solle in jede Sitzung ohne Erinnerung und Wunsch hineingehen. Ich glaube, in der Therapie vorgefaßte Ziele zu haben, ist ebenso nutzlos wie das Vorhaben, in Indien etwas Bestimmtes fertigzubringen. Wenn man als Therapeut seine geistige Gesundheit erhalten will, muß man den Anspruch, einen Menschen nach einem festgelegten Plan und Programm ändern zu wollen, mit einer großen Portion Humor betrachten. In diesem Sinne hat mich meine Zeit in Indien zu einem besseren Therapeuten gemacht.[20]

Die Geschichte Altmans schildert anschaulich die Vorteile eines bikulturellen Zeitgefühls. Ehe ich dieses Kapitel abschließe, möchte ich jedoch noch anmerken, daß das Erlernen eines kompetenten Umgangs mit dem Zeitsystem einer anderen Kultur ein Bewußtsein erzeugt, das über eine bitemporale Flexibilität hinausreicht. Wenn Vicente Lopez seine frühere Chicano-Kultur als Pendler zwischen Mexiko und den Vereinigten Staaten schildert, behauptet er, daß diejenigen, die wie er auf Zeitreise gehen, mehr als das Zeitgefüge der beiden Kulturen gemeistert haben: Sie haben ein ganz eigenes Zeitgefühl entwickelt, das nur ihre eigene Subkultur hat, die Lopez als *estuary*-Kultur bezeichnet. In der Natur ist ein *estuary* eine breite Flußmündung, in die bei Flut Meerwasser strömt, ein Bereich, in dem sich das Süßwasser des Flusses und das Salzwasser des Meeres mischen. »In einer solchen Flußmündung«, erklärt Lopez, »bringt die Natur Arten von Organismen hervor, die weder auf die eine noch auf die andere Seite gehören, sondern die ganz eigenständig sind. In ähnlicher Weise haben die Menschen, die in Tijuana leben, ein eigenes Zeitgefühl. Die Chicanos sind weder Amerikaner noch Mexikaner. Sie leben nach ihren eigenen Regeln, und ihre Werte, ihr Zeitgefühl und der Takt ihres Lebens sind einzigartig.«

Wie könnte es auch anders sein? Oswald Spengler hat dazu geschrieben: »...dem gefühlten Sinne der Zeit nach unterscheiden sich die einzelnen Kulturen«.[21] Wenn eine neue Kultur geboren wird, entsteht auch ein einzigartiges Zeitgefühl.

# 10

# »Timing your mind and minding your time«

Halte die Zeit! Überwache sie, jede Stunde, jede Minute!
Unbeaufsichtigt, entschlüpft sie, dem Eidechslein gleich,
glatt und treulos, ein Nixenweib. Heilige den Augenblick!
Gib ihm Helligkeit, Bedeutung, Gewicht durch Bewußtsein, durch redlich-würdigste Erfüllung!

THOMAS MANN, *Lotte in Weimar*[1]

Nichts regt einen so intensiv zu Fragen über die eigene Kultur an wie
das Studium einer fremden.[2] Seltsamerweise bringt uns gerade der
Standpunkt des Außenseiters dazu, unser eigenes Land mit neuer
Objektivität und frischer Erkenntnisfähigkeit zu betrachten, ganz in
der Tradition des Fremden nach de Tocqueville. (Allerdings war der
profundeste Kommentar, den de Tocqueville über das Zeitgefühl der
Amerikaner abzugeben hatte, daß sie »stets in Eile« seien.) Craig
Storti, Spezialist für Interkulturelle Psychologie, meint, daß in vielen
Fällen »der durchschnittliche Auslandsreisende, sogar der gewöhn-
liche Tourist, bei der Rückkehr von einem Auslandsaufenthalt mehr
über sein eigenes Land gelernt hat als über das soeben besuchte.«[3]

Für die meisten Zeitreisenden besteht der bleibende Wert des
Wissens um andere Kulturen vor allem in einer Bereicherung des
eigenen Lebens zu Hause. Wenn man erst einmal begriffen hat, daß
es alternative Möglichkeiten im Umgang mit der Zeit gibt, dann
eröffnen sich ganz neue Verhaltensspielräume. Gibt es Gelegenheiten, bei denen es gesünder wäre, auf Ereigniszeit umzuschalten?
Muß ich immer etwas zu tun haben? Wann täte es mir gut, einfach
nichts zu tun? In diesem letzten Kapitel möchte ich dazu einige
Anregungen geben.

# Würdige die Zeit

Meine eigenen kulturellen Wurzeln liegen im Judentum, und von ihm habe ich eine Philosophie geerbt, die großen Wert auf einen achtsamen Umgang mit der Zeit legt. Das Judentum ist in hohem Maße eine Religion der Zeit. Es schenkt der Geschichte und den Ereignissen – dem Auszug aus Ägypten, der Offenbarung der Thora – mehr Beachtung als den Dingen. So lehren etwa die Propheten, daß der Tag des Herrn heiliger ist als das Haus des Herrn. Zeitliche Bezüge, nicht räumliche Angaben, bilden den Rahmen für die heiligen Texte der Juden. Der Talmud beginnt mit: »Von wann an?« und die Thora mit »Im Anfang«.

Der gesetzestreue Jude wird von einer ganzen Reihe zeitgebundener Rituale geleitet. Die Tageseinteilung richtet sich nach den Gebetszeiten. Der männliche Säugling wird am achten Tag beschnitten (*Berit Mila*). *Bat* und *Bar Mizwa* erfolgen im Alter von dreizehn Jahren. Das traditionelle Trauerjahr ist streng eingeteilt: Die Obliegenheiten der ersten sieben Tage (*Schiwa*) unterscheiden sich von denen des ersten Monats (*Schloschim*) und diese wiederum von denen der folgenden elf Monate. Im jüdischen Jahr sind acht Tage für das Entzünden der Chanukka-Kerzen vorgesehen, sechs Fastentage und acht, an denen man nur ungesäuertes Brot essen darf. »Zählen ist unsere Art der Würdigung«, erklärt die Schriftstellerin Letty Pogrebin zu ihrem jüdischen Glauben. »Es erinnert uns daran, daß ein Tag entweder zählt oder nicht zählt. Zählen verleiht Bedeutung, man zählt nicht, was man nicht schätzt.«[4] Sogar der Kalender ist nicht einfach selbstverständlich. Der moderne Jude lebt nach zweierlei Zeitrechnungen. Ich schreibe diesen Satz im Jahr 1997 des gregorianischen Kalenders, aber wenn ich meine Synagoge besuche, wo die Jahre nach dem jüdischen Mondkalender gezählt werden, befinde ich mich im Jahr 5757.

Die Essenz des aufmerksamen Umgangs des Judentums mit der Zeit ist der Sabbat. »Und Gott segnete den siebten Tag und erklärte ihn für heilig«, heißt es im Buch Genesis. Gott befaßte sich sechs Tage lang mit der Erschaffung von Himmel und Erde. Dann, am siebten Tag, wird das Werk vollendet – nicht durch die Errichtung eines heiligen Gebäudes, sondern durch die Einrichtung einer heiligen Zeit. Obwohl die Welt in den ersten sechs Tagen erschaffen wurde, hängt ihr Fortbestehen von der Heiligkeit des siebten Tages ab. »Was wurde am siebten Tag erschaffen? *Ruhe, heitere Gelassenheit, Friede und Erholung.*« Der jüdische Philosoph Abraham Herschel, der so erhellend über den Sabbat schrieb, erläutert: »An sechs Tagen der Woche versuchen wir, die Welt zu beherrschen, am siebten Tag versuchen wir, unser Selbst zu beherrschen ... Im stürmischen Meer der Zeit und der Mühsal gibt es Inseln der Stille, wo der Mensch einen Hafen finden und seine Würde wiedererlangen kann. Die Insel ist der siebte Tag, der Sabbat, ein Tag der Loslösung von den Dingen, Werkzeugen und praktischen Aufgaben und der Hinwendung zum Geistigen.«

Der Sabbat ist keine Pause, sondern der Höhepunkt des Lebens. Der siebte Tag ist nach jüdischer Tradition ein Palast der Zeit. Er ist ein Heiligtum, das wir errichten – ein zeitliches Heiligtum. Herschel bezeichnet den Sabbat als Geschenk der Zeit, das uns Gott gemacht hat. (»Ich habe dir etwas geschenkt, das Mir gehört. Was ist dieses Etwas? Ein Tag.«) Er ist reine Zeit, der Tag, an dem man in der Zeit lebt. Der Sabbat ist unsere störungsfreie Gelegenheit, Herr über die Zeit zu werden. »Arbeit ist eine Kunstfertigkeit,« überlegte Herschel, »aber vollkommene Ruhe ist eine Kunst.« Und dann schrieb er noch: »Zeit ist die Anwesenheit Gottes in der Welt.«[5]

Das Sabbatritual wird auch auf längere Zeiträume angewandt. In der Thora heißt es, jedes siebte Jahr sei ein Sabbatjahr. In biblischer Zeit bedeutete ein Sabbatjahr die Einstellung aller landwirtschaftlichen Aktivitäten (außerdem bemerkenswerterweise auch die Streichung aller noch ausstehenden Schulden). Heute beinhaltet es, allerdings nur in meiner akademischen Welt, eine Zeit psychischer Ruhe und Verjüngung. Levitikus befiehlt außerdem, daß alle fünfzig Jahre[6], am Ende von sieben Sabbatjahren, ein heiliges Jubeljahr stattfinden solle. In alter Zeit mußte man in einem Jubeljahr zahlreiche Aktivitäten einstellen: Land sollte an seine ursprünglichen Besitzer oder ihre Nachkommen zurückgegeben werden[7], alle Israeliten, die aufgrund von Schulden in die Sklaverei verkauft worden waren, sollten freigelassen werden, und wie in jedem Sabbatjahr sollte das Land brachliegen. Es ist schade, daß das Jubeljahr seine Beliebtheit eingebüßt hat. Vielleicht sollten wir es als Emblem für den fünfzigsten Geburtstag wieder einführen. Wir könnten beschließen, daß wir in unserem Jubiläumsjahr die Produktivität einstellen, innehalten und darüber nachdenken wollen, wie unser Leben bisher verlaufen ist und wohin wir gehen, könnten uns einfach der Dynamik der Zeit überlassen und abwarten, was sie bringt. Das wäre auf alle Fälle besser als der Katzenjammer über die 50 Jahre!

Das Judentum ist natürlich nicht die einzige Tradition, die die Zeit schätzt. Eine meiner temporalen Lieblingskulturen ist die der Quiché-Indianer, die in den Dörfern des Hochlandes von Guatemala leben. Die Quiché stammen von den Maya ab, von denen sie eine große zeitliche Tradition geerbt haben. Der Maya-Kalender gehörte zur Zeit der Eroberung Südamerikas durch die Spanier zu den fortschrittlichsten der Welt. In vielen Fällen erfaßten die Maya die Zeit präziser als ihre europäischen Eroberer. Aber im Gegensatz zu den Europäern ging es den Maya weniger um die Quantität der Zeit als um ihre Qualität – besonders um die Frage, was sie für das menschliche Leben bedeutet.

Ein besonders interessanter Aspekt des Zeitverständnisses der Quiché ist die Sorgfalt, mit der sie sich mit der Einzigartigkeit eines jeden Tages befassen. Der Tag hat nicht nur einen Eigennamen, sondern auch den Namen eines Gottes. Wenn die Quiché einen Tag direkt ansprechen, was sie häufig tun, steht vor dem Namen das Präfix »ajaw«, ein Titel, der Respekt ausdrückt und ungefähr der Anrede: »Ich grüße dich Herr, Gott Donnerstag« entspräche. Die Quiché glauben, daß jeder Tag sein eigenes »Gesicht« hat, ein Wesen, einen Charakter, der den Lauf der Dinge für jeden Menschen unterschiedlich lenkt. Dieses Wesen kann man verstehen, wenn man den Kalender studiert. Aber eine fundierte Deutung verlangt eine beträchtliche Erfahrung. Die Quiché leben mit zwei Kalendern, einem zivilen Kalender, der 365 Tage umfaßt, und einem religiösen Kalender, der 260 Tage zählt. Der letztere hat die Form eines Rades, ohne Anfang und Ende. Jeder Tag auf dem Rad hat einen Namen, einen Buchstaben und eine Zahl, die sich alle je nach Kontext ändern können. Um mit Hilfe dieses komplexen Systems zutreffende Prophezeiungen zu erlangen, benötigen die Quiché Spezialisten: Wahrsager, die als »*ajk'ij*« bezeichnet werden, das heißt »Hüter der Tage«. Die Tage zu hüten wird bei den Quiché als heiliges Amt betrachtet. Die *ajk'ij* werden als Kalenderpriester und Schamanen verehrt. Sie kommunizieren direkt mit den Göttern, um den Laien zu raten, wie sie jeden einzelnen Tag gestalten sollen.

Dieses Zählen und Hüten der Tage hat einen Aspekt, der verdächtig an die unwissenschaftlichen Prophezeiungen der Astrologie erinnert. Ob das zutrifft oder nicht und wieviel Gewicht man diesem kritischen Punkt beimessen sollte, ist strittig. Aber die eigentliche Lektion der Quiché ist, daß sie tief und sorgfältig über jeden Tag nachdenken. So etwas wie »einfach ein Montag« gibt es nicht. Für typische Amerikaner und Europäer besteht die zeitliche Herausforderung der meisten Tage darin, möglichst jeden Augenblick produktiv zu sein. Die Aufgabe der Quiché ist viel schwieriger – sie müssen herausfinden, wie sie jeden Augenblick leben sollen.[8]

Das Hauptziel der Thora ist nach Aussage der Jerusalemer Professorin Debbie Weissman, »uns zu lehren, wie wir unsere begrenzte Zeit hier auf Erden weise verbringen.«[9] Dasselbe kann man auch von der Zeitphilosophie der Quiché sagen.


## In mittlerem Tempo leben


Reisen bringt dem Menschen, ob er als Tourist oder als Vertreter der Interkulturellen Psychologie unterwegs ist, die Ästhetik des mittleren Tempos nahe: Man muß eine Balance finden zwischen schnell und langsam, Ereigniszeit und Uhrzeit, Tätigsein und Nichtstun.

Wenn hektische Arbeitssüchtige eine entspannte Kultur besuchen, kann man fast darauf wetten, daß sie mit dem Entschluß nach Hause zurückkehren, das Tempo ihres von der Uhr beherrschten Lebens zu drosseln. Die Schriftstellerin Eva Hoffman schildert dieses Streben nach Mäßigkeit in der Beschreibung ihres Anpassungsprozesses, den sie von einer Kindheit in Polen über eine Jugend in Kanada bis zu einem Erwachsenenleben in den Vereinigten Staaten durchlief:

> Seelisches Wohlbefinden wird, glaube ich, durch die Zeit vermittelt, wie körperlicher Schmerz oder physisches Wohlgefühl durch die Leitbahnen unserer Nerven übertragen werden. Wenn die Zeit sich verknappt und drängt, dann wird das Wohlbefinden erstickt, wenn sie sich dehnt bis zur Ziellosigkeit, verblaßt das Selbst zu affektloser Schlaffheit. Wohlbefinden ist in der mittleren Zeit zu Hause, die weder allzusehr drängt noch allzu langsam dahinfließt.[10]

Versuche der Sozialpsychologen Jonathan Freedman und Donald Edwards bestätigen diese Beobachtung. Freedman und Edwards haben herausgefunden, daß die Beziehung zwischen Wohlbefinden und Zeitdruck einem umgekehrten »U« entspricht. Am besten geht es uns bei einem Mittelmaß an Druck. Zu viel Zeitdruck führt zu Streß, zu wenig zu Langeweile. Außerdem stellten die beiden Forscher auch eine umgekehrt U-förmige Beziehung zwischen Zeitdruck und Leistungsqualität fest. Die beste Arbeit leisten die Menschen wiederum bei einem Mittelmaß an Zeitdruck.[11]

Der Psychologe Mihaly Csikszentmihalyi hat festgestellt, daß die unglücklichsten Menschen, zumindest in Amerika, diejenigen sind, die überhaupt keinen Zeitdruck haben:

> In unseren Untersuchungen ist für die Menschen, die allein leben und nicht in die Kirche gehen, der Sonntagmorgen der Tiefpunkt der Woche, weil nichts und niemand ihre Aufmerksamkeit erfordert, so daß sie nicht wissen, was sie tun sollen. In der übrigen Woche ist die psychische Energie auf externe Routine-

tätigkeiten ausgerichtet: Arbeit, Einkaufen, Lieblingsprogramme im Fernsehen usw. Aber was soll man am Sonntagmorgen nach dem Frühstück machen, wenn man die Zeitung durchgeblättert hat? Für viele ist der Mangel an Struktur in diesen Stunden niederschmetternd.[12]

Im Mittelbereich zwischen zu viel und zu wenig Druck können die Menschen die bereits beschriebene Erfahrung des »Flow« machen. Als Csikszentmihalyi seine Versuchspersonen mit Hilfe von Funkgeräten in kurzen Abständen immer wieder fragte, was sie gerade taten und wie gut sie sich fühlten, bekam er die positivsten Rückmeldungen, wenn die Menschen mit Dingen beschäftigt waren, die sie in Maßen forderten und ihre Fähigkeiten ins Spiel brachten. Menschen, die zu vieles gleichzeitig in Angriff nahmen, fühlten sich oft übermäßig im Streß. Aber diejenigen, die gar nichts taten, machten kaum Erfahrungen mit dem Gefühl des Flow und fühlten sich selten wohl. Viele Psychologen glauben heute, daß Flow-Erfahrungen ein wichtiger Schlüssel zu einem glücklichen und befriedigenden Leben sind. Untersuchungen haben gezeigt, daß Flow-Erlebnisse nicht nur beglückend sind, sondern auch stärken: Sie heben das Selbstbewußtsein, das Gefühl der Kompetenz und das allgemeine Wohlbefinden.[13]

Wie wir gesehen haben, verweisen meine eigenen Untersuchungen auf positive wie negative Folgen eines schnellen Lebenstempos. Menschen in einer schnelleren Umgebung sind stärker potentiell gesundheitsschädlichem Streß ausgesetzt, was sich etwa in einer höheren Anzahl koronarer Herzerkrankungen zeigt, aber es ist auch wahrscheinlicher, daß sie einen komfortablen Lebensstandard erreichen und, wenigstens teilweise aus diesem Grunde, insgesamt mit ihrem Leben zufriedener sind. Freedman und Edwards sowie Csikszentmihalyi fassen in ihren Arbeiten einen anderen Bereich psychischer Befriedigung ins Auge als ich. Sie schreiben über die Freude und den Streß der Menschen bei ihrer Arbeit, und zwar bei der unmittelbaren Ausübung ihrer Tätigkeit, während unsere Untersuchungen der Frage galten, wie die Menschen ihr Leben als

Ganzes empfinden. Es ist aber bemerkenswert, daß ihre Ergebnisse, ebenso wie unsere, Zeitdruck als zwiespältige Erfahrung einstufen. Im Wettlauf mit der Uhr zu arbeiten, bedeutet nicht notwendigerweise Streß, und das Fehlen jeglichen Zeitdrucks ist nicht automatisch entspannend. Zeitdruck kann Energien freisetzen und vitalisierend wirken, wenn er richtig dosiert ist.

Weiter gestützt wird diese These durch die Ergebnisse einer kürzlich erstellten Studie über Eltern, die berichten, daß sie am Arbeitsplatz unter ständigem Zeitdruck stehen. Ellen Greenberger und ihre Kollegen von der University of California at Irvine beobachteten das Verhalten 188 berufstätiger Mütter und Väter gegenüber ihren fünf- bis siebenjährigen Kindern. Sie stellten fest, daß diese zeitlich stark geforderten Eltern auf die zu Hause an sie gestellten Anforderungen sehr unterschiedlich reagierten. Viele entsprachen dem sattsam bekannten Klischee: Sie kamen erschöpft nach Hause und gingen ziemlich schroff mit ihren Lieben um. Haben aber die Eltern anspruchsvolle Berufe, die zugleich vielseitig, reizvoll und anregend sind, *steigt* die Wahrscheinlichkeit, daß sie sich zu Hause warmherzig, aufmerksam und flexibel verhalten.[14] Diese Resultate bestätigen, was sich auch bei unseren Recherchen schon gezeigt hat: Eine Balance zwischen dem Tempo des Arbeitslebens und des Privatlebens ist für die seelische und körperliche Gesundheit möglicherweise wichtiger als die simple Frage, ob an einem Arbeitsplatz großer oder nur geringer Zeitdruck herrscht.[15]

Natürlich gibt es keine einfache Formel für ein mittleres Tempo. Die schwierige Aufgabe – im Grunde eine der hohen Künste des Lebens – besteht darin, daß jeder Mensch für jede Aktivität das optimale Maß an Druck finden muß. Eine Strategie, die ich persönlich hilfreich gefunden habe, um mich im Bereich eines mittleren Tempos zu halten, ist die Einführung zeitlicher Wächter oder Feedback-Signale, die es mir melden, wenn ich mich außerhalb meines optimalen Geschwindigkeitsbereiches befinde. In meinem Fall hat sich eine alte, unangenehme Sprachstörung als deutlichster und verläßlichster Wächter herausgestellt, nämlich meine Tendenz, zu stottern, wenn ich zu schnell spreche. Natürlich möchte ich niemandem empfehlen, sich als neue Fähigkeit das Stottern anzueignen. (Um Himmels willen!) Aber meine Störung ist in einem Punkt ein wahres Kleinod: Meist verhindert sie, daß meine Sprechgeschwindigkeit sich bis in manische Extrembereiche steigert, und setzt just an der Stelle ein, an der sich meine Sprechweise andernfalls überschlagen und andere überfordern würde. Als ich jünger war, lernte ich, mein Denken so weit zu verlangsamen, daß ich nicht zu stottern brauchte. Heute nutze ich mein Stottern oft, um meine Gedanken zu bremsen. Zu meinem Glück hat sich der Wächter über meine Sprache als äußerst sensibler Druckmesser entpuppt. Die von ihm tolerierte Sprechgeschwindigkeit paßt sehr gut zu meinem Lieblingstempo für innere Aktivität.

Der britische Publizist und Autor Robert McCrum berichtet von einem noch viel tyrannischeren Zeitwächter, der sich vor kurzem in sein Leben drängte. Im Sommer 1995 erlitt er ohne Vorwarnung einen Schlaganfall, der schwere körperliche Beeinträchtigungen nach sich zog. In einem Essay mit dem Titel »My Old and New Lives« schildert er die anfängliche Frustration, die die Verlangsamung seines Lebens auslöste:

> Früher war ich für die impressionistische Schnelligkeit bekannt, mit der ich Dinge erledigen konnte. Zuerst war der Kontrast eine Quelle großer Frustration. Ich mußte lernen, geduldig zu sein. Im Englischen kommt die Bedeutung des Adjektivs *patient* (geduldig) und des Substantivs *patient* (Patient) aus dem lateinischen Wort für »Erdulden« oder »Ausdauer« – *patientia*. Ein Patient ist daher per definitionem einer, der geduldig erträgt.

Als McCrum auf die Rehabilitationsphase vorbereitet wurde, machte ihn einer seiner Ärzte darauf aufmerksam, wie schnell ihm die Welt mit seinem neuen, behinderten Körper vorkommen würde, und stellte die Prognose: »Sie werden sich fühlen, als seien Sie in eine Stromschnelle geraten.« Aber ein Jahr nach dem Schlaganfall war McCrum so weit, daß er die zeitliche Veränderung in seinem Leben

schätzen gelernt hatte. Er erklärte: »Ich habe mich mit der Langsamkeit angefreundet, nicht nur als Konzept sondern auch als
Lebensweise.«[16]

Wie schon Thoreau sagte, müssen wir auf unseren eigenen
Trommelschlag hören. Was für einen Menschen langweilig ist, kann
für einen anderen schon eine Überreizung bedeuten. Wir hören die
Stadtbewohner oft sagen, sie müßten »aus der ewigen Hetze
herauskommen«, als würde dieses Gefühl von allen Städtern geteilt,
ebenso wie die Jugendlichen in Kleinstädten davon ausgehen, daß
jeder halbwegs vernünftige Mensch »aus diesem faden Kaff weg-
möchte«, dorthin, wo es aufregender ist. Aber das Tempo einer
bestimmten Umgebung wirkt sich auf die Menschen unterschiedlich
aus. Persönlichkeits-Skalen zum Lebenstempo haben gezeigt, daß
vom Temperament her schnelle und langsame Menschen gleichermaßen in schnellen und langsamen Umgebungen anzutreffen sind.
Das bringt uns zur schwierigsten aller Künste – der Herstellung
eines gesunden Gleichgewichtes zwischen sich und seiner Umgebung.

## Die Entsprechung von Mensch und Umgebung

Ob Menschen gut zu ihrer Umgebung passen, zeigt sich daran, wie
wohl sie sich in ihren verschiedenen Lebensbereichen fühlen, in der
Freizeit, im Arbeits- und Sozialleben, aber auch in den Städten und
Ländern, in denen sie leben. Wenn Sie Freude an einem hohen Maß
an Aktivität haben und eine lebendige Umgebung mögen, sind Sie
am besten beraten, wenn Sie eine Arbeit wählen, die Ihnen Tempo
abverlangt, und auch an einem schnellen Ort leben; bevorzugen Sie
ein langsameres Lebenstempo, können hektische Jobs und Großstädte (vielleicht buchstäblich) Ihr Tod sein.

Eine klassische Untersuchung von Robert Caplan, John French
und ihren Kollegen am Institut für Sozialforschung der University of

Michigan zeigt auf, welche weitreichenden Konsequenzen es hat, wenn die Menschen und ihre Umgebung einander nicht entsprechen. Caplan und seine Mitarbeiter erforschten das Maß an Streß und Anstrengung, das über 2000 Männer in 23 Berufen verschiedenster Art – teils manuelle Tätigkeiten, teils Schreibtischaufgaben – empfanden. Das weitaus beste Vorhersagekriterium für Streß war die Harmonie zwischen dem persönlichen Temperament der Beschäftigten und den Eigenschaften ihrer Aufgaben. Das Maß dieser Harmonie sagte mehr über die Größe des psychischen Stresses aus als der Beruf eines Menschen oder seine Persönlichkeitszüge für sich genommen. Mit anderen Worten, eine Entsprechung von Aufgabe und Person ist wichtiger als das objektive Maß an Streß, das der Beruf mit sich bringt. Berücksichtigte man die Harmonie zwischen Mensch und Umgebung, gab es praktisch keinen Unterschied mehr in bezug auf den Streß, den die Beschäftigten in den 23 verschiedenen Berufen empfanden. Die Harmonie wiederum hing eng mit der Zufriedenheit mit der Arbeit und dem Arbeitspensum, mit Langeweile, Depressionen, Ängsten und allgemeiner Reizbarkeit zusammen. Diese Ergebnisse sind deshalb besonders bemerkenswert, weil sie einfache Möglichkeiten aufzeigen, die Zufriedenheit am Arbeitsplatz zu steigern: Arbeitgeber haben oft wenig Kontrolle über die Eigenschaften spezieller Jobs, aber sie können entscheiden, wer welche Aufgabe übernimmt, und das Temperament der Beschäftigten dabei berücksichtigen.[17]

Die Verbindung zwischen Lebenstempo und koronaren Herzerkrankungen kann ebenfalls unter dem Aspekt der Entsprechung von Mensch und Umgebung betrachtet werden. Da der Herztod in schnellen Städten und bei schnellen Menschen deutlich häufiger ist, müßten wir für Menschen vom Typ A in Kulturen vom Typ A das Schlimmste befürchten. Aber es ist eine unzulässige Verallgemeinerung, wenn man annimmt, daß alle Individuen dem Muster ihrer Kultur entsprechen – dieses Klischee bezeichnen Fachleute für Interkulturelle Psychologie als ökologischen Trugschluß. Eine Umgebung vom Typ A kann sich sehr verschieden auf die Menschen auswirken. Sogar Ray Rosenman, der zu den Urhebern der A Typ-

Theorie gehört und sie weiterhin vehement vertritt, hat erklärt, daß sowohl der Mensch als auch die Umgebung berücksichtigt werden müssen, wenn man Vorhersagen über koronare Herzerkrankungen machen will. Er behauptet, daß Personen vom Typ A in einer Typ B-Umgebung und umgekehrt Personen vom Typ B in einer Typ A-Umgebung am meisten leiden.[18]

In der Untersuchung, die an der University of Michigan durchgeführt wurde, hatten die akademischen Verwaltungsleute die höchsten Punktzahlen auf der Persönlichkeitsskala für den Typ A. An den meisten Universitäten kommen diese aus den Reihen der Professoren. Ihre Arbeit ist im allgemeinen von Zeit- und Termindruck begleitet, während Professoren sonst eher mehr Kontrolle über ihre Zeit haben. Aber die Michigan-Studie ergab, daß die Professoren mit Verwaltungsaufgaben nicht unbedingt mehr Arbeitsstreß empfinden als die Kollegen, die bei ihren üblichen professoralen Pflichten bleiben. Die Erklärung dafür könnte sein, daß Professoren, die sich zu Verwaltungsaufgaben hingezogen fühlen, meist vom Temperament her eher dem Typ A entsprechen und daher Menschen sind, die bei den zeitlichen Anforderungen dieser Aufgaben geradezu aufblühen. Entsprechend ist den New Yorkern, für die das geschäftige Treiben an der Wall Street ein Lebenselixier ist, wahrscheinlich am besten gedient, wenn sie schlicht bleiben, wo sie sind.

Koronare Herzerkrankungen sind die häufigste Todesursache in den Vereinigten Staaten. Auf traditionelle Risikofaktoren (abgesehen vom Typ A) wie Ernährung, Rauchen und essentiellen Bluthochdruck kann man nur 50 Prozent der Fälle zurückführen.[19] Wenn, wie es den Anschein hat, die zeitliche Harmonie zwischen Menschen und ihrer Umgebung bei einem wesentlichen Anteil der verbleibenden 50 Prozent eine Rolle spielt, dann dürfte es der Mühe wert sein, sich um diese Harmonie zu kümmern.

Ein provokantes Paradigma für das Verständnis des Zusammenspiels von Mensch und Umgebung haben die Forschungen zur sozialen Mitnahme ergeben, die der Psychologe Joseph McGrath und seine Kollegen an der University of Illinois durchführen. Das Konzept der Mitnahme, das aus der Biologie entlehnt ist, bezieht sich auf den Prozeß, durch den ein zeitlicher Rhythmus von einem zweiten aufgefangen und verändert wird. Beispielsweise wird ein Flug Vögel durch Mitnahme zu einem Flug: Jeder Vogel besitzt außerordentlich empfindliche Rezeptoren für sinnliche Wahrnehmungen, mit deren Hilfe er Signale aus der Umgebung auffangen und sich ihnen dann anpassen kann. Ganz ähnlich werden Herdentiere zu einer Herde, indem sie ihren Rhythmus aneinander angleichen. Auf unseren Straßen bringen es Autofahrer (meist) fertig, mit hoher Geschwindigkeit weite Strecken zu fahren, ohne zusammenzustoßen, was ebenfalls auf gegenseitige Mitnahme zurückzuführen ist. McGrath und seine Mitarbeiter haben in ihren Versuchen gezeigt, daß Mitnahme in sehr vielfältigen Situationen eine Rolle spielt, angefangen beim Arbeitstempo der Menschen bis hin zum Tempo bei ihren gesellschaftlichen Zusammenkünften.[20]

Die Möglichkeit der Mitnahme wirft eine Reihe von Fragen auf. Wie weit können sich Menschen an eine ihnen zeitlich unangenehme Umgebung anpassen und umgekehrt? Unter welchen Bedingungen kommt Mitnahme vorwiegend zustande, und wann ist sie am erfolgreichsten? Welche Art Mensch eignet sich am besten für eine zeitliche Anpassung? Können wir Umgebungen entwerfen, die fähig sind, sich an die bevorzugten Rhythmen einzelner Individuen anzupassen?

Die Möglichkeit der Mitnahme unterstreicht, wie wichtig es ist, unsere eigenen Rhythmen auf die der Menschen um uns herum abzustimmen. Wenn wir uns mehr Synchronizität im Sinne C. G. Jungs wünschen, muß es zeitliche Flexibilität auf beiden Seiten der Mensch-Umwelt-Gleichung geben.

# Multitemporalität

In der Persönlichkeitspsychologie gibt es das interessante Konzept der psychischen Androgynie. Die traditionelle Forschung über psychische Unterschiede zwischen den Geschlechtern hat Männlichkeit und Weiblichkeit als polare Gegensätze angesehen. Frühe Studien haben das wenig überraschende Ergebnis erbracht, daß typisch »männliche« Persönlichkeiten mehr Erfolg in Situationen haben, die nach Eigenschaften wie Selbstsicherheit verlangen, während »weibliche« Typen in Situationen besser abschneiden, die Fähigkeiten wie Fürsorglichkeit und emotionale Ausdrucksfähigkeit verlangen. Da beruflicher Erfolg normalerweise mit männlichen Fertigkeiten assoziiert wird, mußten ganze Heerscharen beruflich tüchtiger Frauen Zweifel an ihrer Weiblichkeit in Kauf nehmen; je erfolgreicher sie waren, desto stärker hatten sie das Gefühl, man sehe in ihnen mehr einen Mann als eine Frau.

Aber inzwischen gibt es eine Generation von Sozialpsychologinnen – darunter namhafte Frauen wie Sandra Bem und Janet Spence –, die sich gegen die Annahme zur Wehr setzen, daß die Fähigkeit von Frauen, in traditionell männlichen Domänen mitzuhalten, zwangsläufig eine Kompromittierung ihrer weiblichen Seite bedeuten müsse. Sie haben das Konzept der psychischen Androgynie entwickelt. Seelisch androgyne Menschen vereinen in ihrer Persönlichkeit herkömmlich männliche Züge (wie Selbstsicherheit) und herkömmlich weibliche Züge (wie Fürsorglichkeit). Der androgyne Mensch ist kein psychisches Neutrum, das irgendwo in der Mitte zwischen den extremen Polen der Männlichkeit und der Weiblichkeit angesiedelt ist, sondern ein Mann oder eine Frau, dem/der ausgeprägt männliche und ausgeprägt weibliche Eigenschaften zur Verfügung stehen.

Eine Reihe von Untersuchungen hat den Wert psychischer Androgynie belegt. Während maskuline Typen in traditionell »männlichen« Situationen besser abschneiden und feminine Typen in »weiblichen« Situationen glänzen, haben Experimente gezeigt, daß androgyne Menschen – sowohl Männer als auch Frauen –

größere Chancen haben, sich *sowohl* bei männlichen als auch bei weiblichen Aufgaben zu bewähren. So hat man beispielsweise nachweisen können, daß männliche und androgyne Persönlichkeiten resistenter gegen Anpassungsdruck durch Gruppen waren als weiblich betonte Persönlichkeiten, daß aber feminine und androgyne Charaktere mit Aufgaben wie der Beratung eines Kommilitonen bei Schwierigkeiten besser zurechtkommen.[21] Androgyne und feminine Ehepartner – Männer und Frauen gleichermaßen – haben auch häufig eine glücklichere Ehe.[22] Mit anderen Worten: Ein androgyner Mensch hat Zugang zu den besten Seiten beider Welten.

Für das Lebenstempo gilt ein ganz ähnliches Muster. »Die Frage ist nicht einfach, in welchem Stockwerk des Hauses man lebt«, erklärte Ken Wilber, Spezialist für Transpersonale Psychologie, »sondern zu wie vielen Stockwerken man Zugang hat, während man sich seinen Weg durch das Leben bahnt.«[23] Vielen Situationen wird man am besten gerecht, wenn man die Einstellung zur Zeit übernimmt, die ein rasches Lebenstempo von einem verlangt: Schnelligkeit, Beachtung der Uhr, Ausrichtung auf die Zukunft, die Fähigkeit, Zeit als Geld anzusehen. Andere Lebensbereiche – Ruhe, Erholung, das Entwickeln von Ideen, soziale Beziehungen – geht man besser mit einer lockeren Einstellung zur Zeit an. Jeremy Rifkin spricht von den Gefahren von Zeitghettos. In einem engen Zeitabschnitt gefangene Menschen sind nicht darauf vorbereitet, ihre eigene Zukunft und ihr politisches Schicksal in die Hand zu nehmen.[24] Multitemporalität ist die Fahrkarte, die das Verlassen dieser zeitlichen Ghettos ermöglicht. Die Fähigkeit zum raschen Handeln, wenn die Lage es erfordert, zum Loslassen, wenn der Druck vorüber ist, und ein Gespür für die vielen zeitlichen Zwischenstufen ist vielleicht die richtige Antwort auf die Frage: »Welches Lebenstempo ist das beste?« Lewis Mumford schrieb dazu:

Obwohl unsere erste Reaktion auf äußeren Zeitdruck unausweichlich in einer Verlangsamung besteht, wird auf lange Sicht die Befreiung zur Folge haben, daß man für jedes menschliche Tun das richtige Maß und Tempo findet, kurz gesagt, daß man im Leben den Takt in der gleichen Weise hält, wie wir es in der Musik tun: nicht, indem wir dem mechanischen Schlag des Metronoms gehorchen – das ist nur ein Hilfsmittel für Anfänger –, sondern indem wir Satz für Satz das rechte Tempo finden und den Takt nach den je geltenden menschlichen Bedürfnissen und Zwecken variieren.[25]

Wie der psychisch androgyne Mensch paßt sich die wahrhaft multitemporale Persönlichkeit nicht einfach dem Durchschnitt an, sondern hat die Fähigkeit, sich so schnell oder so langsam zu bewegen wie nötig. Wenig überraschend war auch ein weiteres signifikantes Ergebnis der an der University of Michigan erstellten Untersuchung, daß nämlich persönliche Flexibilität (im Gegensatz zur psychischen Unbeweglichkeit) ein wirkungsvoller Puffer gegen Streß und Unzufriedenheit bei der Arbeit ist, gleichgültig, welchen Beruf man ausübt. Der Europäer, der hart genug arbeitet, um etwas zu erreichen, dann aber das Tempo drosseln kann, um die Frucht seiner Arbeit, *la dolce vita,* zu genießen, besitzt etwas von dieser Multitemporalität. Der japanische Angestellte, der mit Schnelligkeit und Langsamkeit gleichermaßen virtuos umgehen kann, besitzt diese Fähigkeit ebenfalls. Das soll natürlich nicht heißen, daß alle europäischen und japanischen Berufstätigen die Kunst der Multitemporalität beherrschen. Ganz im Gegenteil beleuchten die Daten den Preis, den viele in diesen Ländern für ihr schnelles Lebenstempo bezahlen; es ist kein Zufall, daß die koronaren Herzerkrankungen in Westeuropa so häufig sind wie fast nirgendwo auf der Welt, und daß Selbstmord in Japan ein großes Problem ist. Aber die traditionellen Werte dieser Kulturen bieten potentielle Hilfen – fast so etwas wie Rezepte – und zeigen Wege auf, wie aufmerksame Menschen Kontrolle über ihre Zeit erlangen können.

Joyce Carol Oates hat geschrieben: »Die Zeit ist das Element, in dem wir existieren ... Wir werden entweder von ihr dahingetragen oder ertrinken in ihr.« Wie man produktiv genug sein kann, um komfortabel zu leben, dabei den zeitlichen Streß minimiert, der diesen Komfort erst ermöglicht, und gleichzeitig Zeit für liebevolle Beziehungen und eine zivilisierte Gesellschaft schafft – das ist die Herausforderung der Multitemporalität.

## Übernehmen Sie die Kontrolle

> Und das Ende allen Erkundens wird sein,
> daß wir ankommen, wo wir aufbrachen.
> Und diesen Ort zum ersten Mal erkennen.
>
> T. S. ELIOT, *Vier Quartette*

Noch eine letzte Geschichte. Als ich die Reise vorbereitete, die schließlich zwölf Monate dauern und mich um die ganze Welt führen sollte, bekam ich von jedem erfahrenen und/oder frustrierten Reisenden, der mir über den Weg lief, gute Ratschläge. Sie reichten von Listen von Orten, die ich *unbedingt* besuchen müßte, bis zu sehr anschaulichen Schilderungen dessen, was mir zustoßen würde, wenn ich auch nur daran dächte, unterwegs Leitungswasser zu trinken. Die weiseste Prophezeiung erhielt ich jedoch von unerwarteter Seite. Als ich auf dem Behandlungsstuhl eines eher weltabgewandten Zahnarztes saß, den Mund mit den üblichen unerfreulichen Instrumenten angefüllt, gab er den längsten nicht-fachlichen Kommentar ab, den ich je von ihm gehört habe: »Ich bin einmal in einem fremden Land gewesen. Man lernt eine Menge über sich selbst.«

Er hat genau ins Schwarze getroffen. Nachdem ich ein Jahr lang durch rund zwanzig Länder in drei Erdteilen vagabundiert war, jede einigermaßen erreichbare Sehenswürdigkeit von der Chinesischen Mauer bis zur Klagemauer in Jerusalem besucht und multinationale Daten für den Bereich gesammelt hatte, der von da an den Schwerpunkt meiner Forschungsarbeit bilden sollte, brachte ich als Ernte vor allem einen neuen Standpunkt mit nach Hause.

Die Erkenntnisse, die am längsten nachwirken und für eine dauerhafte Veränderung meiner Lebensweise gesorgt haben, scheinen jedoch immer um das Thema Zeit zu kreisen. Wenn Menschen lange Zeit unterwegs sind, dann gibt es offenbar einen Moment, in dem sie in das Bewußtsein eines Durchreisenden hinübergleiten. Die meisten Reisenden, die ich nach diesem Übergang fragte, haben mir berichtet, daß der kritische Punkt für das Abschalten in der Regel bei etwa drei Monaten liegt. Danach fließen die Wochentage und sogar die Monate einfach ineinander – vor allem bei denjenigen, die klugerweise dem warmen Wetter folgen. Erwartungen und Pläne für die Zukunft verblassen und werden vollkommen unwichtig.

Die häufigen, raschen und oft drastischen Veränderungen, die geradezu das Gerüst langer Reisen bilden – der mitten im Frühstück gefaßte Entschluß, sofort zu packen und in ein anderes Land aufzubrechen; das Auseinanderbrechen einer vermeintlich engen Beziehung, weil einer der beiden Partner einen Ruf nach Osten vernimmt, während es den anderen nach Westen zieht – haben etwas an sich, das einem meist keine andere Wahl läßt, als von einem Tag zum anderen zu leben. Die Kraft dieses Sogs ist so stark, daß er sich körperlicher anfühlt als eine reine Willensentscheidung. Ich weiß, daß auch ich am Ende eines jeden langen Aufenthaltes in der Fremde das Gefühl hatte, ich sei körperlich unfähig, meine Gedanken auf die Vergangenheit oder die Zukunft zu richten. Das soll nicht heißen, daß mir der Durchbruch zu einem wachen Gegenwartsbewußtsein geglückt wäre, wie es im Zen angestrebt wird, sondern meist hing ich einfach meinen ziellosen Gedanken nach. Es war ein zeitlicher Schwebezustand. Da ich bis dahin den größten Teil meiner Jahre als zukunftsgerichteter Mensch gelebt hatte – wobei diese Zukunft oft von den Erwartungen anderer definiert war – fand ich es beinahe komisch, die Unfähigkeit meines Geistes zu beobachten, mich auf das zu konzentrieren, was morgen kam, selbst wenn es ein Ereignis war, auf das ich mich monatelang gefreut hatte, wie meinen ersten Besuch der Pyramiden. Aber es war definitiv der Rhythmus meiner eigenen Uhr. Wie der Philosoph Johann Gottfried Herder einmal schrieb, hat alles Vergängliche das Maß seiner Zeit in sich selbst.

Als ich dann nach Hause zurückkehrte, um wieder meine Aufgaben als Universitätsprofessor wahrzunehmen, kam ich in der Verfassung eines Vagabunden an. Mein Intellekt war zeitweilig nicht verfügbar, und ich war desorientiert, weil ich an den Symptomen eines Kulturschocks litt. Viele Reisende, die lange Zeit unterwegs waren, sagen, daß der Schock der Rückkehr nach Hause viel schmerzhafter sei als der Aufbruch. Das ist vermutlich deshalb so, weil wir mit der gefährlichen Illusion zurückkommen, zu Hause dürften wir endlich loslassen und müßten nicht mehr in harter Arbeit ständige Veränderungen bewältigen. (Nicht umsonst besteht eine Verwandtschaft zwischen dem englischen Wort *travel* für »reisen« und dem französischen Wort *travail*, das »harte Arbeit, Mühe« bedeutet.) Aber Sozialpsychologen wissen, daß die Menschen gerade in den Augenblicken, in denen sie sich der »Illusion der Unverwundbarkeit« hingeben, besonders gefährdet sind.

Ich ging also in mein Arbeitszimmer in der Universität und versuchte nach Kräften, wie Mr. Chips auszusehen, fühlte mich aber viel mehr wie Rip Van Winkle. Ich hatte Angst, heimzukommen – aus Furcht, ich könne vielleicht nicht wieder der von mir erwarteten Rolle des Professors gerecht werden. Was dann geschah, überraschte mich sehr. Plötzlich, als sei ein Kippschalter betätigt worden, spürte ich, daß mein Geist sich beschleunigte und wie in einem billigen Film sekundenschnell genau dieselbe gehetzte Verfassung erreichte, in der ich vor etwa zwölf Monaten an derselben Stelle gestanden war. Alle Aufgaben, die von »Professor Levine« erwartet wurden, standen mir plötzlich wieder vor Augen; ich wußte, was ich zu tun hatte, wann und wo ich es zu tun hatte. Ein ganzes Jahr lang war meine Universität hervorragend ohne mich ausgekommen. Und jetzt hieß es mit beängstigender Plötzlichkeit wieder an allen Ecken und Enden, »du sollst« und »du mußt«. Mein Terminkalender war zum Platzen voll.

Ein Teil von mir war dankbar für die Struktur und die Normalität. Aber ein anderer Teil protestierte lautstark und meinte, ich solle nicht gleich das Kind mit dem Bade ausschütten, bloß weil ich wieder zu Hause sei. Mußte ich wirklich all die Veränderungen verdrängen, die ich durchlaufen hatte? In einem jener seltenen Augenblicke innerer Klarheit befahl mir die lautere Stimme, das Gebäude zu verlassen und erst einmal nachzudenken.

Als ich meine Situation von einem außerhalb gelegenen Standpunkt aus betrachten konnte, wurde mir klar, daß mein Kulturschock einfach ein Zwischenstadium war, eine Übergangsphase zwischen zwei Lebensweisen: Dem spontanen Leben von einem Tag zum anderen auf einer langen Reise einerseits und dem vom Terminkalender getriebenen Dasein meines Berufslebens andererseits. Bei Licht besehen war ich jetzt genau zwischen die zeitlichen Kräfte geraten, die ich untersucht hatte. Vielleicht lag es einfach an einem noch nicht verdauten nepalesischen Currygericht, aber ich stellte fest, daß meine Gedanken zum Tibetanischen Totenbuch wanderten, jenem heiligen buddhistischen Text, der lehrt, wie man den Prozeß des Sterbens, den Tod und die Wiedergeburt bewußt kontrollieren kann. Der Tod ist nach diesem Text ein Zwischenstadium zwischen dem Leben und der unvermeidlichen Wiedergeburt auf der Erde (es sei denn, man ist bereits erleuchtet). Die Übergangsphase nach dem Tod muß man mit Sorgfalt und Präzision gestalten, weil sie die einzigartige Chance bietet, bewußt den Charakter des nächsten Lebens zu beeinflussen:

> Leichtsinnig bist du, deine große Gelegenheit
>   zu vergeuden,
>    irrig ist dein jetziges Trachten, wenn du mit leeren
>      Händen zurückkommst.
>
> *Das Tibetanische Totenbuch*[26]

Ich hatte das Gefühl, auch ich befände mich zwischen zwei Inkarnationen. Meine Aufgabe war nun, zu entdecken, was ich von dem Leben behalten konnte, das ich verließ, um das zu bereichern, dem ich mich näherte. Und in diesem Augenblick kam mir eine recht simple Einsicht, die mein Leben positiv veränderte: Ich begriff, daß ich die seltene Gelegenheit hatte, den Zyklus sinnloser Gewohnheiten und Zwänge aufzubrechen. Ich beschloß, jedesmal, wenn ich etwas zu tun hatte, was vor meiner Reise zum normalen Programm gehört hatte – sei es eine berufliche Aufgabe, wie eine Besprechung mit einem Studenten, Unterricht oder die Arbeit an einem Forschungsaufsatz, oder eine soziale Aktivität, wie etwa ein Mittagessen mit einem Kollegen, bis hin zum Austausch von Höflichkeiten mit einem Bekannten und dem Abnehmen des Telefons – meiner reflexartigen Reaktion zuvorzukommen. Ich würde innehalten und mir dann zwei Fragen stellen: Erstens, ist das etwas, was ich unbedingt tun *muß*? Und zweitens, ist das etwas, was ich tun *möchte*? Falls nicht die Antwort auf mindestens eine der Fragen »ja« lautete, würde ich meine Zeit nicht in dieses Vorhaben stecken.

In den folgenden beiden Wochen stellte ich mir meine zwei Fragen geradezu zwanghaft. Ich entdeckte, daß die Antwort auf die Frage nach dem Muß meistens »nein« lautete; auf jeden Fall gab es erheblich mehr negative Antworten, als ich erwartet hatte. Ich gebe natürlich zu, daß mein potentieller Nein-Quotient höher sein kann als bei den meisten Menschen. Schließlich bin ich mit einem Beruf gesegnet, der ein beträchtliches Maß an persönlicher Kontrolle ermöglicht. Außerdem hatte ich damals weder die Pflichten eines Ehemannes noch die eines Vaters. Und doch war es für mich überraschend, wie schmerzlos meine Mitmenschen im allgemeinen durchaus ohne meine Gegenwart zurechtkamen. Angesichts dieses häufigen »Nein« konnte ich meine Optionen meist nach dem zweiten Kriterium überprüfen. Und hier war ich über die Anzahl der Ja-Antworten überrascht. Am wenigsten hatte ich erwartet, wie oft ich mich dafür entscheiden würde, mich relativ schlichten Tätigkeiten hinzugeben.

Als dann schließlich meine Übergangsperiode vorbei war, hatte ich unter dem Strich das Gefühl, mehr Kontrolle über mein Leben zu haben als jemals zuvor, und dieses Gefühl ist mir bis heute erhalten geblieben. Ich weiß jetzt, daß meine Zeit wirklich *meine* Zeit ist. Und obwohl das Tempo meines Lebens, ebenso wie das aller anderen, oft von der Welt um mich herum diktiert wird, ist mir klar geworden, daß die Menschen beträchtlich mehr Kontrolle über ihre Zeit haben, als sie sich eingestehen wollen. Und ich habe noch eine andere grundlegende Wahrheit erkannt: Unsere Zeit ist unser Leben. Schon Miles Davis hat gesagt: »Zeit ist nicht die Hauptsache. Sie ist das einzige.«[27] Wie wir unsere Zeit einteilen und nutzen, definiert am Ende die Qualität und die Beschaffenheit unseres Daseins. Wenn es im Tibetanischen Totenbuch heißt, man solle vermeiden, »sich den nutzlosen Tätigkeiten des Lebens hinzugeben«, dann bedeutet das nach meinem persönlichen Verständnis, man solle Kontrolle über die Struktur seiner Zeit übernehmen.

Und das ist die wichtigste Frucht meiner Untersuchungen über das Zeitgefühl fremder Kulturen. Noch einmal borge ich Russell Banks' Bild von Hawthornes Wakefield: Ich war aus meinem Haus ausgezogen, und als ich zurückblickte, um »zu sehen, was dort wahr ist«, sah ich eben dieses.[28] Ganz einfach. Es reicht vielleicht bei weitem nicht an das »primäre klare Licht« heran, nach dem die tibetischen Buddhisten am Eingang zur Nachwelt Ausschau halten. Aber ich weiß doch, daß meine Zeit von da an ein bißchen mehr mir gehörte.

# Anmerkungen


## Vorwort: Die Zeit spricht, und zwar mit Akzent

1 Hall, Edward T., *The Silent Language,* Garden City, N.Y., 1959.
2 Strauss, A. L., *Images of the American City,* New Brunswick, N.J., 1976.
3 *Time Magazine,* 11. März 1985.
4 Ein gutes Beispiel ist etwa: Keyes, R., *Timelock,* New York, 1991.
5 »Itchy feet and pencils: A symposium«, in: *The New York Times Book Review,* 18. August 1991, S. 3 und 23.


## 1 Der Takt des Lebens

1 Stuttgart 1972.
2 Spradley, J. P. und Phillips, M., »Culture and stress: A quantitative Analysis«, in: *American Anthropologist* 74, 1972, S. 518–529.
3 Persönliches Gespräch am 16. Januar 1996.
4 In den meisten Ländern wurden die Daten entweder in der größten Stadt oder einer vergleichbaren größeren Stadt gesammelt: Amsterdam (Niederlande), Athen (Griechenland), Budapest (Ungarn), Bukarest (Rumänien), Dublin (Irland), Frankfurt (Deutschland), Guangzhuo (China), Hongkong (China).
5 Jakarta (Indonesien), London (England), Mexico City (Mexiko), Nairobi (Kenia), New York City (USA), Paris (Frankreich), Prag (Tschechien), Rio de Janeiro (Brasilien), Rom (Italien), San Jose (Costa Rica), San Salvador (El Salvador), Seoul (Südkorea), Singapur (Singapur), Sofia (Bulgarien), Stockholm (Schweden), Taipeh (Taiwan), Tokio (Japan), Toronto (Kanada) und Wien (Österreich). In vier

anderen Ländern machten wir unsere Beobachtungen aus verschiedenen Gründen in mehreren Städten. So haben wir in Polen Daten in Breslau, Lodz, Posen, Lublin und Warschau gesammelt. In der Schweiz haben wir in Bern und Zürich gemessen. In Syrien und Jordanien haben wir die meisten Beobachtungen in den Hauptstädten Damaskus und Amman angestellt, einige jedoch auch in zweitrangigen Bevölkerungszentren. In allen diesen Fällen wurden die Daten aus den verschiedenen Städten für die Länderauswertung zusammengezogen. Die Daten aller Länder wurden im Sommer oder in anderen Monaten mit warmem Wetter im Zeitraum 1992–1995 gesammelt.

6 Hoch, I., »City size effects, trends and policies«, in: *Science* 193, 1976, S. 856–863, hier S. 857. Zur weiteren Diskussion der ökonomischen Hypothese siehe Bornstein, M. H., »The pace of life: Revisited«, in: *International Journal of Psychology* 14, 1976, S. 83–90.

7 Die Statistiken gründen sich auf die neuesten verfügbaren Daten der Weltbank: *The World Bank Atlas:* 1995, Washington D.C. 1994.

8 Henry, J., »White people's time – colored people's time«, in: *Trans-Action* 2, März/April 1965, S. 31–34.

9 Horton, J., »Time and cool people« in: Kochman, T. (Hg.), *Rappin and Stylin' Out*, Urbana, Ill., 1972, S. 19–31, hier S. 24.

10 Ebenda.

11 Hunt, S., »Why tribal peoples and peasants of the Middle Ages had more free time than we do«, in : *Maine Times*, 25. Mai 1984, S. 40.

12 Johnson, A., »In search of the affluent society«, in : *Human Nature*, September 1978, S. 50–59.

13 Schor, J. B., *The Overworked American*, New York 1991.

14 Hall, E. T., *The Silent Language*, New York 1959.

15 Bohannan, P., »Time rhythm, and pace«, in: *Science* 80,1, 1980, S. 18–20.

16 Niles, S., E-Mail-Brief in *Intercultural Network*, 19.Mai 1995.

17 Persönliches Gespräch am 21. November 1993.

18 Da unsere 31-Länder-Studie hauptsächlich auf den größten Städten der jeweiligen Länder basiert, bietet sie keine wirkliche Überprüfung der mit der Einwohnerzahl verknüpften Hypothese.

19 Wright, H. F., »The city-town project: A study of children in communities differing in size«, unveröffentlichter Bericht, 1961.

20 Amato, P. R., »The effects of urbanization on interpersonal behavior«, in: *Journal of Cross-Cultural Psychology*, 14, 1983, S. 353–367.

21 Bornstein, M. H. und Bornstein, H. G., »The pace of life: Revisited«, in: *International Journal of Psychology* 14, 1979, S. 83–90.

22 Bornstein, M. H. und Bornstein, H. G., »The pace of life«, in: *Nature* 259, 1976, S. 557–559.

23 Einige Belege für diese Hypothese sind auch in einer Studie von Hoel, L. A., »Pedestrian travel rates in central business districts«, *Traffic Engineer* 38, 1968, S. 10–13, zu finden.

24 Genauere Verzeichnisse der Temperatur- und Luftfeuchtigkeitswerte liegen für viele Großstädte nicht vor.

25 Triandis, H., *Culture and Social Behavior*, New York 1994.

26 Die Individualismus-Kollektivismus-Statistik lieferte Harry Triandis.

27 Bourdieu, P., »The attitude of the Algerian peasant toward time«, in: Pitt-Rivers, J. (Hg.), *Mediterranean Countrymen*, Paris 1963, S. 55–72.

28 Friedman, M. und Rosenman, R. H., »Association of specific overt behavior patterns with blood and cardiovascular findings«, in: *Journal of the American Medical Association* 240, 1959, S. 761–763.

29 Jenkins, C. D., Zyzanski, S. J., Rosenman, R. H., *Jenkins Activity Survey: Form C*, New York 1979.

30 Wright, L., McCurdy, S. und Rogoll, G., »The TUPA Scale: A self-report measure for the Type A subcomponent of time urgency and perpetual activation«, in: *Psychological Assessment* 4, 1992, S. 352–356.

31 Keyes, R., *Timelock*, New York 1991.

32 Zwei gute Quellen für detaillierte Selbstbewertungsmaßstäbe des inneren Zeitdrucks sind: Landy, F. J., Restegary, H., Thayer, J. und Colvin, C., »Time urgency: The construct and its meaning«, in: *Journal of Applied Psychology* 76, 1991, S. 644–657, oder: Friedman, M., Fleischmann, N. und Price, V., »Diagnosis of Type A behavior pattern«, in: Allen, R. und Scheidt, S. (Hg.), *Heart and Mind: The Practice of Cardiac Psychology*, Washington D.C. 1996, S. 179–196.

33 Ulmer, D. K. und Schwartzburd, L., »Treatment of time pathologies«, in: Allen, R. und Scheidt, S. (Hg.), *Heart and Mind: The Practice of Cardiac Psychology*, Washington D.C. 1996, S. 329–362.

34 Zu weiteren Informationen über diesen Test siehe Levine, R. und Conover, L., »The pace of life scale: Development of a measure of individual differences in the pace of life«, Text eines Vortrags vor der International Society for the Study of Time in Frankreich im Juli 1992, sowie: Soles, J. R., Eyssell, K., Norenzayan, A. und Levine, R., »Personality correlates of the pace of life«, Text eines Vortrags vor der Western Psychological Association in Kona, Hawaii, im April 1994.

35 Dapkus, M., »A thematic analysis of the experience of time«, in: *Journal of Personality and Social Psychology* 49, 1985, S. 408–419.

1 Dargestellt in: Campbell, S., »Circadian rhythms and human temporal experience«, in: Block, R. (Hg.), *Cognitive Models of Psychological Time,* Hillsdale, N. J., 1990, S. 101–118.

2 Block, R. A., »Temperature and psychological time«, in: Macey, S. L. (Hg.), *Encyclopedia of Time,* New York 1994, S. 594f.

3 Block, R. A., »Models of psychological time«, in: Block, R. A. (Hg.), *Cognitive Models of Psychological Time,* Hillsdale, N. J., 1990, S. 1–36.

4 Macleod, R. B. und Roff, M. F., »An experiment in temporal disorientation«, in: *Acta Psychologica* 1, 1936, S. 381–423.

5 Vgl. Campbell, S., »Circadian rhythms and human temporal experience«, in: Block, R. A. (Hg.), *Cognitive Models of Psychological Time,* Hillsdale, N. J., 1990, S. 101–118.

6 Aschoff, J., »On the perception of time during prolonged temporal isolation«, in: *Human Neurobiology* 4, 1985, S. 41–52.

7 Campbell, S., »Circadian rhythms and human temporal experience«, in: Block, R. A. (Hg.), *Cognitive Models of Psychological Time,* Hillsdale, N. J., 1990, S. 101–118.

8 Aschoff, J., »On the perception of time during prolonged temporal isolation«, in: *Human Neurobiology* 4, 1985, S. 41–52.

9 Siffre, M., *Beyond Time,* New York 1964, S. 118 und 182.

10 Buckhout, R., »Eyewitness identification and psychology in the courtroom«, in: *Criminal Defense* 4, 1977, S. 5–10.

11 Loftus, E. F., Schooler, J. W., Boone, S. M. und Kline, D., »Time went by so slowly: Overestimation of event duration by males and females«, in: *Applied Cognitive Psychology* 1, S. 3–13.

12 Ebenda, S. 3.

13 Schneider, A. L., Griffith, W. R., Sums, D. H. und Burcart, J. M., *Portland Forward Records Check of Crime Victims,* Washington D. C., 1978.

14 Veach, T. L. und Touhey, J. C., »Personality correlates of accurate time perception«, in: *Perceptual and Motor Skills* 33, 1971, S. 765f.

15 Gardner, R. M., Brake, S. J. und Salaz, V. E., »Reproduction and discrimination of time in obese subjects«, in: *Personality and Social Psychology Bulletin* 10 (4), 1984, S. 554–563.

16 Andrew, J. M. und Bentley, M. R., »The quick minute: Delinquents, drugs, and time«, in: *Criminal Justice & Behaviour* 3 (2), 1976, S. 179–186.

17 Viele dieser Ergebnisse sind zusammengefaßt in: Orme, J. E., *Time, Experience and Behavior,* London 1969.

18 Friedman, W., *About Time: Inventing the Fourth Dimension*, Cambridge, Mass., 1990.

19 Suzuki, D. T., *Zen and Japanese Culture*, New York, 1959.

20 Murphy, M. und White, R., *The Psychic Side of Sports*, Reading, Mass., 1978, S. 46.

21 Ebenda, S. 45.

22 Zimbardo, P. G., Marshall, G. und Maslach, C., »Liberating behavior from time-bound control: Expanding the present through hypnosis«, in: *Journal of Applied Social Psychology* 1, 1971, S. 305 – 323.

23 Cooper, L. F. und Erickson, M. H., *Time Distortion in Hypnosis*, Baltimore, 1959.

24 Huxley, A., *Island*, New York, 1962. Dt.: *Eiland*, München 1996.

25 Es gibt zahlreiche psychologische Studien zu den individuellen Unterschieden in Hinblick auf die »optimale Erregungsebene«, vgl. zum Beispiel Merhabian, A. und Russell, J., *An Approach to Environmental Psychology*, Cambridge, Mass., 1974.

26 Melges, F. T., *Time and the Inner Future*, New York 1982, S. 177.

27 Ebenda, S. XIX.

28 Harton, J. J., »An investigation of the influence of success and failure on the estimation of time«, in: *Journal of General Psychology* 21, 1939, S. 51 – 62.

29 Ornstein, R., *The Psychology of Consciousness*, New York ²1977.

30 Meade, R. D., »Time on their hands«, in: *Personnel Journal* 39, 1960, S. 130ff.

31 Hall, E. T., *The Silent Language*, New York 1959, S. 152f.

32 Friedman, W., *About Time: Inventing the Fourth Dimension*, Cambridge, Mass., 1990.

33 Cahoon, D. und Edmonds, E. M., »The watched pot still won't boil: Expectancy as a variable in estimating the passage of time«, in: *Bulletin of the Psychonomic Society* 16, 1980, S. 115f.

34 Weaver, M. A., »Brunei«, in: *The New Yorker* vom 7. Oktober 1991, S. 64.

35 Hoffman, E., *Exit into History: A Journey through the New Eastern Europe*, New York 1993, S. 78.

36 Ebenda, S. 282.

37 Ueda, K., »Sixteen ways to avoid saying ›no‹ in Japan«, in: Condon, J. und Saito, M., *Intercultural Encounters with Japan*, Tokio 1974.

38 E-Mail-Briefe vom 29. April bis 2. Mai 1995 und vom 7. September 1995.

39 Ebenda.

40 Callis, H., *China: Confucian and Communist*, New York 1959, S. 37.

41 Keyes, R., *Timelock,* New York 1991.

42 Levy, J., »Psychological implications of bilateral asymmetry«, in: Dimond, S. J. und Beaumont, J. G., *Hemisphere Function of the Human Brain,* New York 1974. Die Ergebnisse von Roger Sperry und seinen Mitarbeitern basieren auf einer Untersuchung von Personen, die entweder Opfer einer Hirnschädigung waren oder bei denen chirurgische Eingriffe nötig wurden, die zu einer Abtrennung des corpus callosum führten – des dicken Nervenstranges, der für die Kommunikation zwischen den beiden Hirnhälften verantwortlich ist. Ohne ein intaktes corpus callosum, so stellten die Wissenschaftler fest, können die beiden Hirnhälften dazu gebracht werden, unabhängig voneinander zu arbeiten. Indem sie verschiedene Aufgaben für jede Hirnhälfte dieser Patienten stellten, konnten Sperry und seine Nachfolger einen Katalog der Aufgaben erstellen, für die die jeweilige Hirnhälfte die vorrangige Verantwortung übernimmt. Bei gesunden Menschen allerdings sorgt das corpus callosum für eine ständige Kommunikation zwischen den beiden Hälften, so daß beide bei quasi jeder Aufgabe zusammenarbeiten. Mit anderen Worten: Obwohl es hilfreich ist, allgemein von links- und rechtsseitigen Denkmodi bei gesunden Menschen zu sprechen, ist es wissenschaftlich nicht gerechtfertigt, den allgemein gängigen populärpsychologischen Sprachgebrauch im wörtlichen Sinne zu verstehen – als ob eine Seite des Gehirns angeschaltet und die andere abgeschaltet wird, je nachdem was gerade passiert. Zu näheren Informationen über dieses Thema vgl. Howard Gardners Kapitel über »What We Know (and Do Not Know) About the Two Halves of the Brain« in seinem Buch *Art, Mind and Brain* aus dem Jahr 1982.

43 Edwards, B., *Drawing on the Right Side of the Brain,* Los Angeles 1979.

44 Csikszentmihalyi, M., *Flow: The Psychology of Optimal Experience,* New York 1990, dt. *Flow: Das Geheimnis des Glücks,* Stuttgart 1992.

45 Beide Zitate aus: Myers, D., *The Pursuit of Happiness,* New York 1992.

46 Csikszentmihalyi, M., »The flow experience and its significance for human psychology«, in: Csikszentmihalyi, M. und Csikszentmihalyi, I., *Optimal Experience: Psychological Studies of Flow in Consciousness,* Cambridge 1988.

47 Csikszentmihalyi, M., *Flow: The Psychology of Optimal Experience,* New York 1990, S. 81.

48 Capra, F., *The Tao of Physics,* Boulder, Colorado, 1975, dt. *Das Tao der Physik,* Bern 1984.

49 Rucker, R., *The Fourth Dimension: A Guided Tour of the Higher Universes,* Boston, 1984.

50 Pinker, S., *The Language Instinct*, New York, 1994, S. 209; zitiert in einer E-Mail von Mark Aultman auf ISSTL@PSUVM.PSU.EDU vom 26. Februar 1996.

### 3 Eine kurze Geschichte der Uhrzeit

1 West, N. *Eine glatte Million oder Die Demontage des Mister Lemuel Pitkin*, Zürich 1987.

2 Lewis, J. D. und Weigart, A. J., »The structures and meaning of social time«, in: *Social Forces* 60, 1981, S. 432–462.

3 Lightman, A., *Einstein's Dreams*, New York 1993, S. 150f. Dt: *Und immer wieder die Zeit*, Hamburg ⁶1994, S. 173f.

4 Es gibt eine ganze Reihe hervorragender Werke, die eine vollständigere Geschichte der Zeitmessung liefern. Vgl. zum Beispiel: Boorstin, D. J., *The Discoverers*, New York 1983.

5 Ebenda, S. 33.

6 Kahlert, H., Mühe, R. und Brunner G. L., *Armbanduhren. 100 Jahre Entwicklungsgeschichte*, München ⁵1996, S. 14.

7 Zitat ebenda, S. 12.

8 Greenhill, J., »Running late? Never in a million years«, in: *USA Today*, 23. April 1993, S. 1.

9 Hawking, S., *A Brief History of Time: From the Big Bang to Black Holes*, New York 1988. Dt.: *Eine kurze Geschichte der Zeit. Die Suche nach der Urkraft des Universums*, Reinbek b. Hamburg, 1988.

10 Das Zitat von Szalai stammt aus: Szalai, A., »Differential evaluation of time budgets for comparative purposes«, in: Merritt, R. und Rokkan, S. (Hg.), *Comparing Nations: The Use of Quantitative Data in Cross-National Research*, New Haven 1966, S. 239–358.

11 Bloch, M., *Feudal Society*, Chicago 1961. Dt: *Die Feudalgesellschaft*, Frankfurt/Berlin/Wien 1982.

12 Aveni, A., *Empires of Time*, New York 1989. Dt.: *Rhythmen des Lebens. Eine Kulturgeschichte der Zeit*, Stuttgart 1991.

13 Zitiert in: Keyes, R., *Timelock*, New York 1991, S. 18.

14 Mumford wird zitiert in: Westergren, G., *Time: Experiences, Perspectives and Coping-Strategies*, Stockholm 1990, S. 8.

15 Keyes, R., *Timelock*, New York 1991, S. 18.

16 O'Malley, M., *Keeping Watch: A History of American Time*, New York 1990.

17 Ebenda, S. 40.

18 *U.S. News & World Report*, 22. Oktober 1990. »The times of our lives: Conversation with Michael O'Malley«, S. 66.

19 O'Malley, M., *Keeping Watch*, S. 95.

20 Zitiert ebenda, S. 156.

21 Ebenda, S. 157.

22 Ebenda, S. 161.

23 Ebenda, S. 148.

24 Cawelti, J. G., *Apostles of the Self-Made Man*, Chicago 1965, S. 118.

25 Rifkin, J., *Time Wars*, New York 1987, S. 110. Dt: *Uhrwerk Universum*, München 1988, S. 145.

26 Ebenda, S. 111.

27 Braverman, H., *Labor and Monopoly Capital*, New York 1974, S. 321. Dt.: *Die Arbeit im modernen Produktionsprozeß*, Frankfurt 1977.

28 Rifkin, J., *Time Wars*, New York 1987, S. 111. Dt: *Uhrwerk Universum*, München 1988, S. 147.

29 O'Malley, M., *Keeping Watch: A History of American Time*, New York 1990, S. 124.

30 Ebenda, S. 134.

31 Ebenda, S. 136.

32 Ebenda, S. 169.

33 Ebenda, S. 145.

34 Rifkin, J., *Time Wars*, New York 1987, S. 15. Dt: *Uhrwerk Universum*, München 1988, S. 26f.

35 Haley, A., »Writer's Guide«, in: *Los Angeles Times Magazine*, 16. März 1986, S. 16.

36 Rimer, S., »They measure time by feet«, wieder abgedruckt in: *The Fresno Bee*, 13. Juli 1993, A1 und A8.

37 Rifkin, J., *Time Wars*, New York 1987, S. 1. Dt: *Uhrwerk Universum*, München 1988, S. 9f.

38 Shaw, J., »Punctuality and everyday ethics of time«, in: *Time and Society* 3, 1994, S. 79–97, bes. S. 86f.

39 Persönliches Gespräch. Ein Bericht über seine Arbeit mit dem Metronom findet sich in: Kir-Stimon, William, »›Tempo-stasis‹ as a factor in psychotherapy: Individual tempo and life rhythm, temporal territoriality, time planes and communication«, in: *Psychotherapy: Theory, Research and Practice* 14, 1977, S. 245–248.

40 Lauer, R. H., *Temporal Man: The Meaning and Uses of Social Time*, New York 1981.

41 Zerubavel, E., »The French Revolution calendar: A case study in the sociology of time«, in: *American Sociological Review* 42, 1977, S. 870.

42 Zerubavel, E., *Hidden Rhythms: Schedules and Calendars in Social Life*, Chicago 1981.
43 Rifkin, J., *Time Wars*, New York 1987, S. 2–5. Dt: *Uhrwerk Universum*, München 1988, S. 11–17 .
44 Meeker, J., »Reflections on a digital watch«, zitiert in: *Utne Reader*, September/Oktober 1987, S. 57.

## 4 Leben nach der Ereigniszeit

1 S. 144f, 173.
2 S. 240, Hamburg 1955.
3 Lauer, R. H., *Temporal Man: The Meaning and Uses of Social Time*, New York 1981.
4 Jones, J., »An exploration of temporality in human behavior«, in: Schank, R. und Langer, E. (Hg.), *Beliefs, Reasoning, and Decision Making: Psycho-Logic in Honor of Bob Abelson*, Hillsdale, N. J., 1993.
5 Schachter, S. und Gross, L., »Manipulated time and eating behavior«, in: *Journal of Personality and Social Psychology* 10, 1968, 93–106.
6 Castaneda, J., »Ferocious differences«, in: *The Atlantic Monthly* vom Juli 1995, S. 68–76, bes. S. 73f.
7 Bock, P., »Social structure and language structure«, in: *Southwestern Journal of Anthropology* 20, S. 393–403.
8 Lauer, R. H., *Temporal Man: The Meaning and Uses of Social Time*, New York 1981.
9 Sorokin, P., *Socialcultural Causality, Space, Time*, New York 1964.
10 Rifkin, J., »Time wars: A new dimension shaping our future«, in: *Utne Reader*, Sept./Okt. 1987, S. 46–57.
11 Thompson, E. P., »Time, work-discipline, and industrial capitalism«, in: *Past and Present* 38, 1967, S. 56–97.
12 Raybeck, D., »The coconut-shell clock: Time and cultural identity«, in: *Time and Society* 1 (3), 1992, S. 323–340.
13 Leach, E. R., *Rethinking Anthropology*, London 1961.
14 Hall, E., *The Dance of Life*, Garden City, New York, 1983.
15 Gonzalez hat auch wichtige Forschungsarbeit auf dem Gebiet der Zeit geleistet. Vgl. Gonzalez, A. und Zimbardo, P., »Time in perspective«, in: *Psychology Today*, März 1985, S. 20–26.
16 Hall, E., *The Dance of Life*, Garden City, New York, 1983.
17 Bluedorn, A., Kaufman, C. und Lane, P., »How many things do you like

to do at once? An introduction to monochronic and polychronic time«, in: *Academy of Management Executive* 6, 1992, S. 17–26.

18 UPI, »Ships with 1,800 Marines off Lebanon«, wieder abgedruckt in: *The Fresno Bee*, 23. Juni 1985, A 1.

## 5 *Zeit und Macht: Die Regeln des Wartespiels*

1 Osuna, E., »The psychological cost of waiting«, in: *Journal of Mathematical Psychology* 29, 1985, S. 82–105.

2 Gwertsman, B., »Soviet shoppers spend years in line«, in: *New York Times*, 13. Mai 1969, S. 13.

3 Dressler, C., »A minute here, an hour there: They add up«, in: *The Fresno Bee*, 21. Juni 1988, A1.

4 Die beste Informationsquelle zu diesem Thema ist unzweifelhaft: Schwartz, B., *Queuing and Waiting*, Chicago 1975. Das vorliegende Kapitel verdankt Schwartz' Pionierarbeit sehr viel.

5 Zitiert in: Gibbs, N., »How America has run out of time«, in: *Time*, 24. April 1989, S. 58–67, hier S. 67.

6 Robinson, J., »Your money or your time«, in: *American Demographics*, November 1991, S. 22–25.

7 Mehta, V., »Letter from New Delhi«, in: *The New Yorker*, 19. Januar 1987, S. 52–69.

8 Ebenda, S. 58.

9 Cialdini, R., *Influence: Science and Practice*, 2nd Ed, Glenview, Ill., 1988, S. 230.

10 Halpern, J. und Isaacs, K., »Waiting and its relation to status«, in: *Psychological Reports* 46, 1980, S. 351–354.

11 Vgl.: Levine, R., West L. und Reis, H., »Perceptions of time and punctuality in the United States and Brazil«, in: *Journal of Personality and Social Psychology* 38 (4), 1980, S. 541–550.

12 E. B. White, *The Second Tree from the Corner*, New York 1935, S. 225f.

13 Schwartz, B., *Queuing and Waiting*, Chicago 1975, S. 21.

14 Ebenda, S. 110–132.

15 Gibbs, N., »How America has run out of time«, in: *Time*, 24. April 1989, S. 58–67, hier S. 67.

16 Zitiert in: Schwartz, B., *Queuing and Waiting*, Chicago 1975, S. 135.

17 Ebenda, S. 135–152.

18 Solschenizyn, A., *Krebsstation*, Gütersloh o. J., S. 279.

19 Clifford, C., unter Mitarbeit von Holbrooke, R., »Annals of Government (The Vietnam Years) – Part I«, in: *The New Yorker*, 6. Mai 1991, S. 79.

20 Ibrahim, Y. M., »In the mideast, a fear that war is only the beginning«, in: *The New York Times Week in Review*, 3. Februar 1991, S. 1f.

21 Greve, F. und Donnelly, J., »Oil nears water supply«, in: *The Fesno Bee*, 27. Januar 1991, A1, A8.

22 Allman, T. D., »Saddam wins again«, in: *The New Yorker*, 17. Juni 1996, S. 60–65.

23 Gabler, N., *Winchell: Gossip, Power and the Culture of Celebrity*, New York 1994, S.XV.

24 *New York Times*, 25. November 1963; zitiert in: Schwartz, B., *Queuing and Waiting*, Chicago 1975, S. 42.

25 Post, E., *Emily Post's Etiquette: The Blue Book of Social Usage*, New York 1965, S. 48.

26 Zitiert in: Schwartz, B., *Queuing and Waiting*, Chicago 1975, S. 43.

27 Mann, L., »The social psychology of waiting lines«, in: *American Scientist* 58, 1970, S. 389–398.

28 Milgram, S., Liberty, H., Toledo, R. und Wackenhut, J., »Response to intrusion into waiting lines«, in: *Journal of Personality and Social Psychology* 51, 1986, S. 683–689.

29 Mann, L., »The social psychology of waiting lines«, in: *American Scientist* 58, 1970, S. 389–398.

30 Schwartz, B., *Queuing and Waiting*, Chicago 1975, S. 153–166.

31 *The New Yorker*, »King Hassan of Morocco«, 9. Juli 1984, S. 47.

## 6 Wo ist das Lebenstempo am höchsten?

1 Reingold, E. M., »A homecoming lament«, in: *Time*, 2. Februar 1987, S. 55.

2 Die Gesamtwerte wurden durch die statistische Standardisierung der Rohzeiten für jeden Versuch errechnet, so daß die Ergebnisse eines jeden Versuches gleich gewichtet wurden, anschließend wurden diese drei standardisierten Werte zusammengezählt.

3 Genauer gesagt handelt es sich um Länder Westeuropas, die nicht dem ehemaligen Ostblock angehören.

4 »The perils of 1997«, in: *Time*, 13. Mai 1991, S. 14.

5 »Mean Streets«, in: *The New York Times*, 10. Dezember 1996, S.A13

6 Whyte, W., *City*, New York 1988, S. 60.

7 Ebenda, S. 60f.

8 Übersetzung von Christian Enzensberger, Insel, Frankfurt a.M. 1963.

9 Riding, A., »Why la dolce vita is easy for Europeans«, in: *New York Times: The Week in Review,* 7. Juli 1991, S. 2 und Sanger, D. »As Japanese work ever harder to relax«, in: *New York Times: The Week in Review,* 7. Juli 1991, S. 2.

10 *Nippon* 1992 *Business Facts & Figures,* Tokio: Japan External Trade Organization, 1992.

11 Gasparini, G., »On waiting«, in: *Time and Society* 4, 1995, S. 29 – 45.

12 Hunnicutt, Benjamin J., *Work Without End,* Philadelphia 1988.

13 Hunnicutt, Benjamin J., *Kellogg's-Hour Day,* Philadelphia 1996, S. 17.

14 Ebenda, S. 35.

15 Ebenda, S. 145.

16 »France's Priviledged Workers«, Bericht im Morgenmagazin des National Public Radio am 22. Januar 1997.

17 Schor, Juliet B., *The Overworked American: The Unexpected Decline of Leisure,* New York 1991.

18 European Trade Union Institute, *Collective Bargaining in Western Europe in 1988 and Prospects for 1989,* Brüssel, EuroInt 1988/89, S. 62.

19 Hadenius, S. und Lindgren, A., *On Sweden,* Helsingborg 1992.

20 Gibbs, N., in: *Time,* 24. April 1989, S. 58 – 67.

21 Zitiert in Rifkin, J., *Time Wars,* New York 1987, Dt: *Uhrwerk Universum,* München 1988, S. 71.

22 Pratt, L., »Business temporal norms and bereavement behavior«, in: *American Sociological Review* 46, 1981, S. 317 – 333.

23 McCaffery, R., *Managing the Employees Benefit Program,* New York 1972, S. 125.

24 *Nippon* 1992 *Business Facts & Figures,* Tokio: Japan External Trade Organization, 1992.

25 Aus: Respondents, E. H. und Respondents, P. K. (Hg.), *Index to International Public Opinion,* 1989 – 1990, New York 1991.

26 Godbey, G. und Graefe, A., »Rapid growth in rushin' Americans«, in: *American Demographics,* April 1993, S. 26 – 28.

27 Robinson, J. P. und Godbey, G. »The great American slowdown«, in: *American Demographics,* Juni 1996, S. 42 – 48.

28 Neue Daten von John Robinson und Ann Bostrum zeigen, daß die Anzahl von Arbeitsstunden, an die sich Amerikaner rückblickend erinnern, wenn Umfragen die Vergangenheit betreffen, häufig erheblich höher ist als die Zahl von Stunden, die sie bei täglichen Einträgen aufzeichnen. Dieser Unterschied wuchs von durchschnittlich einer Stunde pro Woche im Jahr 1965 auf 7 Stunden im Jahr 1985. Die

Fehleinschätzung ist am größten bei Menschen, die sich erinnern, extrem viele Stunden gearbeitet zu haben. Wer schätzt, daß er zwischen 50 und 54 Stunden gearbeitet hat, hält bei den täglichen Einträgen durchschnittlich 9 Stunden weniger fest. Wer glaubt, er habe 75 oder mehr Stunden gearbeitet, überschätzt seine Arbeitszeit um durchschnittlich 25 Stunden. Aus anderen Ländern liegen keine vergleichbaren Erhebungen vor. Alle Daten über Arbeitszeit und Freizeit in diesem Kapitel beruhen auf Umfragen über die Vergangenheit. Vgl. Russell, C., »Overworked? Overwhelmed?« in: *American Demographics*, März 1995, S. 8–51.

29 Aus: Respondents, E. H. und Respondents, P. K. (Hg.), *Index to International Public Opinion*, 1991–1992, New York 1993.

30 Aus: Respondents, E. H. und Respondents, P. K. (Hg.), *Index to International Public Opinion*, 1989–1990, New York 1991.

31 Morris, J., »Trans-Texas«, in: *Journeys*, Oxford 1984, S. 111.

32 Diese Untersuchung wurde ursprünglich veröffentlicht unter Levine, R., Lynch, K., Miyake, K. und Lucia, M.: »The type A city: Coronary heart disease and the pace of life«, *Journal of Behavioral Medicine* 12, 1989, S. 509–524.

33 Die Einstufung der Größe der Städte beruhte auf Schätzungen für den Stadtkern und die nahegelegenen Vororte. Diese Bereiche nennt man beim Statistischen Bundesamt derzeit *Metropolitan Statistical Area* [MSA] oder im Falle einiger größerer dichtbesiedelter Gebiete *Primary Metropolitan Statistical Areas* [PMSA] einer jeden Stadt. Eine umfassendere Definition findet sich in: *State and Metropolitan Area Data Book*, 1991, U. S. Bureau of the Census (Hg.), Washington, D.C. 1991.

34 Die in beiden Situationen gemessenen Zeiten wurden später statistisch kombiniert.

35 Wie in dem früheren Versuch wurden die Gesamtwerte für das Lebenstempo durch statistische Standardisierung der Rohzeiten für jeden Versuch und die anschließende Addition dieser standardisierten Werte errechnet.

36 »The wristwatch factor«, in: *Los Angeles Times*, 22. Oktober 1989, M4.

37 Wir hatten ursprünglich beabsichtigt, die Anzahl von Menschen, die Uhren tragen, in unsere erste internationale Untersuchung aufzunehmen, wurden aber durch meinen Mangel an Aufmerksamkeit für modische Trends daran gehindert. Vor allem in Taiwan war ich zuerst sehr überrascht, daß praktisch keine Frau eine Uhr zu tragen schien. Nach meiner Rückkehr nach Hause erfuhr ich jedoch, daß ich an der falschen Stelle gesucht hatte. Man erklärte mir, es sei derzeit Mode,

daß die Frauen die Uhr an einer Kette um den Hals trügen, was mir völlig entgangen war. Deshalb konnten diese Daten nicht gewertet werden.

## 7 Gesundheit, Reichtum, Glück und soziales Engagement

1 Friedman, M. und Ulmer, D., *Treating Type A behavior*, New York 1984.
2 Mehrere Forscher waren nicht in der Lage, die Ergebnisse von Friedman und Rosenman zu reproduzieren. Viele von ihnen glauben, daß die Beziehung zwischen dem Verhaltensmuster des Typ A und den koronaren Herzerkrankungen auf der Toxizität einer einzigen Komponente des Typs A beruht, nämlich auf dem Faktor »Feindseligkeit-Wut«. In ihren Untersuchungen vertreten sie die Ansicht, daß Zeitdruck zwar ebenfalls ein Merkmal von Menschen mit hohem Feindseligkeit-Wut-Faktor sein kann, daß aber der Zeitdruck allein nicht zu koronaren Herzerkrankungen führt. Andere anerkannte Forscher auf diesem Gebiet haben hingegen festgestellt, daß Zeitdruck zusammen mit der damit verwandten Neigung, chronisch aktiv und nervös zu sein, durchaus zu einer Herzerkrankung führen kann. (Vergleiche etwa Wright, L., »The Type A behavior pattern and coronary artery disease«, in: *American Psychologist* 43, [1], 1988, S. 2–14.) Eine Übersicht über die Literatur zum Typ A findet sich erstens in: Booth-Kewley, S. und Friedman, H. »Psychological predictors of heart disease: a quantitative review«, in: *Psychological Bulletin* 101, 1987, S. 343–362 und zweitens in: Matthews, K., »Coronary heart disease and Type A behaviors: Update on an alternative to the Booth-Kewley und Friedman (1987) quantitative review«, in: *Psychological Bulletin* 104, 1988, S. 373–380. Im nächsten Kapitel werde ich auf diese Frage zurückkommen.
3 Todesfälle aufgrund von ischämischen Herzerkrankungen (verminderter Blutfluß vom Herzen her).
4 Die Korrelation zwischen dem Gesamtwert für das Lebenstempo und der Häufigkeit von Todesfällen durch koronare Herzerkrankungen betrug 0,56 für die 36 Städte der Vereinigten Staaten und 0,35 für die Untersuchung der 31 Länder. Da das Alter positiv mit der Häufigkeit von Herzerkrankungen korreliert, korrigierten wir in jeder Stadt die Anzahl der Todesfälle statistisch im Hinblick auf das Alter – indem wir erstens das Durchschnittsalter der Bevölkerung berücksichtigten und zweitens den Prozentsatz der Einwohner, die 65 Jahre alt oder älter

waren. Diese Korrekturen haben die Korrelationen nicht wesentlich verändert.

5 Smith, T. und Anderson, N., »Models of personality and disease: An interactional approach to Type A behavior and cardiovascular risk«, in: *Journal of Personality and Social Psychology* 50, 1986, S. 1166–1173.

6 U. S. Department of Health and Human Services, »Regional variation in smoking prevalence and cessation: Behavioral risk factor surveillance, 1986, in: *Morbidity and Mortality Weekly Report* 36, 1987, S. 751–754.

7 Diener, E., Diener M. und Diener, C., *Factors predicting the subjective well-being of nations*, unveröffentlichtes Manuskript, University of Illinois 1994.

8 Um die Zufriedenheit mit dem Leben zu beurteilen, haben wir uns auf die Daten von einigen Umfragen auf breiter Basis gestützt, die in vielen Ländern regelmäßig von Regierungen und Forschungsteams durchgeführt werden. Solche Daten waren etwa für die Hälfte (15) der Länder verfügbar, die wir untersucht haben. Die Einstufung der Zufriedenheit mit dem Leben in den einzelnen Ländern beruht auf der jeweils letzten nationalen Umfrage; eine Zusammenfassung findet sich in Veenhoven, R., *Happiness in Nations*, Rotterdam 1993.

9 Schor, J. B., *The Overworked American*, New York 1991, S. 10.

10 Diener, E., persönliche Mitteilung, 23. März 1995.

11 Es ist zu beachten, daß unsere Daten nur die Durchschnittswerte der Länder betreffen. Sie sagen nichts darüber aus, ob die Menschen, denen in Kulturen mit Zeitdruck vermehrt Herzattacken drohen, dieselben sind, die dafür mit anderen Aspekten ihres Lebens zufriedener sind, oder ob es eher so ist, daß manche Menschen bei einem schnellen Lebenstempo gedeihen, während eine andere Gruppe, die daneben lebt, unter ihm leidet.

12 Raybeck, D., »The coconut-shell clock: time and cultural identity«, in: *Time and Society* 1 (3), 1992, S. 323–340.

13 Milgram, S., »The experience of living in cities«, in: *Science* 167, 1970, S. 1461–1468.

14 Mit einer einzigen Ausnahme: Oxnard in Kalifornien wurde durch Santa Barbara in Kalifornien ersetzt.

15 Die Stöcke und das Training für diese Rolle verdanken wir dem Fresno Friendship Center for the Blind.

16 Die Spenden für die Wohlfahrtsorganisation United Way datierten aus dem Jahr 1990, das waren zur Zeit unserer Untersuchung die letzten erhältlichen Zahlen. Alle Felduntersuchungen wurden in Hauptge-

schäftsstraßen in Innenstädten an schönen Sommertagen während der Kernarbeitszeit durchgeführt. Es wurde eine relativ ausgewogene Anzahl von männlichen und weiblichen Fußgängern anvisiert. Insgesamt machten wir 379 Versuche mit dem Blinden, der die Straße überqueren will, konfrontierten je rund 700 Personen mit dem verlorenen Stift, dem verletzten Bein und der Bitte um Wechselgeld und verteilten 1032 »verlorene« Briefe.

17 Die vollständigen Ergebnisse unserer Versuche zum Thema Helfen in den Vereinigten Staaten finden sich in: Levine, R. »Cities with heart«, in: *American Demographics*, Oktober 1993, S. 46–54 und Levine, R., Martinez, T., Brase, G. und Sorenson, K., »Helping in 36 U.S. cities«, in: *Journal of Personality and Social Psychology* 67, 1994, S. 69–81.

18 Wie bei den Zahlen für das Lebenstempo war in der Regel kein sehr großer Unterschied von einem Platz auf der Liste zum nächsten. Aber der Unterschied zwischen den beiden Enden war wieder gewaltig. Wo es beispielsweise um den heruntergefallenen Stift ging, hätte ein Fremder in Chicago mehr als dreimal so viele Stifte verloren, ehe ihm jemand geholfen hätte, als in Springfield, Massachusetts. Als es darum ging, einen Vierteldollar in Kleingeld zu wechseln, sahen in Louisville, das auf den ersten Platz kam, beinahe 80 Prozent der Angesprochenen in ihren Taschen nach, verglichen mit lediglich 11 Prozent in Paterson, das auf den vorletzten Platz kam. In meinem Wohnort Fresno reagierten die Leute bei mindestens zwei der Versuche kaum. Sie schickten lediglich etwa halb so viele Briefe weiter (53 Prozent) wie die Einwohner von San Diego (100 Prozent!).

19 Diese Versuche sind Teil einer größeren Untersuchung über internationale Unterschiede beim Helfen, die noch läuft. Eine detailliertere Darstellung der entsprechenden Versuche findet sich in: Levine, Martinez, Brase und Sorenson, »Helping in 36 U.S. cities«, in: *Journal of Personality and Social Psychology* 67, 1994, S. 69–81. Einen vorläufigen Bericht über die Ergebnisse dieser Untersuchungen, die noch im Gange sind, geben Norenzayan, A. und Levine, R., »Helping in 18 international cities«, April 1994, in einem Referat, das auf dem Kongress der Western Psychological Association in Kona, Hawaii, vorgetragen wurde.

## 8  Die Widersprüchlichkeit Japans

1  *Business Week*, 24. März 1986.
2  Persönliche Mitteilung, 15. Juli 1987.
3  »Vacation competently«, in: *Asahi Evening News*, 16. Juli 1987.
4  »It's official! vacations really aren't un-Japanese«, in: *The New York Times International Edition*, 6. August 1988, S. 4.
5  Sanger, D., »As Japanese work even harder to relax«, in: *New York Times*, 7. Juli 1991, S. 2.
6  Ebenda.
7  Zitiert in Sanger, D. E., »The career and the kimono«, in: *The New York Times Magazine*, 30. Mai 1993, S. 29.
8  Reynolds, G., E-Mail-Artikel im *Intercultural Network* vom 27. April 1995.
9  »Japan in the mind of America/America in the mind of Japan«, in: *Time*, 10. Februar 1992, S. 22.
10  *World health statistics annual, 1980: Vital statistics and causes of death*, Genf, World Health Organization.
11  Marmot, M. G. und Syme, S., »Acculturation and coronary heart disease in Japanese-Americans«, in: *American Journal of Epidemology* 104, 1976, L. 225–247.
12  Mishima, Y., *Sun and Steel*, zitiert in: Stokes, H., *The Life and Death of Yukio Mishima*, Tokio 1975, S. 160.
13  Berichtet in Weisz, J. R., Rothbaum, F. M. und Blackburn, T. C., »Standing out and standing in: The psychology of control in America and Japan«, in: *American Psychologist* 39, 1984, S. 955–969.
14  Christopher, R. C., *The Japanese Mind: The Goliath Explained*, Tokio 1983, S. 70.
15  Ebenda, S. 148.
16  Eine Übersicht über einige dieser Untersuchungen findet sich in Taylor, S. E., *Health Psychology*, New York ²1991.
17  Williams, R., »Prognostic importance of social and economic resources among medically treated patients with angiographically documented coronary artery disease«, in: *Journal of the American Medical Association* 267, 1992, S. 520–524.
18  Cohen, J. B., Syme, S. I., Jenkins, C. D., Kagan, A. und Zyzanski, S. J., »The cultural context of Type A behavior and the risk of CHD«, in: *American Journal of Epidemology* 102, 1975, S. 434.
19  Appels, A., »A psychosocial model of the pathogenesis of coronary heart disease«, in: *Gedrag Ujdschrift Voor Psychologie* 1979, S. 6–21.

20 Unsere Ergebnisse stimmen mit der Behauptung zahlreicher Forscher überein, die den Typ A untersuchen, daß nämlich die einzige toxische Typ-A-Komponente »Feindseligkeit und Zorn« ist. Sie erklären, daß Menschen, die einen hohen Wert für Feindseligkeit und Zorn haben, auch vielfach unter Zeitdruck stehen – zumindest in den Vereinigten Staaten –, daß der Zeitdruck allein aber nicht zu koronaren Herzerkrankungen führe.

21 Persönliche Mitteilung vom 22. Juli 1987.

22 Sato, ebenda.

23 Ebenda.

24 »Lawyer laments death by overwork«, *The Japan Times Weekly Overseas Edition*, 7. Oktober 1989, S. 5.

25 Iyer, P., *The Lady and the Monk*, New York 1991.

26 Wood, C., »The hostile heart«, in: *Psychology Today*, September 1986, S. 10ff.

## 9 Zeitliche Kompetenz: Die stumme Sprache lernen

1 Mumford, L. *Technics and Civilisation*, New York 1963, S. 18.

2 Rifkin, J., *Time Wars*, S. 166. Dt.: *Uhrwerk Universum*, München 1988, S. 215.

3 Banfield, E. C., *The Unheavenly City: The Nature and Future of Our Urban Crisis*, Boston 1968, S. 125f.

4 »Time is not on their side«, in: *Time*, 27. Februar 1989, S. 74.

5 Norton, D. G., »Understanding the early experience of black children in high risk environments: Culturally and ecologically relevant research as a guide to support for families«, in: *Zero to Three* 10, April 1990, S. 1–7 und Norton, D. G., »Diversity, early socialization, and temporal development: The dual perspective revisited«, in: *Social Work* 38, 1993, S. 82–90.

6 Lopez, V., Persönliche Mitteilung vom 6. Juni 1995.

7 Das vollständige Übungsprogramm ist geschildert in Melitz, Z., Ben-Baruch, E., Hendelmen, S. und Friedman, L., *Time in the world of kindergarten children (experimental edition)*, Beersheva 1993. (Unterlagen sind auch von den beiden ersten Autoren direkt erhältlich.)

8 Viele dieser Kategorien sind aus einem Vortrag von Richard Brislin abgeleitet, der anläßlich eines Symposions über Zeit und Kultur auf der Jahrestagung der Western Psychological Association in Kona, Hawaii, im April 1994 gehalten wurde.

9 Dieses Beispiel ist entlehnt aus: Brislin, R., Cushner, K., Cherrie, C. und Young, M.: *Intercultural Interactions: A Practical Guide,* Beverly Hills 1986. Viele andere Beispiele für heikle Ereignisse sind in diesem Buch angeführt. Ein weiteres gutes Kompendium ist Brislin, R. und Yoshida, T., *Intercultural Communication Training: An Introduction,* Thousand Oaks, Calif. 1994.

10 Brislin, Symposion über Zeit und Kultur.

11 Ebenda.

12 Hall, E. T., *The Dance of Life,* New York 1983.

13 Zitiert in Jackson, P. und Delehanty, H., *Sacred Hoops,* New York 1995, S. 169.

14 Ebenda.

15 Levine, R., Sato, S., Hashimoto, T. und Verma, J., »Love and marriage in eleven cultures«, in: *Journal of Cross-Cultural Psychology* 26, 1995, S. 554–571.

16 Bourguignon, E. und Greenbaum, L., *Diversity and Homogenity in World Societies,* New Haven 1973.

17 Ebenda.

18 Trifonovich, G., »On cross-cultural orientation techniques«, in: R. Brislin (Hg.), *Culture Learning Concepts, Applications and Research,* Honolulu 1977, S. 213–222.

19 Brislin, R. und Yoshida, T., *Intercultural Communication Training: An Introduction,* Thousand Oaks, Calif., 1994.

20 Diese Erläuterungen stammen aus einem persönlichen Gespräch am 30. Januar 1995. Einige finden sich auch in N. Altmans Buch *The Analyst in the Inner City,* Hillsdale, N.J, 1995, S. 110f.

21 Spengler, O., *Der Untergang des Abendlandes,* München [8]1986, S. 170 (B.1,Kapitel 2,II,12).

## 10 »Timing your mind and minding your time«

1 S. Fischer Mann-Gesamtausgabe, Bd. Königliche Hoheit/Lotte in Weimar, Frankfurt/M. 1986, S. 630.

2 Der englische Originaltitel dieses Kapitels zitiert Michon, J. A., »Timing your Mind and minding your time«, in: Fraser, J. T. (Hg.) *Time and Mind: Interdisciplinary Issues,* Madison, Conn. 1989, S. 17–39.

3 Storti, C., *The Art of Crossing Cultures,* Yarmouth, Me., 1990, S. 94f.

4 Pogrebin, L. C., »Time is all there is«, *Tikkun* 11, Mai/Juni 1996, S. 43–47; 46.

5 Vgl. Herschel, A., *Between God and Man: An Interpretation of Judaism*, New York 1959, und Herschel, A., »The Sabbath – a day of armistice« in: Greenberg, S. (Hg.), *A Modern Treasury of Jewish Thoughts*, New York 1960, S. 129.

6 Nach manchen Interpretationen alle neunundvierzig Jahre.

7 Ausgenommen Häuser in Städten mit einer Stadtmauer (falls sie nicht von einem Leviten gekauft worden waren).

8 Weitere Angaben über das Zeitgefühl der Quiché finden sich in: Tedlock, B., *Time and the Highland Maya*, Albuquerque, N.M., 1992 (Überarbeitete Auflage). Über die Quiché schreibt auch Hall, E., *The Dance of Life*, Garden City 1983.

9 Zitiert in Pogrebin, L., »Time is all there is«, in: *Tikkun* 11, Mai/Juni 1996, S. 46.

10 Hoffman, E., *Last in Translation*, New York 1989, S. 279.

11 Freedman, J., und Edwards, D., »Time pressure, task performance, and enjoyment«, in: J. E. McGarth (Hg.), *The Social Psychology of Time: New Perspectives*, Newbury Park, Kalifornien, 1988, S. 113–133.

12 Zitiert in Myers, D., *The Pursuit of Happiness*, New York 1992, S. 137.

13 Diese und andere damit zusammenhängende Untersuchungen sind ebenda geschildert.

14 Greenberger, E., O'Neil, R. und Nagel, S., »Linking workplace and homeplace: Relations between the nature of adults' work and their parenting behaviors«, in: *Developmental Psychology* 30, 1994, S. 990– 1002.

15 Levine, R. und Conover, L., »The pace of life scale: Development of a measure of individual differences in the pace of life.« Referat, gehalten für die International Society for the Study of Time in der Normandie im Juli 1992. Außerdem Soles, J. R., Eyssell, K., Norenzayan, A. und Levine, R., »Personality correlates of the pace of life«, Referat für die Tagung der Western Psychological Association in Kona, Hawaii, im April 1994.

16 McCrum, R., »My old and new lives«, in: *The New Yorker*, 27. Mai 1996, S. 112–119, bes. S. 118.

17 French, J. R., Jr., Caplan R. D. und Harrison, W., *The Mechanisms of Job Stress and Strain*, New York 1982 und Caplan, R. D., Cobb, S., French, J. R., Jr., Harrison, R. V. und Pinneau, S. R., Jr., *Job Demands and Worker Health: Main Effects and Occupational Differences*, Ann Arbor, Mich., 1980.

18 Rosenman, R., »The impact of anxiety and non-anxiety in cardiovascular disorders«, Referat, vorgelegt bei einer Konferenz über die

Bedeutung individueller Unterschiede in der Streß-Psychologie und der Medizinischen Psychologie, Winnipeg, Manitoba, 1987.

19  Wright, L., »The Type A behavior pattern and coronary artery disease«, in: *American Psychologist* 43 (1), 1988, S. 2–14.

20  Vgl. beispielsweise Kelly, J. R. »Entrainment in individual and group behavior«, in: McGrath, J. (Hg.), *The Social Psychology of Time: New Perspectives*, Newbury Park, Calif., 1988, S. 89–110 und McGrath, J., »The place of time in social psychology: Nine Steps toward a social psychology of time«, Referat, vorgelegt bei einer Konferenz der International Society for the Study of Time, Glacier Park, Juni 1989.

21  Bem, S. L., Martyna, S. und Watson, C., »Sex Typing and androgyny: Further explorations of the expressive domain«, in: *Journal of Personality and Social Psychology* 43, 1976, S. 1016–1023.

22  Bradbury, T. N. und Fincham, F. D., »Individual difference variables in close relationships: A contextual model of marriage as an integrative framework«, in: *Journal of Personality and Social Psychology* 54, 1988, S. 713–721.

23  Zitiert in Schwartz, T., *What Really Matters*, New York 1995, S. 367.

24  Rifkin, J., *Time Wars*, New York 1987. Dt.: *Uhrwerk Universum*, München 1988, S. 215.

25  Zitiert in Keyes, R., *Timelock*, New York 1991, S. 192.

26  Zitiert nach Govinda, Lama Anagarika, in der Einleitung zu Evans-Wentz, W. Y. (Hg.), *Das Tibetanische Totenbuch*, Olten/Freiburg, 14. Aufl. 1991, S. 34.

27  Pinker, S., *The Language Instinct*, New York 1994, S. 209. Zitiert in einer E-Mail-Botschaft von Mark Aultman auf ISSTL@PSUVM.PSU.EDU, 26. Februar 1996.

28  »Itchy feet and pencils: A symposium«, in: *The New York Times Book Review*, 18. August 1991, S. 3 und S. 23.

# Register

Abe, Kobo 225
Abwechslung 79–80
Afghanistan 44
Afroamerikaner 40, 161
Aguilar-Gaxiola, Sergio 187
Ägypten 90–92, 98
Aktivität, Grad der 75
Algerien 49
*Alice im Wunderland* (Carroll) 189
Alihan, Milla 164
*Alle Flüsse fließen ins Meer* (Wiesel) 116
Allegheny-Observatorium 104
Allman, T. D. 169
Altman, Neil 33–34, 266–268
Amato, Paul 46
American Management Association 196
*Amerikanischer Traum, Ein* (Mailer) 114
Androgynie 283
Angebot und Nachfrage 151, 153, 172
Arabische Kulturen 137, 157
Arbeitsgeschwindigkeit 178–179, 181, 183, 191, 199
Arbeitsstunden 190–193, 227
Arbeitssucht 226, 228, 230, 236, 239
Arbeitstempo 37
Arbeitszeit 255
Ariyoshi, Yoshiya 233
Armbanduhren 136

*Armbanduhren* (Kahlert u.a.) 95
Asien 48
Assam 136
»At Your Service« 164
Äthiopien 99
Atomuhren 96
Augustinus 56, 170
Australien 44, 172
Autorennen 67
Aziz, Tariq 169

Baba, Meher 66
Bahan (Borneo) 99
Bali 83
Banda, Kamuzu 45
Banfield, Edward 246–247
Banks, Russell 26, 291
Basketball 67
Bauern 43–44
Beagle, Peter 114
Beckett, Samuel 71, 159–160
Bedürfnisaufschub 74
Begrüßungsrituale 44–45
*Behind the Mask* (Buruma) 241
*Bekenntnisse* (Augustinus) 56
Bem, Sandra 283
Ben-Baruch, Ephraim 249, 251
Benachteiligung 248
Bewegungs-Zeitstudien 37, 47, 109–110

Bhagwan Shree Rajneesh 166
Bion, Wilfred 268
Bloch, Marc 98
Block, Richard 61, 72
Blodgett Clock Company 106
Bluedorn, Allen 140
Bock, Philip 135
Bohannan, Paul 44
Bond, Michael 183
Boorstin, Daniel 90–91
Borneo 99
Bornstein,Marc 47
Boston 201–202
Bourdieu, Pierre 49
Bourguignon, Erika 260
Brasilien 16–18, 20–21, 47, 156–157,
    162–164, 185–186, 253
Braverman, Harry 111
Brislin, Richard 254, 262
Brodie, John 67
Brunei 76
Brunner, Gisbert 95
Buddhismus 66–67, 289
Budi bahasa (Sprache des
    Charakters) 214, 219
Buggie, Stephen 45
Bundy, Willard 107
Burkina Faso 133
Burma 136
Buruma, Ian 241
Burundi 129–130, 133–134, 140
Button, Alan 35

Callus, Helmut 79
Caplan, Robert 279
Carroll, Lewis 189
Castaneda, Jorge 133
Cawelti, John 108
Censis Foundation 191
China 79, 93, 182
Chopin, An Introduction to His Piano
    Works (Palmer) 31
Chopin, Frédéric 31–32
Cialdini, Robert 153–154

Clifford, Clark 167
Colored people's time (CPT) 40, 128
Commercial Gazette (Cincinnati) 113
Connors, Jimmy 66
»Contextual-change-Modell« 72
Corporate Etiquette (Alihan) 164
coyotes (Warter) 162
Csikszentmihalyi, Mihaly 82–83, 275

Dalí, Salvador 87
Dapkus, Marilyn 56
Darwin, Charles 55
Dauer 58–86
Davis, Miles 291
Depression 65, 70–71
despachantes (Warter) 162–164
Deutschland 47–48, 181–182, 194
Dey, Alexander 107
Didion, Joan 203
Diener, Edward 211, 213
Discoverers, The (Boorstin) 90
Dobe (Australien) 44
Dringlichkeit 75
Dylan, Bob 100

Edwards, Betty 82, 275–276
Eiland (Huxley) 69
Eilkrankheit 52–53
Einsamkeit 234
Einstein, Albert 58, 85
Einwohnerzahl 46–47
Eisenbahnen 103–105, 112–113
Electric Signal Clock Company 106
Eliot, T. S. 286
Elizabeth II. (Königin) 174
Ellison, Harlan 87
England 182
Ereigniszeit 122–123, 249, 262
Erinnerte Dauer (Block) 61, 72
Eßverhalten 51, 131
Eysell, Kris 127

Fahrverhalten 51
Faulkner, William 124

Feldtheorie 85
Fenwick, Millicent 172
Fernsehen 80
*Flow* (Csikszentmihalyi) 82–83, 276
Football 67
Frankfurt 181
Franklin, Benjamin 132
Frankreich 42–43, 47, 183, 190, 194–195
Franks, Michael 185
Französische Revolution 118
Fraser, J. T. 25
*Frau in den Dünen, Die* (Abe) 225
Freedman, Jonathan 275–276
French, John 279
Fresno 204
Friedman, Meyer 50, 207–208
Fußgänger 184

Galilei, Galileo 94
Geertz, Clifford 265
Gehgeschwindigkeit 37, 45–47, 51, 179, 181, 183, 199, 203
Genauigkeit 179, 183
Geschenk, Zeit als 171–172
gestores (Warter) 162–163
Gewerkschaften 193–194
Gewichtgetriebene Uhren 93–94
Gibbs, Nancy 152, 164
Gilbreth, Frank B. 109
Giraudoux, Jean 145
*giri* (Verpflichtung anderen gegenüber) 236–237, 239
*Glatte Million, Eine* (West) 88
Glück 212
gnomon (Stab der Sonnenuhr) 90
Gomez, Marsiela 78
Gonzalez, Alex 138
Grazia, Sebastian de 41
Greeley, Horace 204
Greenbaum, Lenora 260
Greenberger, Ellen 277
Greg, W. P. 206
Gregor VII. 166
Gregor XIII. 112

Gregorianischer Kalender 99, 118–119, 135
Griechenland 47, 90–91
Großstadt-Kleinstadt-Projekt 46
Guatemala 273
Gummizeit 83, 185

Haley, Alex 115
Hall, Edward 21, 44, 74, 137, 139–140, 230
Hall, Mildred 230
Halpern, James 155
Harris, Louis 152
Harris, Marvin 43
Hassan von Marokko (König) 174
Hausa (Nigeria) 44–45
Hawking, Stephen 96
Hawthorne, Nathaniel 26, 291
Heinrich IV. 166
Heirat 259–260
Heloise 147
Henry, Jules 40
Herodot 97
Herschel, Abraham 272
Hickey, Eric 210
*Hidden Differences* (Hall und Hall) 230
Hilfsbereitschaft 215, 218
Hilton Hotel Corporation 147, 197
Hoch, Irving 38
Hoffman, Eva 76–77, 275
Hoffnungslosigkeit 71
Höflichkeit 219, 221–222
Hongkong 37, 183
*Honor to the Bride* (Kramer) 177
Hoover, Herbert 192
Hopi 137
Horatio-Alger-Geschichten 108
Horton, John 40–41
Hunnicutt, Benjamin 192
Hussein, Saddam 168–169
Huxley, Aldous 69
Huygens, Christian 94
Hypnose 68–69

IBM 107
IG Metall 194
Imai, Isao 226
Indianer 99, 135, 137, 273
Indien 33, 48, 76, 132, 136, 148, 150–151, 182, 266
Individualismus 48–49, 212–213
Individuelle Unterschiede 50, 65, 71
Indonesien 47, 80, 185, 188
Industrialisierung 41, 43–44, 88, 94, 98–99, 104
Industriegesellschaft 101, 107, 119, 141
Industrielle Revolution 41, 103
Inka 135
International Society for the Study of Time 25
International Time Recording Company 107
Intimitätszyklus 258
Irland 47–48, 181–182
Isaacs, Kathryn 155
Israel 249
Italien 182, 190
Iwao, Sumiko 228
Iyer, Pico 241

Jäger- und Sammler-Gesellschaften 43–44
Japan 24, 77, 128, 141–142, 178, 181–182, 190, 195–197, 225–242, 254, 256–257
Jaynes, Julian 134
Jenkins Activity Survey 50, 234
Johnson, Allen 42–43, 167
Johnson, Lyndon 167
Jones, James 36, 128
Judentum 271
Julius Caesar 112

Kabyle (Algerien) 49
Kachin (Nordburma) 136–137
Kahlert, Helmut 95
Kalender 103, 118–119, 136
Kalifornien 17–18, 187, 201

Kampfsportarten 66, 70
Kapauku (Papua) 43
karôshi (Tod durch Überarbeitung) 239–240
Karôshi-Hotline 240
Katzenbach, Nicholas 167
Kawahito, Hiroshi 240
Keeping Watch 103
Keeping Watch (O'Malley) 101
Kelantaner (Malakka-Halbinsel) 136, 214–215
Kellogg, W. K. 192–193
Kellogg's Six Hour Day (Hunnicutt) 192
Kennedy, John F. 171
Keyes, Ralph 101
Khalidi, Ahmad 168
Khasi (Assam) 136, 138
Kir-Stimon, William 117–118
Kito, Noriko 78
Klima 47–48, 60
Knappheitsprinzip 153–154, 160
Kognitive Dissonanz 153, 160
Kokosnuß-Uhren 136
Kollektivismus 48–49, 232, 237
Kontinuität 56
Koronare Herzerkrankungen 207–210, 230, 234, 240, 242, 280–281
Körpertemperatur 60
Kramer, Jane 177
Krebsstation (Solschenizyn) 166
Kulturelle Werte 48, 50, 74
Kung-Buschmänner 43
Kunihiro, Masao 229

L-Modus 81–84
L'Engel, Madeleine 83
Langeweile 69–70, 79
Langley, Samuel 104–105
Lauer, Robert 127, 135
Leach, E. R. 136
Lebensqualität 189, 206
Lebensraum (Lewin) 22
Lebenstempo 21–24, 177, 179, 183,

185–186, 198, 204, 208–209, 212, 214, 218–219, 223, 231, 280
Lebenstempo-Studien 37–38, 46–47, 50
Letzte Einhorn, Das (Beagle) 114
Levant, Oscar 55
Levy, Jerre 81
Lewin, Kurt 22
Liberia 127
Licht im August (Faulkner) 124
Liebe, romantische 258–260
Life at High Pressure (Greg) 206
Lightman, Alan 84, 88, 122
Listen, Erstellen von 51
Lloyd, Harold 87
Loftus, Elizabeth 64–65
Lopez, Vicente 248–249, 268
Lorenzen, Lilly 245
Los Angeles 202, 223
Lotte in Weimar (Mann) 270
Luval (Sambia) 99

Machiguenga-Indianer 42
Macleod, Robert 58–59
Madagaskar 135
Mailer, Norman 114
Malakka-Halbinsel 124, 136, 214
Malawi 45
Mann, Leon 172–173
Mann, Thomas 270
Marmot, Michael 231
Marshall, Gary 68–69
Martinez, Todd 223
Maslach, Christina 68
Maslach, Christine 69
Maslow, Abraham 83
Mastroianni, Marcello 23
Maya 78, 273
McCrum, Robert 278
McGrath, Joseph 281
Meade, Robert 72–73
Mechanische Uhren 88–89, 93–94, 98, 100, 120
Meeker, Joseph 120

Melges, Frederick 71
Melitz, Zipora 249
Metronome 31
Mexikaner 248
Mexiko 47, 127, 132–134, 137, 161–162, 185, 187–188
Micmac-Indianer (Ostkanada) 135
Milgram, Stanley 173, 215, 218
Militärstrategie 167–168
Miller, Allen 237, 239
Minding the Earth Quarterly (Meeker) 120
Mishima, Yukio 232
Mittelalter 41, 98–99
Mittlere Zeit 275
Mittleres Tempo 274, 277
Mondphasen 99
Monochronie (M-Zeit-Planung) 139–142, 262–263
Mormonen 210
Morris, Jan 198
Mühe, Richard 95
Multitemporalität 284–285
Mumford, Lewis 101, 245, 284
Murphy, Walter 202
Mursi (Äthiopien) 99
Mutterschaftsurlaub 195
Muysca (Kolumbien) 136

Nanosekunden 96
National Institute of Standards and Technology 96
National Recreation and Park Association 196
Natur 98, 100, 129
Natürliche Uhren 130, 134
Natürliche Zeit 98, 114–115, 120–121, 129
Nepal 49, 76, 80, 147, 150
Nervöse Energie 52
Neue Physik 85
Neuguinea 46, 99
New York 182–184, 223
Niederlande 182

Nigeria 44, 135
Niles, Shushila 45
Nilometer 98
Nirwana 70
Niyonzima, Salvatore 129–130, 133
Norton, Dolores 246–249, 251
Nuer (Sudan) 135, 138

Oates, Joyce Carol 285
*Of Swedish Ways* (Lorenzen) 245
*Of Time, Work and Leisure* (Grazia) 41
Ökonomische Faktoren 38–39, 41, 212
O'Malley, Michael 101–103, 107–108,
    112
Orlov, Y. 146
Ornstein, Robert 66, 72
Österreich 182
Osuna, Edgar 145
*Overworked American, The* (Schor) 193,
    213

Pakistan 48
Palmer, Willard 31
Papua-Neuguinea 43
Paris 183
Peace Corps 33, 127, 263
Pendeluhr 92, 94
Pepto-Bismol 74
Phillips, Mark 33
Plautus 111
Pogrebin, Letty 271
Polen 151
Polychronie (P-Zeit-Planung) 139–142,
    263
Post, Emily 171, 195
Pratt, Lois 195
primitive bäuerliche Gesellschaften
    43
Priority Management Pittsburgh Inc.
    146
Psychische Überlastung 215
Psychische Uhr 58–86, 117
Pünktlichkeit 16, 20–21, 89, 91, 94, 96,
    105–108, 117, 156–157, 187

Quiché-Indianer (Guatemala) 274

R-Modus 81–84
Radecki, Sigmund von 95
Räucherwerkuhr 93
Raybeck, Douglas 136
Redemuster 51
Reihenfolge von Ereignissen 258
Reingold, Edwin 178
Reis, Harry 218
*Repent Harlequin* (Ellison) 87
Revolutionskalender 118–120
Reynolds, Garr 229
Riding, Alan 189
Rifkin, Jeremy 15, 109, 111, 115–116,
    119, 246, 284
Rilke, Rainer Maria 169
Ritter, Jean 220
Robinson, John 197
Roff, Merill 58–59
Rom 92
Rose, Alexander 145
Rosenman, Ray 50, 207–208, 280
Rußland 35, 166–167
Russische Revolution 119

Sabbat 271
Sabbatjahr 272
Sablini, Ghassan 143–144
Sakurauchi, Yoshio 229
Salt Lake City 210
Sambia 45, 99
Sandwich-Inseln 43
Sapporo, Medizinische Universität von
    226, 232, 238
Sato, Suguru 232, 235, 238
Saudi-Arabien 253
Schachter, Stanley 131
Schiiten 143
Schizophrenie 65, 71
*Schlachthof 5* (Vonnegut) 114
Schnabel, Arthur 258
Schnelligkeit 228
Schor, Juliet 193, 213

Schottland 47
Schwartz, Barry 159, 161, 165
Schwartzburd, Leonard 52–53
Schweden 182, 195
Schweiz 48, 181–182
Seelisches Wohlbefinden 275
Sekiya, Toru 226
Sethi, P. C. 151
Shaw, Jenny 117
*Siddhartha*-Prinzip 169–170
Siffre, Michael 62–63
Singapur 183
Singleton, Mary Montgomery 170
Sioux 137
Skramlik, E. von 61
*Sleeping Gypsy* (Franks) 185
Smethurst, Bill 153
Smith, Timothy 209
Solschenizyn, Alexander 166
Sonnenuhren 90–92, 102
Sorokin, Pitirim 136
Spence, Janet 283
Spencer, Herbert 71
Spengler, Oswald 269
Sperry, Roger 81
Sprache 21, 94, 137–138
Spradley, James 33
Sprechgeschwindigkeit 199, 203
Stalin, Josef 119
Standard Time Company 105
Standardisierung 101–109, 111–116
Status 157
Status, Warten und 155–157, 159, 161
Stechuhren 107
Steinzeitökonomie 43
Stewart, Jackie 67
Stille 76–78
Stonehenge 90
Storti, Craig 270
Strauss, Anselm 22
*Stumme Sprache* (Hall) 21
Sudan 135
Südkorea 183
Sumitomo Electric 229

Suzuki, D. T. 66
Swift, Jonathan 139
Syme, Leonard 231
Synchronisierung 97, 101–105
Systems and Procedures Association of
    America 110
Szalai, Alexander 97

Tadsch Mahal 132
Tagaki, Ikuro 227
Taiwan 183
Talmud 271
Tankstellen 178
Taylor, Frederick 109–110, 113
Tempo 31–57, 59–60, 66, 277, 285
*Temporal Man* (Lauer) 127
Tempostasis 117
Tennis 66
Thich Nhat Hanh 75
Thora 271
Thoreau, Henry David 15, 87,
    279
Thutmosis III. 91
Tibet 49
*Tibetanisches Totenbuch* 289
Tiv (Nigeria) 44
Tocqueville, Alexis de 270
Toffler, Alvin 32
Tokio 184
*tramites* (bürokratische Abläufe)
    161
Traore, Jean 133
Trauerzeit 195
Triandis, Harry 49
Trifonovich, Greg 263
Trinidad 36, 128
Trobriand-Inseln 99
Tschechoslowakei 47
Turk, Fred 80
Typ A 51–53
Typ-A-Verhaltensmuster 24, 44,
    50, 135, 208–210, 234, 241, 280
Typ-B-Verhaltensmuster 24, 208, 210,
    281

Ueda, Keiko 77
Uhren 89, 94, 98, 120, 186–187, 199
Uhrzeit 38, 51, 87–123, 127, 130, 132,
    134–136, 138–139, 141
Ulmer, Diane 52–53
*Und immer wieder die Zeit*
    (Lightman) 122
Urlaub 195–196, 227

Vanderbilt, Amy 195
Verabredungszeiten 19, 129–131, 134,
    137, 140–141, 156, 160
Veränderungen 56, 77, 79–80
Verbale Kommunikation 75–79
Verbrechen 63–65
Vereinigte Staaten von Amerika 24, 39–
    41, 47–48, 76, 80, 83, 134, 146, 157,
    164, 168, 178, 183,
    185–186, 188, 190, 193–196, 198,
    213, 237, 242, 246, 248
*Vier Quartette* (Eliot) 286
*Voices* (Kir-Stimon) 117
Vonnegut, Kurt 114
Vordrängeln 172–173

*Wahrgenommene Dauer* (Block) 61
*Walden* (Thoreau) 88
Waldo, Leonard 104–105
Warner, Charles Dudley 114
Warten 52, 137, 145–174, 185
*Warten auf Godot* (Beckett) 71, 160
Warten und Status 20
Wasseruhren 91–93
Watts, Alan 66
Weather Bureau 104
Weissman, Debbie 274
West, Nathanael 88
Westdeutschland 190
Western Collaborative Group Study
    208
White people's time 40

White, E. B. 157
Whyte, William 184
*Wie es euch gefällt* (Shakespeare) 50
Wiesel, Elie 116
Wilber, Ken 284
Williams, Hank, Jr. 219
Williams, Redford 234
Winchell, Walter 170, 231
Winchester Observatory 105
Wirtschaftsfaktoren 39, 41–44
Wissenschaftliches Management 109–
    110
Wright, Herbert 46

Yoneda, Kiyoshi 141

Zapper 80
Zeitausdehnung 66–71
»Zeitfreie« Aufgaben 81–84
Zeit ist Geld 132, 134, 137, 145, 147,
    151–152, 169–171
Zeit-und Bewegungs-Studien 111
Zeitdruck 49–53, 73–74, 197, 212, 275,
    277, 284
Zeitliche Benachteiligung 246
zeitliche Kompetenz 248, 255, 263
Zeitliche Territorialität 117
Zeitkriege 116–120, 142–144
Zeitmesser 90–97, 99
Zeitpläne 51
Zeitverschwendung 133, 145
Zeitverständnis verschiedener Kultu-
    ren 245
Zeitwahrnehmung 59
Zeitwahrnehmung, Studien zur 58
Zeitzonen 103, 105
Zelezny, Lynnette 220
Zen-Buddhismus 66, 287
Zerubavel, Eviatar 118
Zimbardo, Philip 68–69
*Zukunftsschock, Der* (Toffler) 32